Ingrid Vallieres

PRAXIS DER REINKARNATIONSTHERAPIE

Praxis der Reinkarnationstherapie

Konsequenzen und Reichweite

Ingrid Vallieres

SN

VERLAG STEPHANIE NAGLSCHMID STUTTGART

Bibliografische Information der Deutschen Bibliothek
Die Deutsche Bibliothek verzeichnet diese Publikation in der Deutschen Nationalbibliografie; detaillierte bibliografische Daten sind im Internet über »http://dnb.ddb.de« abrufbar.

8te Auflage, gedruckt 2011
ISBN 978-3-89594-978-4

Senefelderstr. 10
70178 Stuttgart
E-mail: *naglschmid.vsn@t-online.de*
Internet: *www.naglschmid.de*

Titelfoto: Dr. Friedrich Naglschmid, MTi-Press Stuttgart

Inhaltsverzeichnis Seite

Vorwort

Die Vorstellung, daß frühere Leben Ursache für Probleme unseres heutigen Lebens sein können, ist nicht ganz neu, jedoch wurde der wissenschaftliche Ansatz einer wirklichen therapeutischen Methode erst in den letzten Jahren entwickelt. Reinkarnation ist seit langem eine akzeptable Tatsache im Leben und Denken vieler Menschen, aber die Anwendung im Aufspüren von Problemursachen steht immer mehr im Vordergrund, seitdem Therapeuten nach effektiveren Theorien und Techniken gesucht haben, um Muster und Erfahrungswerte im Lösen von Problemen zu erreichen.

Wir versuchen keineswegs, die Existenz früherer Leben zu beweisen, sondern lassen diesem immensen Potential von unbewußtem Material zunächst einmal nur seine Daseinsberechtigung. Viele Fragen der Menschheit haben noch keine zufriedenstellenden Antworten gefunden – diese Art Annäherung ist eine Perspektive auf die zeitlose Natur und die sich immer wiederholende Geschichte, die der Mensch während seines Lebens schafft.

Das Beschäftigen mit früheren Leben kann auf philosophischem Wege erfolgen, eine meditative Betrachtung über die unendlichen Möglichkeiten und das schöpferische Potential, das der Mensch hat. Die Reinkarnationstherapie jedoch geht noch weiter – das Erforschen eigener Persönlichkeitszüge, der eigenen Neigungen und Denkweisen, um so das Verständnis um menschliche Emotionen und Reaktionen zu vertiefen.

Meine Erfahrung auf diesem Gebiet hat mir gezeigt, daß verschiedene Therapeuten auf der Welt Grundsteine für die Verbreitung dieser Therapie gelegt haben. Diese Therapeuten haben mit Aufrichtigkeit und Kompetenz diese Therapie Fachleuten und Nichtfachleuten gleichermaßen nahegebracht. Sie haben die stetige Effektivität dieser Methode durch öffentliche Verbreitung bei Vorträgen sowie in Einzelsitzungen bewiesen. In letzteren Sitzungen konnten viele Menschen ihr Leben von Grund auf positiv verändern. Trotz gelegentlicher Angriffe und Kritik haben diese Therapeuten ihren Willen und Glauben durchgesetzt.

Eine dieser Personen ist Ingrid Vallieres. Unsere gemeinsame Arbeit hat ihre große Einsicht und Begabung gezeigt, verbunden mit aufrichtiger Zuwendung und Verständnis für alle, die ihr begegnen. Ihr Wissen und ihre Erfahrung ist ein Schatz für das Gebiet der Reinkarnationstherapie und für diejenigen, die ihrem Beispiel folgen wollen.

Der Leser wird in diesen Seiten eine klare und konkrete Präsentation von Fakten und Beispielen finden, die ihre Begabung zeigen, mit der sie in all den Jahren gearbeitet hat.

Skeptiker werden ihre Zweifel herausgefordert finden. Aufgeschlossene werden bestätigt werden. Alle können profitieren von Ingrid Vallieres Erfahrung und Wissen.

Morris Netherton Ph.D.

EINFÜHRUNG

Der Wunsch, Licht ins Dunkel der Erkenntnis zu bringen, ist so alt wie die Menschheit. Erkenntnis nämlich, was passiert mit mir, wenn ich gestorben bin. Solange unsere Sinnwelt noch nicht erforscht war, solange es noch keine Naturwissenschaft und Technik gab, lag die übersinnliche Welt vor dem Auge des Menschen offen, war der Himmel hell und klar. Dementsprechend gab es zu der Zeit auch keine Zweifel an der Tatsache eines Lebens nach dem Tode. Seit sich aber die Erkenntnissicht grundlegend geändert hat, seit die Erde bis ins letzte Atom erforscht und aufgeklärt werden konnte, hat sich der „geistige" Horizont verdunkelt: In dem Maße, wie das Diesseits aufgehellt wurde, verschloß sich das Jenseits. Dementsprechend sind auch die Antworten auf die Frage nach Wesen und Sinn des Todes und des Jenseits verschieden ausgefallen.

Die Antwort der Naturwissenschaft ist die einfachste: Der Tod ist das letztgültige Ende eines Lebewesens, das Erreichen der äußersten Grenze, an der alle Vitalfunktionen erlöschen. Ein Danach gibt es nicht, ebenso wie es ein Leben vor dem Leben nicht geben kann. Man spürt das Unzureichende dieser Aussage. So allgemein gefaßt, gibt es keinen Unterschied zwischen Pflanzen-, Tier- und Menschentod. Ihrem Wesen nach sind sie aber höchst unterschiedlich. Wenn im Herbst die Blätter der Bäume zu Boden fallen und die Pflanzen vermodern und erfrieren, so mag man vom Sterben der Natur sprechen. Doch in Wirklichkeit ist hier der Tod – nach Goethe – „der Kunstgriff der Natur, viel Leben zu haben", denn kein Blatt löst sich vom Zweig eines Baumes, das nicht zuvor eine Knospe gebildet – und damit die Garantie für das Leben im Frühling geschaffen hat.

Der Tod des Menschen dagegen ist ein einmaliges Ereignis. Wenn alle Bemühungen um Heilung einer Krankheit, alle heute möglichen Versuche der Wiederbelebung aufgegeben werden mußten, also der „klinische Tod" eingetreten ist, dann ist die Grenze des Lebens eines Menschen unwiderruflich erreicht.

Der Körper wird in Kürze zerfallen, in der Erde verwesen oder vom Feuer verbrannt werden. Die Existenz jedes stofflichen Moleküls oder Atoms ist dem Prinzip nach weiter verfolgbar im Sinne der an den Gräbern gesprochenen Worte: „Erde zu Erde, Asche zu Asche".

Das ist die Außenseite vom Sterben und Tod des Menschen. – Die eigentliche Frage gilt aber dem Schicksal der Seele. Auch sie hat eine Grenze erreicht und überschritten. Ihr Erdenleben ist eindeutig beendet. Was folgt? Jede Grenze hat ein Diesseits und Jenseits. Dies gilt im physischen wie im geistig-seelischen Bereich. Wir sprechen von Grenzen in allen uns vertrauten Daseinsschichten. Kennt ein Mensch seine Grenzen nicht, sei es die Grenze zum Nachbarsgarten, sei es die Grenze der eigenen Kraft, wird er die Folgen zu spüren bekommen.

Grenzübertritte unterliegen besonderen Gesetzen. Wer sie nicht genügend beachtet, begibt sich in Gefahr. Der heutige Mensch ist in der Regel zufrieden, wenn er sein Leben innerhalb der Grenzen von Geburt und Tod begreift. Die naheliegenden Fragen: Was war vorher? Was wird nachher sein? – tauchen zwar auf, werden aber im allgemeinen als unbeantwortbar verdrängt oder nur oberflächlich beantwortet. Entweder weist man darauf hin, daß schließlich niemand wissen könne, was vor der Geburt gewesen sei und nach dem Tod sein wird, oder man spricht von den natürlichen Gegebenheiten, vor der Geburt seien die Eltern dagewesen, und nach dem Tode werde die Verwesung des Leibes eintreten.

Zudem vermutet man, daß alle anderen Aussagen sowieso nur Wunschphantasien seien, mit deren Hilfe der Mensch gegenüber der Unerbittlichkeit des Todes Trost suche.

So möchte ich mit diesem Buch mich nicht auf den Irrweg begeben, zu beweisen, daß es ein Leben außerhalb des Lebens gebe, sondern ich möchte vielmehr konstruktiv versuchen, die Fragen zu vertiefen, indem ich dort ansetze, wo man gewöhnlich aufhört zu fragen.

Wir finden im Buddhismus, wie überhaupt in den indischen Religionen eine bedeutsame Gegensatzsymbolik von Unwissenheit oder Nichtwissen und Wissen oder Weisheitserkenntnis. Unwissenheit ist das Nichtwissen von den wahren Hintergründen der seelischen Beziehungen, der triebhaften Bedingungen und Abhängigkeiten, unter denen der „Nichtwissende" lebt und leidet. Wissen ist in diesem Zusammenhang Aufhellung aller der Seele begegnenden tragischen Manifestierungen. Wo Aufhellung und bewußte Klärung ist, schwinden Hindernisse, die einer innerlichen Befreiung im Wege stehen.

Je mehr an Nichtwissen oder dem noch nicht vorhandenen Wissen aus der Gesamtheit von Bewußtsein zu Erkenntnis und Wissen gewandelt werden kann, umso mehr konkretisiert sich Wissen, Bewußtheit und gegenwärtiges Bewußtsein. Aus dieser Sicht sind sogenannte Reinkarnationserlebnisse ohne Bedeutung, solange damit bewiesen werden soll, ob es eine Existenz vor dem Leben gegeben hat oder nicht. Bedeutsam werden derartige Erlebnisse für den einzelnen nur, wenn sie ihm eine Form von Bewußtseinserweiterung dahingehend vermitteln, zu erkennen, was in seine Seele eingelagert ist, was ihn behindert hat, der Mensch zu sein, der er immer sein wollte und sollte.

Den Spuren dieser inneren Einlagerungen zu folgen, ist Sinn dieses Buches, ist der tiefe Sinn meiner Arbeit. Das Ziel ist somit klar. Es geht darum, dem Menschen zur Befreiung über einen ungewöhnlichen Weg zu verhelfen. Über Selbsterkenntnis, auch über die Grenzen des gegenwärtigen Lebens hinaus. Wir machen diese Grenzüberschreitung ganz bewußt, aus der Erfahrung heraus, daß Grenzen etwas naturgemäß sehr Einengendes sein können.

Der Mensch ist von seiner Wesensstruktur und Physis her zuerst einmal ein irdisches und daher durch ein natürliches Triebverhalten gebundenes Wesen. Die gesamte Körperlichkeit ist in den Ablauf biologischer und naturhafter Vorgänge eingeflochten. Aber der Mensch als ein zugleich sich seiner selbst bewußtes und geistiges Wesen erkannte noch eine andere Ebene des Seins, mit der er sich außerhalb und jenseits aller natür-

lichen Gegebenheiten stellen kann. Daß der Mensch in den Rhythmus der Natur eingebunden ist, ist nicht das Problem. Es beginnt erst dann, wenn die geistige Natur des Menschen autark wird und sich in einem Gegensatz zu seiner irdischen Natur stellt. Das ist der Ansatzpunkt für eine Lehre vom Leiden, welches sich als Leiden an der Welt darstellt und sich in Form von körperlichem und seelischem Schmerz äußert. Der Geist tut sich oft schwer daran, irdische physiologische Gegebenheiten hinzunehmen wie Krankheit, materielle Verluste, Naturkatastrophen oder den Verlust eines geliebten Menschen. Durch das Leid wird ihm bewußt, daß er sich nicht in Einklang mit dem äußeren Geschehen befindet, daß ihm das tiefere Verständnis und der Einblick in die Notwendigkeit dieser Schicksalsvorgänge fehlen. Hier ahnt der Mensch, daß ihn das Leben auf verschlüsselte Weise dazu auffordern will, sich mit seinen eigenen Grenzen und Mängeln auseinanderzusetzen und sie zu überwinden.
Folgen wir diesen Gedankengängen im Hinblick auf mögliche Reinkarnationen, dann ergibt sich zwangsläufig auch der Umstand, sich mit dem Begriff Karma auseinanderzusetzen. Karma ist die persönliche Erfahrung der Früchte des eigenen Denkens, der Absichten und des Handelns. Es ist das Erleiden der Auswirkungen des früheren Handelns und der Einstellungen, die dazu geführt haben; der Mensch ist sozusagen die Summe und die Folge seiner bisherigen Taten und Entschlüsse.

Gewiß ist für den Abendländer der Begriff Karma schwer greifbar, auch wenn er versucht, sich die unglaublich strenge Konsequenz vorzustellen.
Der Buddhismus lehrt als Folgegesetz die Auswirkungen des eigenen Handelns und setzt dieses in den Bereich des Absoluten, das heißt, es ist ein über alle Grenzen des individuellen und einmaligen Lebens hinaus wirksames Gesetz. Es ist das kausale Weltgesetz an sich. Nur aus dieser Überzeitlichkeit heraus ist die buddhistische Theorie zu begreifen, daß der Mensch auch jene für ihn nicht faßbaren „Schicksalsereignis-

se" zu tragen hat, von denen er selbst nicht glaubt, daß er sie einst verursacht haben könnte. Die Ereignisse und Leiden dieses Lebens gehen nach buddhistischer Vorstellung also nicht nur auf ein derzeitiges, sondern auf viel früheres Handeln und dessen Ursachen in einem sogenannten früheren Leben zurück. Natürlich setzt diese Theorie voraus, daß auch die Zukunft einschließlich jener eines späteren irdischen Daseins durch entsprechendes Verhalten positiv oder negativ beeinflußt werden kann. Dabei geht es nicht um moralische Wertungen an sich, sondern um Verhalten in bezug auf das Wohlergehen und die Entfaltung des Menschen, und nur in diesem Sinne gibt es gutes und schlechtes Karma: In bezug auf den Zustand des menschlichen Bewußtseins spricht der Buddhismus von einem heilsamen und einem karmisch unheilsamen Verhalten. Das eine fördert die Bewußtwerdung und Befreiung, das andere führt zu Bindung und Unwissenheit.
Wenn es ein früheres Leben gibt, wenn das Karma eine wesentliche Rolle dabei spielt, dann möchte ich in diesem Buch den Versuch unternehmen, diesem Karma und den damit verbundenen Schicksalserlebnissen anhand von vielen Beispielen auf die Spur zu kommen. Dazu wird es nötig sein, Reisen in die Vergangenheit zu unternehmen.

Reinkarnation – dieses Thema löst die verschiedensten Assoziationen aus: Indische Religion, Tierreinkarnationen, Bestrafung für frühere Taten, geistige Erklärung für Armut und für Schicksalsschläge, Chancen zur Weiterentwicklung, Hoffnung auf Erlösung . . .
Wir müssen jedoch gar nicht erst in Religion und Esoterik suchen, um der Reinkarnation zu begegnen. Jeder von uns hat schon im Alltag Erfahrungen gemacht, Aussprüche gebraucht und Gedankengänge gehabt, die auf Reinkarnation hindeuteten, beispielsweise die Attraktion und Faszination eines anderen Menschen, die fast ans Magische grenzen oder auch die tiefe Abneigung gegen einen Menschen, die im Jetzt keine vernünftige Erklärung findet; oder ein Patient beschreibt dem

Arzt seinen Schmerz etwa so: „Es ist, als ob mir ein Draht durch den Magen hindurchgeht", „Es ist, als ob ich von innen her verbrenne", „Mein Rücken fühlt sich an, als wäre er gebrochen", „Tausend Nadeln gehen durch meinen Kopf" . . .
Manche Menschen äußern Befürchtungen wie etwa diese: „Ich habe Angst, wenn ich zu weit vom Ufer wegschwimme, komme ich nicht wieder zurück", „Ich mache keine weiten Reisen, da einem dabei etwas Schlimmes zustoßen könnte", „Ich traue mich nicht, zu widersprechen, da ich sonst den Kürzeren ziehe", „Ich komme mir vor wie bei einem Verhör".
Die bildhafte Sprache lehnt sich vorzugsweise an unbewußte, reinkarnative Gehalte unseres Unbewußten an. Da unser Unbewußtes älter ist als unsere heutige Identität, gibt es viele unerklärliche Ängste und Probleme und Auffassungen, die nicht im heutigen Leben entstanden sind. Unser heutiger Charakter, unser Denken und Streben können die gesammelte Erfahrung aus unseren früheren Leben sein, und wir sind ständig in der Veränderung begriffen, da sich unser Erfahrungsschatz ständig erweitert.

Meine persönliche Begegnung mit der Reinkarnation war im Alter von etwa acht Jahren. Als ich in der Kirche den Worten des Predigers lauschte, schoß mir ein Gedanke durch den Kopf: „Ich war schon tausendmal auf der Welt" – dies war eine Erkenntnis und eine Feststellung, die mir ganz natürlich vorkamen. Die Zahl Tausend ist hier nicht exakt, sie ist lediglich ein Symbol für den Begriff Reinkarnation. Mit zwölf Jahren kaufte ich mir mein erstes Yoga-Buch und führte die darin beschriebenen Übungen in eigener Regie durch, was auch manche Schwierigkeiten mit sich brachte.
Später folgten geleitete Yoga-Kurse und eine intensive Auseinandersetzung mit den Weltreligionen, wobei mich der Hinduismus und der Buddhismus besonders anzogen. Mit siebzehn Jahren machte ich mich auf den Weg nach Indien, von wo ich mit vielen Eindrücken, aber auch manchen enttäuschten Illusionen heimkehrte; in meinem Übereifer hatte ich gar zu

viele Erwartungen an die Yogis entwickelt, die zum Teil erfüllt und zum Teil auch enttäuscht wurden. Meine nächste Reise – ich war nun neunzehn – führte mich nach Japan, wo ich mich besonders dem Zen-Buddhismus widmete. In Japan fühlte ich mich sofort wie zuhause, und ich lernte die Sprache innerhalb von wenigen Monaten. Wie sich später in meinen eigenen Rückführungen herausstellen sollte, hatte ich früher in Japan einige sehr intensive Erlebnisse gehabt. Davon zeugte auch mein reges Interesse am asiatischen Kampfsport, mit dessen Ausübung ich mit sechzehn Jahren begonnen hatte. Meine damalige Haltung zu meinen meist männlichen Sportkameraden war etwas eigenartig – sie waren meiner Ansicht nach zu weich, dilettantisch und unreif, wohingegen ich den Sport sehr ernst nahm. Diese Haltung klärte sich in einer späteren Rückführung auf, in der ich mich als männlichen Anführer einer japanischen Kampftruppe erlebte. Dies war eine Gruppe von äußerst disziplinierten und abgehärteten Männern, die ihr Leben in den Dienst des Kaisers gestellt hatten und im Land umherzogen, um Spione und Feinde des Kaisers aufzuspüren und zu vernichten. Für Gefühl oder Leichtsinn war hier kein Platz, sie hätten den Tod bedeutet.

Als ich mit zwanzig Jahren mit lebensgefährlichen Verbrennungen infolge eines Unfalls im Krankenhaus lag, drängte sich mir der Gedanke auf: „Das hast du schon einmal erlebt". Das Verbrennen bei lebendigem Leibe mußte ich schon erlebt haben, es war mir sehr vertraut. Die begleitenden Schmerzen und das verblassende Bewußtsein bis zum Austritt aus dem Körper erinnerten mich an ein Verbranntwerden auf dem Scheiterhaufen sowie an das Eingeschlossensein in einem brennenden, schmelzenden Maschinenraum. Auf dem Höhepunkt dieser Krise schwankte ich zwischen Leben und Tod. Ich hatte mich schon sehr weit vom Körper entfernt und kaum noch eine Beziehung dazu. Dies war ein sehr angenehmer Zustand, befreit von allem Körperlichen und im Bewußtsein der Ewigkeit. Aber wie ein Schlag wurde es mir bewußt, daß ich bisher meine Lebensaufgabe ja noch gar nicht erfüllt hatte und deshalb unbedingt zum Körper zurückkehren mußte. Was hatte ich bisher denn erreicht? Meine geistige Entwicklung hatte doch gerade erst begonnen, und die Bilanz sah nicht gerade rosig aus – ich hatte noch keines meiner grundlegenden Probleme gelöst, sondern erst angefangen, mich mit dem Sinn des Lebens zu befassen. Ich mußte also unbedingt zurück ins Leben, um den begonnenen Weg zu Ende zu gehen. Nach diesem jähen Umschwung, dem absoluten Ja zum Leben, erholte sich der Körper zusehends. In der Erholungsphase erschien mir mein Leben wie eine neue Chance, es war in der Tat ein neues Leben. Diese neue Chance wollte ich gut nutzen und keinen Augenblick verstreichen lassen, um meine Lebensaufgabe kennenzulernen und daran zu arbeiten, sie zu erfüllen.

Ein Jahr nach diesem Unfall hörte ich zum ersten Mal von der Reinkarnationstherapie. Die Möglichkeit, sich konkret an frühere Leben zu erinnern, faszinierte mich, und ich entschloß mich kurzerhand, in die USA zu reisen und diese Therapie zu beginnen. Mein seitheriges Leben war sicher nicht gerade erfolglos gewesen, und doch litt ich trotz Meditation und geistigen Übungen an mangelndem Selbstbewußtsein, Melancholie und schwankenden Stimmungen. Die innere Stabilität fehlte mir, und etwas hinderte mich daran, meine Persönlichkeit voll auszuleben und zu entfalten.
Schon nach wenigen Stunden Reinkarnationstherapie entwikkelte sich eine neuartige Aktivität und Lebensfreude. Meine Probleme wurden mir verständlich durch Verstrickungen in früheren Leben, und ich konnte sie ohne Mühe lösen. Es eröffneten sich ganz neue Perspektiven des Lebens, und es wurde mir immer klarer, wie der Mensch nur selbst für alle seine Schwierigkeiten verantwortlich ist. Und nur, weil er selbst für sein Schicksal verantwortlich ist, kann er es auch selbst wieder lösen und verändern.
Gegen Ende der Therapie, die sich über zwei Jahre erstreckte,

war ich ich selbst und konnte endlich meinen Neigungen leben.
Diese Veränderungen in meiner Persönlichkeit waren so grundlegend positiv, daß ich mich entschloß, auch die Ausbildung in der Reinkarnationstherapie zu machen, um die gesamten Zusammenhänge des Schicksals und die exakte Wirkungsweise des Unterbewußtseins zu studieren. Die theoretische Arbeit wurde von vielen Stunden Praktikum unterstützt. In der Arbeit mit anderen wurden die Zusammenhänge des heutigen Schicksals mit gestrigen Erlebnissen noch intensiver verstanden, und ich konnte die Gesetzmäßigkeiten des Karma an vielen Menschen beobachten und miterleben – und was noch wichtiger ist – durch die Rückführungen konnten auch andere Menschen ihr Karma erkennen, akzeptieren und verändern.
Letztendlich ist dieses die Aufgabe der Reinkarnationstherapie: das Alte, Vergangene zu erkennen, anzunehmen und abzuschließen, um nicht unbewußt das Vergangene ständig in der Gegenwart zu reproduzieren oder es befürchten zu müssen und somit Platz für ein bewußtes, spontanes Erleben der Gegenwart und eine freie, selbstbestimmte Gestaltung der Zukunft zu schaffen.

In der Zwischenzeit habe ich in zehn Jahren etwa 20 000 Stunden Reinkarnationstherapie mit anderen Menschen durchgeführt. Diese Arbeit bestätigte mir, daß wir alle freie Wesen sind, die sich durch eigene Fehler in Schwierigkeiten gebracht haben, und daß uns heute nur das widerfahren kann, was wir irgendwann einmal selbst verursacht haben. Diese ungeheure Verantwortung zu erkennen und anzunehmen und herauszufinden, auf welche Weise wir leichtfertig mit ihr umgegangen sind, stellt eine Hauptaufgabe in der Reinkarnationstherapie dar. Erst wenn wir Verantwortung für unsere Gegenwart und unsere Vergangenheit übernehmen, können wir wirklich frei sein.

Ingrid Vallieres

WARUM DIE REINKARNATIONSTHERAPIE DEN MENSCHEN HILFE BRINGT

Der Totengräber Thet Somwong des südthailändischen Marktfleckens Chang-Klang staunte nicht schlecht, als er vom Dorfschullehrer Samram Wangpreech gefragt wurde, was er vor fünfundzwanzig Jahren mit dem Leichnam seines drei Monate alten Töchterchens getan habe. Damals hatte der Lehrer den Totengräber gebeten, das Kind auf dem protestantischen Friedhof beizusetzen.

Verlegen mußte nun Thet Somwong zugeben, daß er die Lehrerstochter auf dem naheliegenden Tempelgelände verscharrt hatte, um sich den Weg zu dem weit entfernten christlichen Friedhof zu ersparen.

Wenn auf dem Land Kleinkinder starben, machte man meist kein großes Aufheben darum. Man bat den Leichenbestattet, für eine unauffällige Bestattung Sorge zu tragen und kümmerte sich nicht um das Begräbnis. Der Umstand, warum nach fünfundzwanzig Jahren die Gleichgültigkeit eines bequemen Totengräbers zur Sprache kam, erweckte in den siebziger Jahren die Aufmerksamkeit der Bevölkerung.

Das seinerzeit verstorbene Kind war inzwischen in einer anderen Familie wiedergeboren worden. Es verblüffte seine neuen Eltern dadurch, daß es immer wieder die Umstände seines damaligen Todes und der unwürdigen Beerdigung erzählte. Dies geschah mit solcher Genauigkeit, daß man schließlich Nachforschungen anstellte, welche die Aussagen des Kindes allesamt bestätigten. Damit wurde ein neuer spektakulärer Fall von Wiedergeburt in ganz Thailand bekannt.

In der Nähe des Tempels Wat Thao in der Provinz Nakorn Srithamaraj befindet sich ein buddhistisches Nonnenkloster. Zu den Insassen zählte auch eine zweiundzwanzigjährige Nonne, die vor zehn Jahren dem Orden beitrat. Pathomwan Inthanu hatte ihre große Familie verlassen, um in dem Kloster ihre innere Ruhe zu finden.

Im Sommer 1978 saß Pathomwan im Schatten eines Kapokbaumes und meditierte. Im Trancezustand hatte sie dann ein Erlebnis, das sie tief erschütterte. Es erschien ihr ein Zimmer, in dem sie selber auf einer Bastmatte lag. Ihr Körper schien ihr winzig klein. Das Atmen machte ihr Schwierigkeiten. Die beiden Eheleute um sie herum hatten ständig Streit. An ihr Ohr drangen die Töne eines Xylophons. Plötzlich fühlte das Mädchen Erleichterung. Die Schwere des Körpers ließ nach. Es fühlte sich leichter, immer leichter und erreichte schließlich den Zustand der Schwerelosigkeit.

Was die junge Nonne in ihrer Vision weiter erlebte, ließ sie erschauern: Sie schwebte frei im Raum und erlebte alles als Zuschauer. Die Eltern standen vor dem leblosen Körper eines drei Monate alten Kindes. Ein Mann erschien, hüllte den Leichnam in ein Tuch und trug ihn weg. Er hielt am Ortstempel an. Dann sah Pathomwan in ihrem Trancezustand, wie der Mann das Bündel in die Höhlung eines zerborstenen Pfeilers steckte, das Loch mit Steinen ausfüllte und die Stätte verließ. Pathomwan fühlte sich durch die Luft getragen. Auf einmal schwebte sie über einer Ortschaft. Vor einem Haus saß eine ältere Frau, die Fische putzte. Zu dieser Frau fühlte sich Pathomwan hingezogen. Sie näherte sich und erkannte ihre leibliche Mutter.

Plötzlich erwachte die Nonne schweißgebadet aus ihrem Trancezustand. Niemand hatte sie beobachtet. Ein Jahr lang trug sie diese Vision mit sich herum. Sie wagte nicht, mit irgendjemandem darüber zu sprechen.

Dann wurde das, was sie in Trance erlebt hatte, Wirklichkeit. Der Mann, den die Nonne während der Meditation gesehen hatte, tauchte vor dem Kloster auf. Er sprach sie an und fragte sie, warum so ein hübsches Mädchen wie sie in einem Nonnenkloster ihr Leben verbringe. Sie solle lieber einen Mann kennenlernen und heiraten. Von einer inneren Macht getrieben, ließ sich Pathomwan einladen, die Reise in das über hundert Kilometer entfernte Dorf des Mannes, der sich als Lehrer Samran Wangpeecha vorstellte, mitzumachen.

Während der Fahrt beschwor der Lehrer die Nonne, aus dem Orden auszutreten und seine Adoptivtochter zu werden. Geistesabwesend stammelte das verwirrte Mädchen, daß sie doch seine Tochter sei. Der verblüffte Schulmeister wollte natürlich eine Erklärung für diese mysteriöse Äußerung. Und nun schilderte das Mädchen alles, was es im Traum gesehen hatte. Samran folgte mit offenem Munde der Schilderung. Als er mit der Nonne in seinem Heimatdorf eintraf, mußte er entsetzt erleben, daß das Mädchen mehr wußte, als es eigentlich wissen konnte. Es stellte gleich fest, daß es nicht dasselbe Haus war, in dem es vor 25 Jahren geboren war. Es folgte dann eine Beschreibung des alten Hauses, wie sie kein Ortskundiger besser gegeben hätte. Und als die Ehefrau des Schulmeisters in der Tür erschien, rief das Mädchen erschüttert: „Mutter!". Die größte Überraschung kam, als die Nonne das Lehrerehepaar zum Tempel führte und genau die Stelle zeigte, wo der Totengräber den Körper des kleinen Mädchens versteckt hatte. In Bangkok wurde daraufhin das junge Mädchen von buddhistischen Mönchen noch einmal über diese Erlebnisse befragt. Ihre Aussagen wurden auf Tonband festgehalten und dienen heute der westlichen Wissenschaft als Forschungsgrundlagen.

Mit diesem Beispiel möchte ich auf die Möglichkeit der Reinkarnation hinweisen, vor allem mit einem Fall, der die Fachwelt aufhorchen ließ. Auf keinen Fall habe ich die Absicht, Reinkarnation beweisen zu wollen. Denn mit diesem Buch möchte ich keinen Beweis erbringen, sondern anhand vieler Beispiele aufzeigen, daß über den Weg der Reinkarnationstherapie, über „Reisen in eine ferne Vergangenheit", die Möglichkeit von Heilung im geistig-seelischen und körperlichen Bereich besteht.

Die Reinkarnationstherapie geht von der Tatsache aus, daß ein Leiden, sei es nun körperlich oder seelisch bedingt, von Ursachen aus einem früheren Leben herrühren kann. Im Laufe einer solchen Therapie werden alte Erlebnisse, „alte Schulden" gelöscht, so daß der betreffende Mensch lernt, sich voll auf die

Gegenwart zu konzentrieren, um im „Hier und Jetzt" leben zu können, ohne von einer unverarbeiteten Vergangenheit bedrängt zu werden. Wir wissen aus der psychosomatischen Medizin, daß der Geist tief auf den Körper einwirkt. Asthmaanfälle und Magen- und Darmgeschwüre können Beispiele dafür sein.

Wie sehr sich Erlebnisse aus einem früheren Leben auf die Gegenwart auswirken können, soll das Beispiel einer fünfundvierzigjährigen Apothekerwitwe zeigen. Das Tragische in ihrem gegenwärtigen Leben ist, daß sie immer wieder autoritären Menschen begegnet, von denen sie sich leicht einschüchtern läßt. Daraus entwickelte sich eine Angst vor Menschen. Sie wagt nicht, eigene Wünsche zu äußern, leidet unter der Schwierigkeit, Entscheidungen fällen zu können. Ständig lebt sie in der Angst, zu festgelegt, irgendwie eingesperrt zu sein, wenn sie sich durch eine Entscheidung bindet.

Das Hauptgeschehen, das alle diese Probleme umfaßt, erlebte sie in einer ersten Rückführung in ein früheres Leben: „Ich bin Maitresse, lebe in der Rokokozeit in Versailles. Dort übe ich sanft aber unerbittlich meine Macht aus. So manches flüstere ich dem König ins Ohr und er tut genau das, was ich wünsche. Ich bin charmant, aber hinterhältig. Wenn jemand mir gegenüber nicht devot ist und mich nicht genügend beachtet und schätzt, dann geht es um die Stellung dieser Leute bei Hof. Manche der Höflinge wollen den König gegen mich aufhetzen, ich sei zu teuer, sagen sie, ich würde den Hof zuviel Geld kosten für Schmuck und Kleider. Sie bemängeln, daß ich mich dreimal am Tag umziehe. Aber diese Intrigen gegen mich kommt diese Leute teuer zu stehen. Ich habe dafür gesorgt, daß eine der Gräfinnen in die Verbannung geschickt wurde, die mir meinen Rang streitig machen wollte, die genau wie ich, Maitresse des Königs sein wollte. Ich habe es dem König derart dargestellt, daß diese Gräfin etwas angestellt hätte und habe ihn dann scheinheilig um Rat gefragt. Ich habe ihm gesagt, sie hätte Schmuck gestohlen. Habe es ihm in den Mund gelegt, sie in die Verbannung zu schicken. Dem König habe ich immer Recht gegeben, habe ihm sozusagen nach dem „Mund gesprochen“. Politische Entscheidungen haben der König und ich immer gemeinsam gefällt. Wenn jemand gegen mich gehetzt hat, dann wies ich auf die Fehler dieses Menschen hin, hängte ihm ein Vergehen an und sorgte dafür, daß er vom Hofe verschwand. Nur Luxus und Macht interessierten mich, für Menschen ohne Rang hatte ich kein Verständnis. Als ich älter geworden war, mußte ich dem König blutjunge Maitressen aussuchen und zuführen. Ich suchte immer weiche, fügsame Mädchen aus, die keine Konkurrenz für mich waren. Solange diese jungen Frauen keinen seelischen Einfluß auf den König ausübten, war mir das völlig egal. Irgendwann starb der König, und ich bekam die Macht. Die Macht dadurch, daß mein Sohn, den ich dem König geschenkt hatte, weiterregierte. Dieser Sohn war dem Volk gegenüber milder gestimmt, aber ich sorgte dafür, daß wir unsere Macht uneingeschränkt behielten.

Eines Tages drangen Leute in das Schloß ein. Es waren sehr viele, ich spürte Angst. Aber eine Abordnung von Höflingen beruhigte sie wieder. Die Leute beklagten sich über zu hohe Steuern, über zuwenig Nahrung. Sie verlangten, der König solle seine Schlösser hergeben. Mein Sohn und ich versprachen, daß Wahlen eingeführt werden sollten. Wir nahmen Bürgerliche ins Schloß. Wir ließen sie an unserem „guten Leben“ teilhaben, bestachen sie mit Geschenken. Die Leute ließen sich einlullen, sagten der Bevölkerung, daß es gar nicht soviel Luxus gäbe, aber das Volk ließ sich nicht beruhigen. Sie versammelten sich haßerfüllt vor dem Schloß. Irgendjemand warf Goldstücke hinaus, um die Menge da unten abzulenken. Doch die ließen sich nicht zurückhalten, drangen wütend ein ins Schloß. Es waren Hunderte. Sie kamen, kreisten mich ein, schrien „Nieder!“. Sie zerrten mich in ein Gefängnis. Ich spürte Panik in mir. Niemals hätte ich gedacht, daß sie so weit gehen würden. Im Gefängnis war der ganze Luxus hin, ich war schmutzig, der Kopf juckte, ich bekam Flöhe und Läuse. Ich mußte stinkiges Wasser trinken.

Diese verdammten Leute haben mir alles verdorben. Es war doch ihr Pech, wenn sie in den „unteren Stand" hineingeboren wurden. Ich bin als etwas „Höheres geboren". Ich spürte Selbstmitleid, irgendwie Borniertheit. Irgendwann starb ich ohne jegliche Einsicht".

Dieses Reinkarnationsbeispiel zeigt einige prägnante Parallelen zum gegenwärtigen Leben der Frau. Sie sagte danach zu mir: „Ich habe auch im jetzigen Leben einige Leute in die „Pfanne gehauen", besonders bei unseren Mitarbeitern. Ich habe die Fehler aufgedeckt. Genau wie die Höflinge, hat mir auch mein Vater immer vorgeworfen, ich sei zu teuer. Die Maitresse, die ich damals in die Verbannung schickte, ist im jetzigen Leben meine Mutter. Ich kann sie nicht wegschicken, sie ist bettlägerig krank, ich muß sie pflegen, muß mich um sie kümmern. Meine Tochter drangsaliert mich ständig, sie ist so, wie ich früher war. Ständig will sie mir ihren Willen aufzwingen. Ich bin etwas bequem, möchte mir das Leben angenehm machen. Vielleicht habe ich deshalb meinen Mann früh verloren. Wäre er nicht gestorben, ich hätte mich wohl zu sehr an seiner Seite ausgeruht. So wie die Leute, die ins Schloß eindrangen, mir große Angst gemacht haben, genauso habe ich im gegenwärtigen Leben Angst vor Menschen."

Im Tibetanischen Totenbuch (Bardo Thödol), das während der Jahrhundertwende aus den Lehren weiser Männer zusammengetragen und im achten Jahrhundert nach Christus schließlich niedergeschrieben worden ist, steht schon fast alles über die Stationen des Sterbens, was wir heute von den Reanimierten hören, und zwar bis in die Details.
Die Trennung des Ich von diesem stofflichen Leib, der Ich-Austritt, ist die erste, den Sterbeerlebnissen gemeinsame Erfahrung. Lama Govinda schreibt in der Einführung zum Tibetanischen Totenbuch (Ausgabe Evans Wentz):
„Die meisten Menschen stehen auf dem Standpunkt, daß niemand, der nicht selber schon gestorben ist, authentisch über

den Tod sprechen kann und daß es, da noch niemand von den Toten zurückgekehrt ist, unmöglich sei, über den Tod oder den Zustand nach dem Tode etwas auszusagen.
Die Weisen Tibets antworten: „Es gibt keinen einzigen Menschen, der von den Toten nicht zurückgekehrt ist."
In der Tat, wir sind alle viele Tode gestorben, ehe wir in dieses Leben eintraten. Denn was wir Geburt nennen, ist nichts als die andere Seite des Todes, ein anderer Name für denselben Vorgang, vom entgegengesetzten Standpunkt aus gesehen, so wie wir dieselbe Tür als Eingang und Ausgang bezeichnen, je nachdem wir sie von außen oder innen eines Hauses oder Raumes betrachten.
Man mag sich mit Recht wundern, daß nicht jeder sich seines letzten Todes erinnert; und dies ist der Grund, warum die meisten Menschen nicht glauben, ihn erfahren zu haben. Aber in gleicher Weise erinnern sie sich auch nicht ihrer Geburt – und dennoch zweifeln sie nicht einen Augenblick, geboren zu sein! Sie übersehen die Tatsache, daß das aktive Erscheinungsvermögen – das heißt, das unserem bewußten Willen unterliegende Gedächtnis – nur einen kleinen Teil unseres normalen Bewußtseins ausmacht und daß unser „unterbewußtes Gedächtnis" alle Eindrücke und Erfahrungen, die unserem Wachbewußtsein längst entglitten sind, registriert und aufbewahrt.

Es gibt Menschen, die aufgrund ihrer Konzentration und anderen Yoga-Praktiken imstande sind, die Inhalte des Unterbewußtseins in den Bereich des aktiven, unterscheidenden Wachbewußtseins zu erheben, so daß es ihnen möglich ist, von dem unerschöpflichen Reichtum jenes Tiefengedächtnisses Gebrauch zu machen, in dem nicht nur unsere vergangenen Existenzen, sondern auch die Vergangenheit der Menschheit und aller vormenschlichen Lebensformen – wenn nicht gar jenes Bewußtsein, welches erst alles Leben dieses Universums möglich macht – aufgespeichert sind.
Wenn durch irgendeinen Zufall der Natur die Pforten des Tiefenbewußtseins eines Individuums sich zu plötzlich öffnen, so

würde der bewußte Geist zermalmt und zerstört. Darum waren alle Eingeweihten und Wissenden darauf bedacht, die Pforten des Tiefenbewußtseins hinter einem Schleier von Mysterien und Symbolen zu verbergen.
Diejenigen aber, welche die Kraft und die innere Reife besitzen, diesen Schleier zu lüften, und die Pforte zu öffnen, sind imstande, die Identität von Geburt und Tod zu durchschauen und die Kontinuität und Verbundenheit alles Lebens zu erkennen. Für sie ist die Wiedergeburt nicht eine bloße Theorie, sondern eine Tatsache der Erfahrung, die von jedem ernsthaft Strebenden und Forschenden erhärtet werden kann. Die anderen aber – die noch nicht imstande sind, die unverschleierte Wirklichkeit zu sehen – werden auf dem Wege des Symbols, durch Initiationsrituale und der mit ihnen verbundenen geistigen Übungen, stufenweise zur Erkenntnis und zum eigenen Erleben geführt."

„Gibt es einen natürlichen Leib, so gibt es auch einen geistigen Leib", schreibt schon Paulus in seinem Ersten Brief an die Korinther – was heißen soll, daß wir Menschen jenen Seelenkörper besitzen, der gemäß den Lehren aller Hochreligionen den Tod des irdischen Leibes überdauert.
Die alten Ägypter haben diesen zweiten Leib „Ka", die Kabbalisten „Nepesch", die Spiritisten „Perispirit" genannt. Paracelsus sprach vom siderischen oder „Astralleib", Descartes hatte dafür die Bezeichnung „subtile Materie", Newton sagte „Spiritus subtilissimus" dazu. C.G. Jung schreibt, er habe als Arzt „in einigen Fällen sogar das Vorkommen subjektiv empfundener Levitationen in Augenblicken besonders qualvoller Verwirrung" feststellen können. Er beschreibt ein Sterbeerlebnis, das ihm 1944 widerfahren ist, nachdem er sich den Fuß gebrochen und einen Herzinfarkt erlitten hatte. Während er in „unmittelbarer Todesgefahr schwebte und man mir Sauerstoff und Kampfer gab", erlebte Jung sich in einer Urgestalt hoch oben im Weltraum, etwa 1500 Kilometer hoch und sah, was nach ihm erst wieder die Astronauten gesehen haben:

„Weit unter mir sah ich die Erdkugel in herrlich blaues Licht getaucht. Ich sah das tiefblaue Meer und die Kontinente. Tief unter meinen Füßen lag Ceylon und vor mir lag der Subkontinent von Indien. Mein Blickfeld umfaßte nicht die ganze Erde, aber ihre Kugelgestalt war deutlich erkennbar, und ihre Konturen schimmerten silbern durch das wunderbare blaue Licht."

Da man in früheren Zeiten an ein Leben nach dem Tod uneingeschränkt zu glauben schien, ist man schon immer dazu übergegangen, viel Zeit darauf zu verwenden, sich auf ein Leben nach dem Tode vorzubereiten. Für die Gläubigen der großen Weltreligionen bestand und besteht die Vorbereitung in geistiger und moralischer Schulung, wie etwa, stets Gutes zu vollbringen.

Unter einfacheren Völkern der Vorzeit bestand dies in lebensnotwendigen Dingen. So begruben die Neandertaler vor rund fünfzigtausend Jahren ihre Toten nicht ohne Nahrungsmittel und Werkzeuge – wobei sie annahmen, daß das Leben nach dem Tod dem irdischen nicht ganz unähnlich sei. In einigen Gräbern der Etrusker, deren Reich lange vor dem römischen blühte, fand man sogar Möbel und Pferdewagen, die man eingegraben hatte, in der Hoffnung, sie würden den prospektiven Geistwesen nützlich sein in ihrem neuen Reich.

In alten Zivilisationen war es beim Tode hoher Persönlichkeiten vorgeschrieben, aufwendige Vorbereitungen für das Leben in der neuen Welt zu treffen, wobei der irdische Lebensstil unbedingt beibehalten werden mußte.

In den zwanziger Jahren unseres Jahrhunderts gruben Archäologen die königlichen Gräber der Stadt Ur aus, die im heutigen Irak liegt, und man war sehr erstaunt, als man das Grab der Königin Shubad, umgeben von achtundsechzig Frauen ihres Hofes und bewaffneten Soldaten fand. Die Körper lagen in Reihen geordnet.

Es muß jedoch angenommen werden, daß die Dienerschaft der Königin entweder Gift oder Narkotika eingenommen hat, ehe

sie ihrer Königin in den Tod folgte und mit ihr eingegraben wurde.
Vor fünfhundert Jahren etwa praktizierten die Inkas in Südamerika ähnliche Riten, wenn ihr Kaiser begraben werden sollte, von dem sie annahmen, er sei eine Gottheit, so daß die Opfer gegen ihren Willen mit ihm in den Tod geschickt worden sind. Nach seinem Tod wurde der Herrscher einbalsamiert und in wertvolle Tuche geschlagen. Dieser relativ gut konservierte Körper wurde sodann als heilige Reliquie in einem rauschhaften Abschiedsfest ein allerletztes Mal verehrt. Die Inkas glaubten fest daran, daß seine Seele in eine andere Welt einziehen würde. Deshalb wurden auch seine Lieblingsfrauen und Sklaven mit in den Tod geschickt.
Im Grab eines ägyptischen Edelmannes aus Theben fanden die Archäologen angemalte, menschenähnliche Statuetten, welche seine Sklaven symbolisieren sollten. Man vertrat damals die Ansicht, daß der Edelmann in der neuen Welt sie wieder zum Leben erwecken würde, damit sie ihm weiterhin dienen konnten.
Die alten Ägypter beschäftigten sich weitaus mehr als andere Kulturen mit dem Leben nach dem Tode.
Hätten sie nicht ihren Pharaos und Edelleuten so viele Gegenstände mit in die Gruft gegeben, hätten wir bei weitem nicht soviel über ihre Kultur, ihr Leben, ihr Handwerk, in Erfahrung bringen können.
Die Grabkammern der Pyramiden, wo die Pharaonen bestattet wurden, enthielten kostbare Gemälde, Einrichtungsgegenstände und Schmuckstücke, die dazu bestimmt waren, den Pharaonen in der Nachwelt ein angenehmes Leben zu garantieren. Eine Grundvoraussetzung des ägyptischen Glaubens war, daß nicht nur der Körper den Tod überlebte, sondern auch der Geist (Ka). Das ist ein Hauptgrund, warum der Körper so sorgfältig einbalsamiert wurde, die nötigen Nahrungsmittel zur Verfügung hatte, ja ihm noch regelmäßig Nahrung gebracht wurde. Mit der Zeit erhielt der Glaube an das Leben nach dem Tode eine etwas demokratisch humanere Note, was

besagen soll, daß dieses Privileg nicht mehr den Pharaonen und Edelleuten allein vorbehalten war, sondern auch dem gesamten Volk. Man glaubte, daß eine jede Seele gerichtet werden sollte und damit ihr dies zuteil wurde, hatte sie eine anstrengende Pilgerfahrt zur Stätte des Gottes Osiris, dem Beherrscher der Unterwelt, zu erdulden.
Dort in der Gegenwart von Osiris und seinen 42 Richtern wurde das Herz des Verstorbenen auf der Waage der Gerechtigkeit gewogen. Der Seele wurde die Fähigkeit zugesprochen, zu entscheiden, ob ein Mensch sich vieler Sünden schuldig gemacht hatte, wie etwa der Tierquälerei oder des Diebstahls von Nahrungsmitteln, die den Toten mitgegeben worden waren.
Die Religion des Zarathustra im alten Persien lehrte ebenfalls, daß man nach dem Tode auf eine lange Reise gehen müsse, zu einem Ort, wo man gerichtet würde. Am vierten Tag nach dem Tode sollte die menschliche Seele die Brücke zum Jenseits überqueren. Auf der Mitte dieser Brücke befand sich ein Schwert. Für rechtschaffene Menschen war diese Brücke problemlos passierbar, jene erwartete auf der anderen Seite ein schönes Mädchen, das die guten Taten des verstorbenen Menschen auf der Erde symbolisierte. Die Rechtschaffenen durften ins Paradies, wo sie reiche Geschenke erhielten.
Versuchte jedoch ein Unrechtschaffener die Brücke zu überqueren, öffnete sie sich in der Mitte, und der Sünder stürzte in die Tiefe.
Nach dem Aztekenglauben bestimmte das irdische Leben die Art des Lebens, das man auch im Jenseits haben würde. Jene, welche den Göttern geopfert werden sollten, kamen automatisch ins Paradies des Sonnengottes, wo sie als Schmetterlinge oder als Hummeln weiterexistierten. Auch Frauen, die bei der Geburt starben, hatten dieses Privileg. Das Schicksal aller anderen war ein Himmel zweiter Klasse.
Im Koran, dem heiligen Buch des Islam, findet man die Beschreibung eines ziemlich luxuriösen Paradieses. Diejenigen, die Allah auserwählte, sollten auf juwelengefaßten Diwans ruhen, Gesicht zu Gesicht, und ihnen sollte ewige Jugend wi-

derfahren, und sie sollten edlen Wein haben aus edlen Gefäßen. Sie sollten Früchte genießen, alle, welche sie nur möchten, und sie sollten Geflügelfleisch essen und anderes mehr. Und dort werden die dunkelhaarigen Houris sein – unbefleckte Jungfrauen – rein wie unentdeckte Perlen: Dort wird sie kein nutzloses Geschwätz belästigen, keine sündvolle Rede, sondern nur Grußworte: „Friede Friede ..."
Im Gegensatz dazu werden von Allah die Bösen zum Fegefeuer verdammt und dort erhalten sie nur kochendes Wasser und Moder und Dreck zu essen.
Die alten Griechen hatten verschiedene Ansichten über das Leben nach dem Tode. Eine der weitverbreitetsten Ansichten über das Leben danach war, daß die Seele des Verstorbenen in den Hades hinunterfuhr, wo der Gott Hades herrschte. Das war ein dunkler Ort, wo die Geister als Schattenwesen vegetierten, ähnlich dem Schicksal der Sheol oder dem Ort der verlorenen Geister des jüdischen Glaubens.

Die Griechen verfügten nebenher über eine Hölle, die sie Tartaros nannten und einen Himmel, bekannt als die elysischen Felder. Im Himmel genossen die wenigen Auserwählten ewigen Frühling. Besondere Betonung wurde von den orphischen Sekten darauf gelegt. Diese hatten ihre Namen von Orpheus hergeleitet, der der Sage zufolge in den Hades hinunterstieg und den verantwortlichen Gott veranlaßte, seine verstorbene Frau Eurydike ins Leben zurückzulassen. Auf seiner Reise zurück in die Oberwelt überzeugte sich Orpheus ständig, ob seine dem Leben wiedergewonnene Frau ihm auch folgte. Dies war jedoch gegen Hades strikten Befehl gehandelt, so daß Orpheus zur Strafe sowohl sein eigenes Leben als auch das seiner Frau verlor.
Ein weiterer griechischer Glaube fußte auf Pythagoras und seinen mathematisch-philosophischen Lehren. Pythagoras glaubte, daß die Seele dazu verdammt sei, in einem Körper zu wohnen und dann in einem anderen menschlichen oder tierischen Körper auferstehen würde. Pythagoras selbst verkündete,

daß er selbst mehrmals vorher existiert habe, unter anderem als Soldat im trojanischen Krieg.

Am stärksten war der Glaube an die Wiedergeburt der Seele in Asien. Im Hinduismus, der Religion der Mehrzahl der Bewohner Indiens, spiegelt die menschliche Seele die Weltseele wider, und es ist das Ziel eines jeden menschlichen Lebens, mit dem göttlichen Prinzip eins zu werden. Bevor die Seele jedoch dieses Stadium erreicht, muß sie mehrere Stadien der Wiedergeburt durchlaufen und zwar sowohl als Mensch als auch als Tier. Man nennt den gesamten Zyklus der Wiedergeburten das „Rad der Samsara", und es dreht sich, ohne Anfang und Ende zu kennen, wie das Universum. Der Hindu glaubt, daß er die Art seiner nächsten Wiedergeburt durch sein Karma, der Summe sämtlicher Aktionen im irdischen Leben, bestimmen kann. Ein schlechtes Karma bewirkt Wiedergeburt als Mensch niedriger Kaste, sozusagen als Bestrafung, oder als Tier, das man gewöhnlich verabscheut, wie etwa Hund oder Schlange, oder es ereignen sich Unglücksfälle im zweiten Leben.

SINN UND ZWECK DER

REINKARNATIONSTHERAPIE

In den Ländern, in denen der Reinkarnationsglaube zum Alltag gehört, bemerkt man sehr viel mehr Ausgeglichenheit in der Mentalität der Menschen. Man sieht das Leben als eingebettet in die Ewigkeit an und nicht als kurzfristige Spanne mit schlagartigem Beginn und schlagartigem Ende. Viele Ängste, Probleme und Anspannungen, typisch für westliche Länder, können daher gar nicht erst entstehen: Abhängigkeit von materiellen Gütern und äußerer Sicherheit, Verlustängste, Angst vor der Zukunft, Angst vor dem Tod, Hektik und Zeitdruck, mangelnde Flexibilität und zu starke Empfindlichkeit bei Enttäuschungen. Wenn man das Leben als Fluß ansieht, der zwar verschiedene Etappen zurücklegt, aber doch nie zu fließen aufhört, wird man kaum einen übersteigerten Hang zu materiellen Dingen entwickeln, weiß man doch, daß man schon vieles besessen und wieder hinter sich gelassen hat. Auch wird man kaum abhängig werden von einem geliebten Menschen und sich um seinen Verlust Sorgen machen, weiß man doch, daß man mit demselben Menschen unter Umständen schon in mehreren Leben zusammen war und ihn vielleicht in einem späteren Leben wieder treffen wird – wenn das Schicksal es will. Der Tod hat nichts Beängstigendes an sich, er zeigt lediglich an, daß die jetzige Bewußtseinsebene beendet ist und er der nächsten Platz machen muß, und auch ein früher Tod hat seine Berechtigung im Schicksal des einzelnen.

Die Reinkarnationstherapie hat wie jede andere Psychologieform das Ziel, unbewußte Inhalte bewußt und somit unschädlich zu machen. Sobald die Ursache eines Problems gefunden und verarbeitet ist, läßt sich das Problem lösen. Sollte die Ursache eines Konflikts in der Kindheit liegen, müßte eine Gesprächstherapie über die Kindheit dieses Problem lösen. Ist die Ursache einer Fehlentwicklung in der vorgeburtlichen Zeit entstanden, während der Schwangerschaftsphase oder während der Geburt, löst das Wiedererleben der vorgeburtlichen Zeit dieses Problem. Liegt die Ursache jedoch in früheren Leben, so kann nur die Reinkarnationstherapie dieses Problem lösen. Es ist also wichtig, die richtige Therapieform zu wählen. Liegt ein Problem in früheren Leben, und man sucht die Ursache in der Kindheit, so kann man jahrelang mehr oder weniger nutzlose Therapie betreiben. Ebenso – liegt eine Konfliktsituation in der Gegenwart – bringt die Reinkarnationstherapie keine Erleichterung. Die meisten chronischen Probleme jedoch haben ihre Ursache in früheren Leben. Zwei Kinder, die im gleichen Elternhaus aufgewachsen sind, können ganz unterschiedliche Reaktionen auf die Eltern und die Umgebung entwickeln, können ganz unterschiedliche Probleme haben. Die Umwelt prägt uns nicht, sondern aktiviert diejenigen Anlagen in uns, die wir schon mitgebracht haben.

In der Reinkarnationstherapie verbindet sich alte Weisheit und Philosophie mit moderner psychologischer Technologie auf ideale Weise. Die Philosophie erhält durch die Unterstützung moderner Psychologie eine konkrete Bestätigung, und die Psychologie erfährt durch die Integration mit der Philosophie eine wesentliche Bereicherung. Die Psychologie sollte eigentlich eine angewandte Philosophie sein, die dem Menschen mehr Bewußtsein, Ausgeglichenheit und Verständnis bringen sollte. Dies realisiert sich in der Reinkarnationstherapie, indem man die heutigen Reaktionen und Probleme als Überbleibsel einer vergangenen Realität ansieht, welche die heutige Weltanschauung prägen. Heutige Ansichten und Meinungen entstammen nämlich oft aus früheren schmerzvollen Erfahrungen, und wenn diese Erfahrungen gründlich aufgearbeitet und der enthaltene Schmerz aufgelöst werden kann, kann sich auch das gesamte Weltbild eines Menschen ändern.

Ich möchte das mit meinem ersten Fallbeispiel erläutern: Eines Tages kam eine junge Frau in die Praxis. Ihre schwarzen Augen wirkten unruhig, etwas ängstlich. Seit ihrem vierten Lebensjahr litt sie an Asthmaanfällen. Während derartiger Anfälle bekam sie Hitzewallungen, ihre Kleider wurden plötzlich zu

eng und unbequem, und sie konnte keine Berührung durch andere Menschen ertragen.
Diese junge Frau, nennen wir sie Erika, hatte in ihrem derzeitigen realen Leben die Ablösung von ihrem Elternhaus nicht geschafft. Das ist ein wichtiger Punkt, der bei Asthmakranken immer wieder auffällt. – Sie erlebte auch noch als erwachsene Frau eine überbesorgte Mutter und einen strengen, autoritären Vater. Sie konnte sich im Leben wenig behaupten. So kam es, daß sie immer wieder bevormundet wurde, auch im Berufsleben. Sie wehrte sich mit Hautausschlägen.
Die erste Reinkarnationssitzung ergab folgendes Bild: In einer Tiefenentspannung „sieht" Erika eine Karawane in der Wüste. Die Reisetruppe befindet sich auf dem Weg in eine Stadt mit dem Ziel, für die junge Frau alles einzukaufen, was für eine Ehe benötigt wird. Es geht um Aussteuer und Mitgift. Bald soll die Hochzeit sein. Die junge, neunzehnjährige Frau ist wie ein reiches Beduinenmädchen gekleidet. Unter einem Schleier tanzen lockige schwarze Haare hervor. Im Gesicht sind nur die lustigen schwarzen Augen zu sehen, alles andere ist verschleiert. Sie freut sich auf die Stadt, endlich eine Abwechslung denkt sie und schüttelt die Erinnerung an das Leben in den Zelten in der Wüste ab. Dort, in der Wüste, da hat sie nichts zu sagen, nichts zu bestimmen, muß dienen, die Männer bedienen. Plötzlich kommt Sandsturm auf. Der Himmel wird dunkel, schwarz. Sie müssen von den Kamelen absteigen. Die Tiere suchen Platz hinter Wanderdünen. Ganz nah preßt sich das Mädchen an den Körper seines Kamels, vergräbt den Kopf in den schützenden Armen. Der heiße Wind streicht über sie hin, heiße Sandkörner dringen in den Mund, in die Nase und in die brennenden Augen, der Schutz ist nur gering. Bald sind der Kopf und auch der Körper mit Sand bedeckt. Sie versucht sich hochzudrücken, aber es geht nicht. Verzweifelt krallt sie sich am Kamel fest, spürt Angst in sich aufsteigen, möchte schreien, aber sobald sie den Mund öffnet, dringt noch mehr Sand in sie hinein. Das Kamel wird unruhig, erhebt sich ruckartig, und jetzt ist auch dieser Schutz weg. Immer mehr Sand türmt sich

über ihrem Kopf und ihrem Körper auf. Sie bekommt keine Luft mehr, die Angst steigert sich zur Panik, der heiße Sand scheint in ihre Lungen zu dringen. Nur allmählich läßt der Sturm nach. Sie versucht, sich schleppend weiterzubewegen, der Körper ist heiß und erschöpft. Von ihren Reisegefährten kann sie nichts entdecken. Keine Menschenseele, kein Kamel – so gut wie nichts. Nur heißer Sand und die mittlerweile wieder aufgetauchte gnadenlose Sonne. Alles tut ihr weh, die Augen brennen, die Kehle ist trocken, wie ausgedörrt vor Durst. Sie hat das Gefühl, sterben zu müssen. Am Himmel tauchen die ersten Geier auf. Schon entstehen die ersten Brandblasen auf der Haut. Irgendwann wird sie bewußtlos, stirbt irgendwann . .
Im Nachhinein empfand die junge Frau dieses Leben als Nomadin in der Wüste als fade. Aus gegenwärtiger Sicht war sie nichts anderes als eine Tauschware gewesen, da sie an den Bräutigam verkauft werden sollte.

Zu ihrem gegenwärtigen Leben gab es einige Parallelen. Wenn die Eltern es zuließen, verreiste sie gerne, war dann aus der elterlichen Obhut entlassen – unternehmungslustig. Genau wie in ihrem Vorleben: Verlassen der Öde, der Langeweile, hin zum eigenständigen Leben voller Lebendigkeit. Aber diese scheinbare Selbständigkeit zeigte auch ihre Abhängigkeit von den Eltern: Sobald sie allein auf Reisen ging, häuften sich die Asthmaanfälle. Schon bei einem harmlosen Niesen kam die Atemnot. Es folgte ein trockener, quälender Husten. Die Kehle wurde trocken (wie in der Wüste). In überfüllten Räumen überkam sie Platzangst. Manchmal hatte sie das Gefühl, etwas zu verpassen. Während ihrer Reisen überkam sie ein unruhiges Gefühl von Erwartung – sie meinte, sie könnte irgend etwas verpassen. Viele Vögel am Himmel machten ihr Angst. Was Männer anbetraf, fühlte sie sich als Frau unterdrückt, zu wenig anerkannt, meinte, die Männer hätten mehr Vorteile als die Frauen.

In einer weiteren Reinkarnationssitzung erlebt sie folgendes Bild:

„Ich sehe einen mittelalterlichen Marktplatz. Ich stehe auf einem Podest, bin ungefähr fünfunddreißig Jahre alt. Ich bin irgendwo angebunden, kann Arme, aber auch die Beine nicht bewegen. Vor mir eine schreiende, tosende Menschenmenge. Einige sind wütend, andere lachen häßlich. Rufe wie „Gotteslästerin" – „Hexe" schallen zu mir herauf. Etwas schräg links von mir ein Mann, man kann sein Gesicht nicht erkennen, eine weiße Kapuze ist über seinen Kopf gestülpt. Vor ihm eine Tonne auf einem Feuer. Es kocht und brodelt darin, es stinkt nach heißem Teer. Der Henker geht mit einer großen Kelle zu dem Faß, schöpft von der brodelnden, heißen Masse heraus. Er kommt zu mir . . . nein, bloß das nicht! Nein, bitte nicht!" – Sie atmet heftig, ihr Körper bäumt sich unter Angst und Schmerzen auf. Als sie ruhiger wird, kommt es stoßweise aus ihr heraus: „Er hat es mir über die Schultern gegossen. Verschwommen nehme ich unten die johlende Menge wahr. Immer wieder kommt der Mann mit der heißen Kelle. Ich versuche, durch Drehen meines Körpers dieser tödlichen Masse auszuweichen. Es ist zwecklos."

Sie beginnt quälend zu atmen und muß zuerst tief durchatmen, bevor sie weitersprechen kann. „Die Leute feuern den Folterer an. Ich spüre, daß ich gegen eine Bewußtlosigkeit anzukämpfen beginne. Warum tun diese Menschen das? Ich bin doch unschuldig, habe keinem etwas getan. Ich wollte doch nur helfen, habe das Kind gerettet, die Mutter starb bei der Geburt, was kann denn ich dafür?"

Das mit dem Kind hätte man ihr verziehen, nicht aber ihr Verhältnis zu einem verheirateten Mann. Er war ihre große Liebe gewesen. Wie konnte sie auch ahnen, daß gerade er es gewesen war, der sie den Leuten der Inquisition in die Hände gespielt hatte. Er wollte seine Ehe retten – und das Geld, das seine Frau besaß, er wollte sein bequemes Leben weiterleben können. Soldaten hatten sie abgeholt. Drei Tage hatte sie in einem Kellerverlies verbringen müssen. Der Geistliche, den man ihr geschickt hatte, sagte ihr, sie müsse für ihre Schuld büßen, sie sei eine Gotteslästerin.

Genau wie bei dem Wüstenbeispiel, haben wir hier einen Zusammenhang im gegenwärtigen Leben: empfindliche Haut, Augenbrennen, Atemnot, übergroße Schamgefühle Männern gegenüber, sie fühlt sich von Männern „verletzt", lebt sehr vorsichtig, was Männer anbelangt.

DAS TRAUMA AUS DEM MUTTERLEIB

Jede Reinkarnationstherapie beginnt mit einem Vorgespräch, bei dem ich die Lebenssituation des Menschen, der zu mir kommt, abkläre. Wichtig ist das Erleben der Kindheit, das Verhältnis zu den Eltern und Geschwistern. Die Konflikte und Schwierigkeiten, die schon in der Kindheit auftauchen, sind eindeutige Hinweise auf frühere Leben; wobei diese Schwierigkeiten sowohl innerer Natur sein können wie Verletzbarkeit, Schüchternheit oder Aggressionen, als auch äußerer Natur wie Verlust eines Elternteils, Kriegseinflüsse oder sonstige tragische Umstände. In der Reinkarnationstherapie gehen wir davon aus, daß die heutige Kindheit eine Fortsetzung der früheren Leben ist. Was man früher nicht verarbeitet hat, begegnet einem in der Kindheit wieder.
Operationen und Unfälle sind wichtig. Da alle während eines Schockzustandes oder während einer Narkose von Ärzten, Krankenhauspersonal oder sonstigen Anwesenden gesagten Worte und Sätze ungefiltert ins Unterbewußtsein eindringen und Suggestivwirkung haben können, müssen unter Umständen erst diese suggestiven Inhalte bewußt gemacht werden, bevor Rückführungen in frühere Leben begonnen werden. Ein Suggestivansatz wie „Es ist alles umsonst" oder „So kommen wir nicht weiter", können dem Klienten nämlich bei jeglicher Therapie genau dieses Gefühl vermitteln, die Therapie habe keinen Zweck, und er komme nicht weiter. Erst wenn diese Blockaden aus dem Weg geräumt sind, ist der ungehinderte Zugang ins Unterbewußte möglich.
Die Beziehung zum Ehepartner und zum anderen Geschlecht überhaupt, geben auch Aufschluß auf die Persönlichkeitsstruktur und die möglichen Probleme des Klienten. Es gibt Menschen, bei denen jede partnerschaftliche Beziehung auf die gleiche Weise endet, an denselben Problemen scheitert. Hier liegt ein unverarbeitetes Problem in diesem Menschen vor, das sich in der Partnerschaft immer wieder ähnliche Ausdrucksformen schafft. Auch wenn ein bestimmter Menschentyp immer wieder als Partner gewählt wird, gibt dies Aufschluß auf die Struktur dieses Klienten. Hat eine Frau beispielsweise immer

wieder autoritäre Partner, die ihr Leben bestimmen wollen, so weiß der Reinkarnationstherapeut, daß sie sich unbewußt immer wieder dieselbe Situation anzieht, um daran etwas aufzuarbeiten, etwas daran zu lernen. Da die meisten Wiederholungssituationen heute von früheren Leben her geprägt sind, könnte man in diesem Fall das Thema „Autorität/Beherrschtwerden und Beherrschen" rückführen.

Schwer verkraftete Verluste wie der Tod eines Mitmenschen oder eine Trennung geben Aufschluß darüber, daß dieser Mensch wahrscheinlich in früheren Leben schon schwerwiegende Verluste erlebt hat, die bei heutigen ähnlichen Erlebnissen wieder aufbrechen und den jetzigen Verlust verstärkt schmerzlich erscheinen lassen.
Alles, was dem Menschen in diesem Leben wiederholt begegnet, was ihm schwerfällt anzunehmen, was ihm Probleme bereitet und was seine Stimmung drückt, sind Anzeichen auf nicht verarbeitete vergangene Erlebnisse.

Meine Klienten sind während dieses ersten Gesprächs und auch später während der Rückführungen an ein sogenanntes Biofeedback-Gerät angeschlossen, und die Nadel zeigt untrüglich an, hinter welchen Punkten traumatisches Material steckt. Das Leben beginnt und endet meist mit einem Trauma – dies drückt den Konflikt aus, den die Seele mit der physischen Ebene hat. Das physische Leben beginnt mit der Zeugung. Die äußere Konstellation der Zeugung sowie die innere Einstellung der Eltern während der Zeugung haben schon eine direkte Entsprechung zur Seele des Kindes. Da die Seele auf die Welt kommt und sich hier inkarniert, um Probleme von früher zu lösen, wird sie von den Eltern angezogen, die ein ähnliches Problem wie sie selbst haben. Dieses ähnliche Problem zwischen Eltern und gerade werdendem Kind ist schon in der Zeugung enthalten. Die äußeren Umstände von Empfängnis, Schwangerschaft und Geburtsvorgang spiegeln die innere Situation des Kindes wider. Es gibt mittlerweile zahlreiche Forschungsergebnisse darüber, wie sehr sich beispielsweise das Erleben der Mutter während der Schwangerschaft auf das Empfinden und die Gefühlswelt des Kindes auswirkt. Der wirkliche Beginn dieser Analogie liegt aber in der Auswahl des Kindes seiner Eltern schon vor der Zeugung. Da in den Vorbereitungssitzungen für die Reinkarnationstherapie erst die Geburt und Vorgeburt bearbeitet werden, konnte hier genügend Material gesammelt werden, um die mitgebrachte Veranlagung des Kindes und die Auswahl der Eltern miteinander zu vergleichen. Markante Punkte, die dies verdeutlichen, sind: Gedanken und Gefühle der Eltern während der Zeugung, die erste Reaktion der Mutter oder des Vaters auf die Schwangerschaft, die Art und Weise, wie Mutter oder Vater mit der Schwangerschaft umgehen, ob das Kind gewünscht wird oder nicht, was vom Kind erwartet wird, der Umgang der Eltern miteinander während der Schwangerschaft, Probleme der Eltern während der Schwangerschaft, die nicht grundsätzlich nur mit der Schwangerschaft zusammenhängen müssen, gesundheitliche Probleme der Mutter oder des Vaters während der Schwangerschaft, tiefgreifende Ängste vor allem der Mutter sowie schwerwiegende Verluste wie beispielsweise der Tod eines nahestehenden Menschen und schließlich der Verlauf der Geburt. Alle Problemmuster, die ein Mensch in seinem Leben hat sowie viele gesundheitliche Störungen, liegen schon in der Vorgeburt und in der Geburt begründet. Einige wenige Beispiele sollen dies veranschaulichen:

Frau Helga litt nach dem Tode ihres Mannes an erheblichen Ängsten, welche sich auf alle Bereiche ihres Lebens erstreckten, wie zum Beispiel Angst vor dem Alleinsein, vor dem Tod, vor Hitze, vor überfüllten und engen Räumen, um nur einige zu nennen. Sie hatte immer Halt bei anderen Menschen gesucht und erwartete, daß man sie beschützen sollte. Nach dem Tod des Mannes richtete sich diese Erwartung nun auf die Kinder und die Nachbarn. Bei der Vorgeburt dieser Klientin

ergaben sich folgende Inhalte, die nur in Kürze hier wiedergegeben werden sollen:
Die Mutter war Halbjüdin und lernte während des Dritten Reiches einen Mann kennen, der kein Jude war. Sie erhoffte sich, von ihm schwanger zu werden, damit er sie heiraten solle und sie somit sicher wäre vor der Judenverfolgung. Die erste Reaktion der Mutter auf die Bestätigung der Schwangerschaft seitens des Arztes war: „Gott sei Dank, jetzt bin ich gerettet", aber auch Zweifel tauchten auf: „Was wird aus mir und dem Baby, wird es mich davor bewahren, daß ich ins KZ muß, hoffentlich bleibt Karl (der Vater) in meiner Nähe, wird er mich beschützen können, wenn ich ihn brauche?"
Während der ganzen Schwangerschaft hatte die Mutter starke Ängste, daß etwas schiefgehen könnte, daß sie verraten würde und doch noch weg müßte. Bei der Geburt erlebte das Kind eine beengende Platzangst, ein Drücken von allen Seiten, das vor allem auf Kopf und Schultern wirkte, Nervosität, weil es hinaus mußte, ein Gefühl des Auseinandergerissenwerdens.
In diesem Fall wurde die Frau in eine Kriegssituation hineingeboren, die geprägt war von der Angst um Leben und Zukunft, ferner von Hoffnung und gleichzeitig großer Unsicherheit. Genauso wie die Mutter beschützt werden wollte, wollte auch die Klientin beschützt sein. Die Ängste blieben so lange latent, wie die Klientin im Leben beschützt war. Nach dem Tod ihres Mannes aber tauchte die Angst vor dem Alleingelassensein und mit ihr all die anderen Ängste ins Oberbewußtsein auf. Indem diese ursprünglichen Situationen der Vorgeburt wiedererlebt wurden, konnten sich die Ängste schon bedeutend lindern lassen.

Der nächste Fall handelt von einer jungen Frau, Renate, die einerseits an Minderwertigkeitsgefühlen und einer tiefen Verletzbarkeit litt, andererseits aber selbst sehr kalt und verletztend war und andere Menschen oft anlog, um dadurch materielle Vorteile zu gewinnen. Schlimmstenfalls setzte sie auch Erpressung und Selbstmorddrohungen ein, um zu ihren

Zielen zu gelangen. Dieser Zwiespalt führte zu einem dauernden Beklemmungszustand mit Depressionen, die diese Frau mit Tabletten zu bekämpfen suchte.
In der Schwangerschaft war die erste Reaktion der Mutter auf das werdende Baby: „Ich habe dann jemanden für mich".
Zwischen den Eltern spielte sich folgender Dialog ab:
Vater: „Mußte das passieren?" (barsch)
Mutter weint, denkt: „Es hat keinen Sinn, das Kind auf die Welt zu bringen, mit diesem Mann zusammen zu sein. Er tut so, als ob ich etwas dafür könnte".
Vater: „Dann müssen wir eben heiraten".
Die Mutter spürt, daß der Vater dies nicht aus echtem Gefühl für sie entscheidet, sondern aus Pflichtgefühl. Da sie aber einen Vater für ihr Kind will, willigt sie ein.
Die Zeugung hatte nach einem Streit zwischen den Eltern stattgefunden. Die Mutter hatte den Vater mit einer anderen Frau gesehen und war eifersüchtig. Während des Verkehrs mit dem Vater dachte sie: „Wenn jetzt was passiert, dann ist er von der anderen Frau weg. Er soll dafür büßen, daß ich ihm treu war und er mir nicht."
Sie hat Rachegefühle und fühlt sich gleichzeitig wertlos: „Ich tu so viel für ihn, und er geht trotzdem zu der anderen Frau."
Der Vater denkt während der Zeugung: „Die wäre eigentlich die patente Ehefrau, eine gute Hausfrau, die andere ist gut für Sex."
Nach einem späteren Streit zu einem fortgeschritteneren Zeitpunkt will die Mutter es dem Vater heimzahlen und versucht, das Kind abzutreiben mit Hilfe von Sitzbädern. Bei dem intrauterin angewandten Wasserstrahl fühlt sich das ungeborene Kind wie durchlöchert, bekommt Kopfschmerzen und denkt: „Laß mich doch endlich in Ruhe!"
Die Abtreibung mißlingt.
Bei der Geburt wird der Mutter eine Betäubungsspritze gegeben, die genauso auf das Kind wirkt wie auf die Mutter. Das Kind wird bewußtlos und bekommt die gesamte Geburt überhaupt nicht mit. Das Verhaltensmuster Rache als Kompensa-

tion für Schwäche sowie Berechnung in bezug auf den Partner wird bei beiden Elternteilen sehr deutlich. Diese vorgeburtlichen Abläufe konnten von seiten der Mutter der Klientin bei einem intimen Gespräch bestätigt werden. Bei der Klientin trat unmittelbar nach Besprechen der Vorgeburt eine deutliche Verbesserung ihres Allgemeinzustandes ein.

Durch das Nacherleben der Vorgeburt werden oft Dinge bekannt, die der Klient vorher nicht wußte, es können Familiengeheimnisse sein, die das Kind eigentlich nie hätte erfahren dürfen, zum Beispiel, daß das Kind zur Adoption weggegeben werden sollte, oder daß der Vater nicht der leibliche Vater ist. Wenn ein Elternteil sehr früh gestorben ist und das Kind keine bewußte Erinnerung mehr an ihn hat, so lernt dieser Klient ihn doch während des Durchlebens der Schwangerschaft kennen, wie im folgenden Fall: Frau Cäcilie, vierzig Jahre alt, hatte ihren Vater nie gekannt, da er starb, als sie vier Jahre alt war. Sie selbst hatte eine Partnerschaftsproblematik, die durch Machtkonflikte ausgelöst war.
Bei der Zeugung verhält sich die Mutter passiv, sie möchte sich dem Mann entziehen, obwohl sie ihm emotional stark zugewandt ist, aber sie fürchtet eine Schwangerschaft. Sie denkt: „Ich kann diese Verantwortung nicht auf mich nehmen, aber ich kann mich doch nicht widersetzen, muß mich unterordnen.“ Der Vater ist überwältigt von Gefühlen für die Mutter, beruhigt sie, „Es wird schon nichts passieren, ich möchte immer mit dir zusammensein.“
In diesem Augenblick war die Klientin überwältigt von dem Gefühl, sich den Vater jetzt zum erstenmal richtig vorstellen zu können, wie er als Mensch war, und sie fühlte sich ihm sehr verbunden. Sie hatte ihn unbekannterweise auch immer sehr verehrt.
Später beschuldigt die Mutter den Vater: „Du bist schuld, daß ich schwanger bin, du hast mich gezwungen.“ Der Vater ist schockiert und erklärt, daß er sie liebt. Die Mutter weint, sie fühlt, daß sie ihn verletzt hat. Das ungeborene Kind fühlt sich

hier betroffen: „Die Mutter stellt mein Leben in Frage, sagt nur mit Vorbehalt ‚Ja' zu mir, ich will nicht hierbleiben, will schnell raus." (Das Baby war tatsächlich eine Frühgeburt). Im dritten Monat spürt das Baby, daß noch jemand da ist. „Da ist etwas Hartes, mir Ähnliches, irritiert mich und belustigt mich, bin neugierig, wir lachen uns an, es wird dann eng, gibt ein Gerangel, aber ist schön kuschelig, wir versuchen, uns den Platz aufzuteilen."
(Hier hatte die Klientin ihre Zwillingsschwester erlebt). Als bei der Geburt die Fruchtblase zerreißt, bekommt das Baby Herzschmerzen, „es zerreißt den Kopf, ich ersticke, huste, schlage um mich." Nach dieser Frühgeburt waren die Babies so schwach, daß man eine Nottaufe ansetzte, weil man befürchtete, sie würden sterben. Die Klientin fühlte sich im Mutterleib nicht akzeptiert, was zu einem Muster in ihrem Leben wurde. Sie fühlte sich häufig (schnell) zurückgestoßen, auf der anderen Seite leistete sie auch gerne Widerstand, wie es die Mutter dem Vater gegenüber getan hatte. Nimmt ein Elternteil das Kind während der Schwangerschaft nicht an, so entsteht häufig eine Ablehnungsproblematik im Leben des Kindes. Es fühlt sich später insgeheim immer abgelehnt, auch wenn die Umgebung es noch so lobt und ihm Zuneigung beteuert, es kann dies einfach nicht glauben. Das Würgegefühl im Hals, verbunden mit blockiertem Atem wie bei der Geburt, war bei dieser Klientin ein späteres Begleitsymptom in bedrückenden Lebenssituationen.

Nicht immer sehen Zwillingserlebnisse im Mutterleib so positiv aus wie im letzten Fall. Häufig treffen sich von früher her verfeindete Seelen als Zwillinge wieder.
Als Herr Helmut im Mutterleib erlebte, daß hier noch ein anderes Baby vorhanden war, reagierte er folgendermaßen: „Um Gottes Willen, schon wieder! Nun treffen wir uns wieder, ich fühl' mich gestört. Als wir größer werden, gibt es Spannung, ich drücke ihn an die Wand, nehme den Bruder nicht mehr

wahr, bin ganz auf mich bezogen, der Bruder führt ein Schattendasein."

Herr Helmut erlebte auch seine Befruchtung: „Fäden laufen trichterförmig zusammen, sehe Eizelle und Samen, die verschmelzen, ich habe meine Aufmerksamkeit darauf konzentriert, etwas Weißgraues umhüllt mich, empfinde eine Wohligkeit. . ." Die Eltern des Klienten waren sich bezüglich der Schwangerschaft nicht einig. Die erste Reaktion der Mutter auf die Schwangerschaft war: „Diesmal möchte ich das Kind aber haben, vorher hatte ich eine Fehlgeburt, diesmal laß ich mir das von meinem Mann nicht gefallen." Der Vater reagierte auf die Schwangerschaft so: „Kommt überhaupt nicht in Frage, daß wir ein Kind bekommen." Die Mutter trotzig: „Doch. Übernimm doch endlich Verantwortung, ich möchte das Kind haben." Vater: „Ist es wirklich von mir?" Mutter: „Sicher."

Das Geburtserlebnis ist mit starker Angst verbunden, eine starke Vibration ergreift den Körper des Klienten, ein Gefühl von Höhenkrankheit tritt auf. Die Mutter preßt bei der Geburt nicht genug, und das Baby hat größte Mühe, durch den Geburtskanal zu kommen. Es treten Atemnot und Todesangst auf. Als das Baby endlich draußen ist, fühlt es sich sehr allein und verlassen, spürt keine Beziehung zur Mutter. „Keiner liebt mich, ich bin traurig, als ob ich wüßte, daß in meinem Leben viel Schweres auf mich zukommt. Empfinde Haß dem Bruder gegenüber; kümmert euch doch um mich! Ich bin doch der Erste! Mein Bruder wird von den Eltern freundlicher angesehen als ich, ich muß mich nun um ihn kümmern."

Dieser Klient hatte in seinem Leben eine starke Anerkennungsproblematik und unternahm größte Anstrengungen, um Liebe und Anerkennung von seiner Umwelt zu bekommen. Die Beziehung zu seinem Zwillingsbruder war später auch sehr gespannt, der Zwillingsbruder wurde von den Eltern bevorzugt und oft als nachahmenswertes Beispiel hingestellt, was den unterschwlligen Haß noch verstärkte. Der Zwillingsbruder starb jung an Krebs. Bei den Rückführungen in frühere Leben fand man dann heraus, daß diese beiden Brüder sich gegenseitig schon viel Böses angetan hatten.

Herr Erich fühlte sich in seinem Leben oft zurückgesetzt, wie das fünfte Rad am Wagen, hatte das Gefühl, nicht zu genügen, ferner bestand eine Zeitproblematik in Form einer Angst vor dem Zuspätkommen und einer Anspannung bei Terminen, die eingehalten werden mußten.
Seine Mutter reagierte auf die Schwangerschaft mit ihm mit Unbehagen: „Ich mag nicht schwanger sein, er mag doch gar keine Kinder, jetzt in dieser Zeit, wo alles unsicher ist (Kriegszeit), wer weiß, ob er zurückkommt, ob das gut geht, wir haben doch so wenig Zeit für uns gehabt." Das Baby fühlt sich hier nicht willkommen, „Ich fühl' mich schuldig, ich mach jetzt Schwierigkeiten; ich möchte, daß du mich magst, ich bin doch selbst so hilflos." Die Mutter denkt: „Ich bin mit der Beziehung zu dem Mann gar nicht so sicher, ob er nicht nur aus Pflichtgefühl bei mir bleibt, er hat lange gebraucht, bis er sich für mich entschieden hat, bin zu gar nichts richtig wert."
Das Baby denkt: „Laß mir doch noch etwas Zeit, ich bin ganz ruhig, dann störe ich am wenigsten."

Kinder können manchmal Schuldgefühle haben, wenn sie den Eltern ungelegen kommen und dann auch unbewußte Versprechen leisten, zum Beispiel, den Eltern alles recht zu machen, wenn sie sie nur behielten und annähmen. Die Mutter fühlt sich unwert, weil der Mann sie nicht um ihrer selbst willen geheiratet hatte, und das Baby fühlt sich unwert, da es sich zu früh einstellte, nicht willkommen war. Beide Grundproblematiken des Klienten mit Wertigkeit und Zeitverhältnis sind deutlich in der Vorgeburtsphase enthalten.

Wenn wir die Therapie mit dem pränatalen Zeitraum beginnen, bekommt der Klient seine ersten Anregungen etwa so: „Wir gehen nun in die vorgeburtliche Phase der Schwangerschaft. Sie sind schon da, Sie befinden sich im Mutterleib.

Nennen Sie einen Schwangerschaftsmonat von 1 bis 9, der erste, der Ihnen einfällt".

Das ist der Einstieg. Hier kommen die ersten Hinweise, und sofort frage ich weiter:

„Wenn die Mutter in diesem Schwangerschaftsmonat ein Problem hat, was ist das? Was denkt sie in diesem Moment wortwörtlich?"

In der Regel kommen hier sofort Antworten aus jener Zeit. Das Kind kann selbst noch nicht denken, aber das Unbewußte enthält alle Speicherungen aus dieser Zeit.

Die Problematiken von Mutter und Vater aus dieser Zeit finden sich im Denken des Kindes wieder. Was Mutter und Vater während der Schwangerschaft besonders stark beschäftigt, wird sich auch im Leben des Kindes auf eine ähnliche Weise wieder zeigen.

Bearbeitet werden die Probleme von Mutter und Vater, indem man diese definieren läßt:

„Womit hat die Mutter während der Schwangerschaft Schwierigkeiten, was belastet sie? Lassen Sie die Mutter wortwörtlich sprechen, was denkt sie in so einem Moment?"

Naturgemäß sind die Probleme und das Denken der Mutter dem Kind etwas näher als die des Vaters, weil sich das Kind in Mutters Nähe ständig aufhält, den Vater nur teilweise miterlebt.

Lehnt ein Elternteil die Schwangerschaft ab und der andere möchte sie sehr gerne, kann sich das Kind hier mit demjenigen Elternteil verbünden, der zu der Schwangerschaft steht und diesem Elternteil Versprechungen machen wie etwa: „Ich werde dir immer helfen", „ich werde dir nie zur Last fallen", „ich werde dich beschützen und alles für dich tun". Sobald also Ablehnung der Schwangerschaft im Spiel ist, hält der Therapeut Ausschau nach solchen Versprechungen, die das Kind hier gibt. Dies kann später im Leben zu einem erschwerten Ablösungsprozeß von diesem Elternteil führen, da das Kind das Gefühl hat, es dürfte sein Versprechen nicht brechen und jetzt einfach weggehen.

„Welche Bedenken hat die Mutter/der Vater gegen die Schwangerschaft?"
„Bestehen irgendwelche Befürchtungen von seiten der Mutter/des Vaters?"
Selbst bei einem Wunschkind können Bedenken seitens der Eltern auftauchen, was ja ganz natürlich ist, aber sie sind eben ins Unterbewußtsein des Kindes eingegangen und sollten bewußt gemacht werden, um das Kind nicht weiter zu beeinflussen.
Wir bearbeiten die Schwangerschaft bis zurück zur Zeugung. Die Zeugung, die erste konkrete Lebenssituation, die die inkarnierende Seele mit dem neuen Körper verbindet, spiegelt schon die Lebensaufgaben des Kindes wider. Gedanken, Einstellungen und Gefühle der Eltern füreinander haben einen prägenden Charakter für den Lebensweg des Kindes, wobei das Kind aber die Neigung dazu schon in sich verankert hat. So ist auch die Reaktion des Kindes auf das, was in der Schwangerschaft passiert, seiner Natur gemäß unterschiedlich: Eine unsichere, angstbesetzte Seele kann die Ablehnung der Eltern voll auf sich beziehen und sich davon unterdrückt und betroffen fühlen und später im Leben sehr empfindlich auf Ablehnung reagieren, wobei eine mehr kämpferisch veranlagte Seele sich im gleichen Falle sagen kann: „Jetzt erst recht! Ich setze mich durch und lasse mich nicht abweisen!" In keinem Fall ist den Eltern irgendeine Schuld anzulasten, daß sie sich während der Schwangerschaft nicht richtig verhalten oder durch negative Gedanken ihr Kind negativ geprägt hätten, denn letztendlich kommt es immer darauf an, was das Kind aus seiner vorgeburtlichen Situation macht.
Die Geburt wird etappenweise bearbeitet. Ich frage vor allem nach den körperlichen Eindrücken, da der Geburtsvorgang beschwerlich, oft sogar bedrohlich ist. Auch der Geburtsablauf selbst kann spätere Probleme und Konflikte prägen. Meistens berichten meine Klienten von körperlichen Spannungen bis hin zu Schmerzen, bei denen ich nachhake: „Be-

schreiben Sie diesen Schmerz, diese Spannung. Wo genau spüren Sie diese? Wie fühlen Sie sich dabei?"
Häufig treten Druckgefühle am Kopf auf, Eingepreßtwerden im Nacken-Schulterbereich, Atemnot mit Erstickungsangst und das Gefühl, es nicht zu schaffen und beim Geburtsvorgang zu sterben. Während der Rückführung selbst können unangenehme Körperempfindungen wie Kopfdruck oder Engegefühle auftreten, die später wieder verschwinden. Ich hüte mich davor, den Klienten zu schnell durch die Geburt gehen zu lassen, ohne mit den Schmerzen in Berührung gekommen zu sein. Manche Klienten wollen die unangenehmen Körperempfindungen nicht zurückrufen und begeben sich sehr schnell ans Ende mit den Worten: „Ich bin schon draußen." Auch eine relativ schnelle und unkomplizierte Geburt ist für das Kind sehr beschwerlich, und dieser erste Kampf im Leben des Kindes sollte in der Rückführung deutlich wiedererlebt werden.
Es kann vorkommen, daß der Klient sagt: „Ich spüre meine Mutter nicht mehr, sie hilft mir nicht mehr, ich bin ganz allein, im Stich gelassen." Derartige Empfindungen haben immer einen Grund. So kann es hier sein, daß die Mutter aus Erschöpfung oder Resignation irgendwann aufhört mitzuarbeiten und zu pressen, oder sie hat eine Betäubungsspritze erhalten. Das Kind hat dann den Eindruck, ganz allein zu sein und sich allein herausarbeiten zu müssen. Eine Geburt sollte aber eine Teamarbeit zwischen Mutter und Kind sein. Es gibt auch Kinder, die einen Widerstand gegen das Geborenwerden haben und die Geburt blockieren, indem sie nicht mithelfen und eher dagegen stemmen. Dies erschwert den Geburtsvorgang für die Mutter ganz erheblich. Ein weiteres wichtiges Phänomen ist der Kaiserschnitt, bei dem das Kind selbst sich nicht durchkämpfen muß, sondern plötzlich durch operativen Eingriff aus seiner Lage herausgeholt wird. Man könnte meinen, dies sei für das Kind angenehm, aber die Praxis hat gezeigt, daß für das Kind dieser Eingriff bedrohlich sein kann. So erschrak eine Klientin, als sie das auf die Mutter gerichtete Skalpell sah und rief: „Mein Gott, was machen die mit meiner

Mutter?" Sie befürchtete, man wolle ihre Mutter umbringen. Auch das schnelle, jähe Herausgezogenwerden läßt dem Kind keine Zeit, sich auf die Welt draußen einzustellen. Auf diese Weise geborene Menschen können sich später sehr passiv verhalten und erwarten, daß ihnen von der Umwelt alles abgenommen wird, oder sie werden zu überaktiven Menschen, weil sie in dem unbewußten Gefühl leben, ständig für etwas kämpfen, sich etwas erarbeiten zu müssen, was ihnen bei der Geburt entgangen ist. Sobald die Geburt beendet ist, frage ich nach den ersten Eindrücken des Lebens. Die Atmosphäre im Kreißsaal oder zuhause im Geburtsraum, die ersten körperlichen Empfindungen, die ersten zwischenmenschlichen Kontakte zu Personal, zu Mutter und Vater werden vom Kind stark aufgenommen. Die Helligkeit und die Kälte im Kreißsaal sind für das Kind unangenehm, jähe Handgriffe wie an den Füßen hochgehoben zu werden, auf den Rücken oder das Hinterteil einen Schlag zu erhalten oder auf eine kalte Waage gelegt zu werden, sind lästig. Bald stellt sich auch der Hunger ein, der Körper des Kindes stellt nun um auf Nahrungsaufnahme durch den Mund, es braucht schon eine Weile, bis sich das Kind an die neuen Lebensbedingungen gewöhnt hat.

Die wichtigste Tatsache, wenn ich in der pränatalen Phase arbeite, ist: Der Fötus hat kein analytisches Bewußtsein, er kann nicht eigenständig denken. Während der neun Monate verhält sich der Fötus wie ein unbewußtes Tonbandgerät. Die Mutter lebt bewußt, sie ißt, schläft, denkt, spricht und fühlt und formt so den bewußten Teil des unbewußten Fötus. Wenn ich in der pränatalen Phase arbeite, lasse ich deshalb nicht zu, daß der Klient denkt, die Daten seien seine eigenen Daten. Sie kommen von der Mutter oder der Umgebung.
Wenn die Mutter während der Schwangerschaft denkt: „Ich kann das nicht mehr aushalten" und meint damit die Hitze oder die harte Arbeit, aktiviert das unbewußte Tonbandgerät des Fötus jegliches Erlebnis aus früheren Leben und bezieht diese Gedanken der Mutter auf sich.

Ich habe erlebt, daß Leute ganze Gespräche widergegeben haben, ohne zu wissen, woher diese Gespräche kamen. Ich habe Leute erlebt, die mir auf spanisch oder italienisch Dinge sagten, die zu ihrer Mutter während der Schwangerschaft gesagt worden waren. Sie haben nicht einmal den Inhalt dieser Worte verstanden, und auch sonst noch nie gehört.

Zunächst möchte ich Sie einer Sorge entledigen: Der bewußte Teil des Klienten ist bei unserer Methode nie ausgeschaltet. Ich benütze keinerlei hypnotische Anweisung. Ich verändere nie das Bewußtsein der Person, mit der ich arbeite. Aber eine Art der Hypnose findet immer statt, wenn man mit dem menschlichen Bewußtsein arbeitet, nur erlauben wir dem Klienten, Selbsthypnose in dem für ihn nötigen Maße zuzulassen. Er kann sich in Hypnose versetzen und die Hypnose wieder aufheben, was gerade erforderlich ist.

In Wirklichkeit heben wir mit dieser Methode Hypnose auf. Wir annullieren posthypnotische Suggestionen, wenn wir hunderte und tausende von Jahren zurückgehen.
Eines der größten Probleme bei jeder Therapie, außer der Gesprächstherapie, ist die Blockade der Geburt. Immer, wenn eine Droge in den Körper eingeführt wird, die die bewußte Wahrnehmung verändert, wird eine unvollständige Erfahrung geschaffen. Früher oder später muß man zurück und die Erfahrung zu Ende erleben. Bei der Therapie wird der Klient es manchmal schwer finden zu entscheiden, ob er Mutter oder Kind ist, Arzt oder Krankenschwester oder auch etwas anderes. Wenn dies geschieht, muß ich dafür sorgen, daß er in seinem Körper bleibt, nie darf er den Kontakt mit seinem Körper verlieren.
Während des Geburtsvorganges werden bei narkotisierten Müttern von Ärzten und Hebammen sicher häufig folgende Sätze fallen: „Sie ist jetzt bewußtlos“, „Sie kann nichts hören“, „Sie weiß nicht, was geschieht“. Wenn Patienten nun über diese Phase berichten sollen, dann sagen sie, „Ich höre nichts“,

„Es ist nichts da", „Ich kann nichts sehen". Sie geben in diesem Moment nur das Gesprochene ihrer Umgebung wieder, nicht aber ihre eigene Erfahrung. Wenn ich dies nicht erkenne, wird gerade das Material ausgespart, das seine Probleme verursacht. Und es ist ein leerer Raum geschaffen, in dem es nicht weitergeht. Sobald man jedoch anfängt, mit einem Patienten auf unbewußter Ebene zu arbeiten, wird er sofort in diesen leeren Raum eindringen, in dem er nichts sehen und nichts hören kann.
Wir versuchen nun herauszufinden, was diesen leeren Raum verursacht.
Man kann fragen: „Wenn der Arzt Worte sagt, die bei Ihnen dieses Gefühl hervorrufen, wo würde der Arzt stehen, rechts, links, am Kopfende, am Fußende?" Der Patient darf sich nur mit dieser einen Frage befassen, ich lasse ihn nicht weitergehen. Sobald der Patient nun den Arzt lokalisiert hat, kann er gewahr werden, daß er den Worten einer anderen Person zuhört.

Wir kennen alle bei unseren Patienten und auch bei uns selbst Lebensmuster, die alles vermeiden, alles verhindern, durch die wir uns ständig in etwas verrennen. Solches Verhalten rührt hauptsächlich von der Geburt her, wenn das Kind nicht leicht geboren werden konnte. Die Geburt legt das Muster fest, wie Sie später mit Streß in Ihrem Leben umgehen werden, weil die Geburt das erste Streß-Erlebnis in diesem Leben ist.

Sie müssen wissen, daß bei der Geburt seltsame Dinge zugegen sein können, beispielsweise werden im Raum nebenan Worte gebrüllt, die der Fötus aufzeichnet und nicht weiß, daß diese Worte gar nicht zu ihm gehören. Ich habe mit Patienten gearbeitet, die fest davon überzeugt waren, daß sie selbst und ihre Mutter bei der Geburt gestorben waren und auf wunderbare Weise später wieder weitergelebt haben. Bei der Durcharbeitung haben wir gefunden, daß eine Person daneben gestor-

ben ist oder die Ärzte sich über einen sterbenden Patienten unterhalten haben.
Ich kann deshalb nur betonen, daß besonders in der Geburt jedes Problem, das der Patient hat, in Wort und Tat verankert ist. Diese Annahme hat noch jedesmal zum Erfolg geführt.
Es kann sich dabei um die Geburt des gegenwärtigen Lebens handeln oder um eine frühere. Wenn ich eine frühere Geburt finde, müssen ähnliche Inhalte auch in der jetzigen Geburt vorhanden sein, beide müssen aufgearbeitet werden.
Die Arbeit mit der Geburt ermöglicht vielerlei Erkenntnisse. Ein Patient mag sagen: „Diese Frau ist nicht meine Mutter", und es kommt ein Dialog ans Licht, der die Adoptionsfreigabe des Kindes zum Inhalt hat. Es wird dem Patienten zum erstenmal bewußt, daß er adoptiert wurde. Man kann auch noch andere Dinge finden, die für den Patienten ein Schock sein können, zum Beispiel daß der Mann, der den Patienten aufgezogen hat, nicht sein leiblicher Vater ist, oder daß die Mutter nicht immer treu war. Alle diese Dynamiken haben einen Einfluß auf den Patienten. Oft enthält die Vorgeburt oder die Geburt irgendein Geheimnis, das der Patient bewußt zwar nicht kennt, er aber trotzdem das Gefühl hat, etwas geheimhalten zu müssen.

Viele sexuelle Probleme stammen aus dem vorgeburtlichen Bereich, besonders bis zum fünften/sechsten Monat. Wenn es ein männlicher Fötus ist, und die Mutter aufgrund ihres Unwohlseins beim Geschlechtsverkehr denkt: „Ich wünschte, er würde sich beeilen, damit es vorbei ist", ist es nicht schwer, sich vorzustellen, daß der Betreffende als erwachsener Mann vorzeitigen Samenerguß haben wird. Andererseits, wenn es ein weiblicher Fötus ist, und die Mutter denkt beim Geschlechtsverkehr: „Hört das denn nie auf, ich kann das nicht mehr aushalten", kann dieses Kind später als Frau Orgasmusschwierigkeiten haben. Der gesprochene Dialog während der pränatalen Phase ist für das Baby von äußerster Wichtigkeit. Und es sind nicht nur die gesprochenen Worte – die Gedanken der Mutter werden zu den Gedanken des Babys werden.

In manchen Philosophien wird die Existenz von Schmerz negiert: „Schmerz existiert in Wirklichkeit nicht, sondern man ist in Disharmonie mit dem, was den Schmerz erlebt."
Wenn in der Therapie ein Patient über seine Mutter berichtet und ihre Gedanken folgendermaßen wiedergibt: „Alles ist in Ordnung, wunderbar, ich liebe meinen Mann, ich bin froh, schwanger zu sein", so sind dies Gedanken, die sich nur auf der Oberfläche bewegen. Wenn ich nun an die pränatale Phase herangehe, kommt nichts dabei heraus: „Alles ist in Ordnung". Dann frage ich: „Bitte versetzen Sie sich in die Gedanken der Mutter unter der Oberfläche, nennen Sie mir die ersten Worte, die die Mutter DENKT, nicht sagt."

Es gibt drei Perioden in der pränatalen Phase. Man muß nicht grundsätzlich mit allen dreien arbeiten, aber zum besseren Verständnis habe ich sie unterteilt:

1. Periode: Empfängnis bis zum Zeitpunkt, an dem die Schwangerschaft offiziell bestätigt wird. Die Mutter mag den Verdacht haben, schwanger zu sein, sie mag hoffen oder auch nicht, schwanger zu sein, aber die Schwangerschaft ist noch nicht bestätigt. Deshalb ist das Baby zu diesem Zeitpunkt noch nicht Mittelpunkt der Aufmerksamkeit und aus diesem Grunde ist es hier noch sehr verletzlich. Zu diesem Zeitpunkt kann die Mutter noch viele Dinge tun, die sie nicht tun würde, wenn sie von ihrer Schwangerschaft wüßte, beispielsweise Achterbahn fahren.
Wenn die Schwangerschaft bestätigt wird, ist die erste Reaktion der Mutter interessant, sie wird ein Muster beim Baby bilden. Ist die erste Reaktion der Mutter: „Oh Gott, nein!", haben wir Ablehnung oder Furcht vor Ablehnung als grundsätzliches Verhaltensmuster im Patienten entdeckt. Die Mutter mag sofort nach der ersten Reaktion zwar sagen: „Es ist ja in

Ordnung, wir wollen doch sowieso ein Kind", jetzt aber haben wir das Verhaltensmuster ‚lehne mich ab/liebe mich'. Hier finden wir eine Person, die gleich zu Beginn einer Beziehung mit einem anderen Menschen nach Wegen sucht, den anderen dazu zu bringen, sie abzulehnen. Gleichzeitig aber fürchtet sie sich sehr vor Ablehnung. Solche Menschen verbringen ihr Leben entweder hoffnungslos allein oder in Beziehungen, in denen sie abgelehnt werden.
Es ist ein grober Fehler, die Person in dem Glauben zu lassen, sie sei abgelehnt worden, da eine Person mit diesem Verhaltensmuster immer Mittel und Wege finden wird, abgelehnt zu werden, egal was um sie herum passiert. Man kann zu ihr sagen „ich liebe dich", und sie wird sagen „ja, aber du hast es nicht oft genug gesagt, du hast es nicht laut genug gesagt."

Ausschließlich von diesen neun Monaten der pränatalen Phase können wir die ganzen Probleme und Verhaltensmuster des Patienten herausziehen, die er in seinem Leben immer wieder nachvollzieht. Ich lehre beginnende Reinkarnationstherapeuten, in diesem Bereich zu arbeiten und die vergangenen Leben in Ruhe zu lassen. Die früheren Leben können nach der pränatalen Phase angegangen werden.

Die 2. Periode der pränatalen Phase ist die Zeit von der Bestätigung der Schwangerschaft an bis zum siebten Monat. Bei meiner Arbeit habe ich oft Traumata in dieser Phase gefunden. Als ich mich mit einem Arzt darüber unterhielt, erfuhr ich, daß gerade im siebten Monat das Gehirn seine Phase der Formung beendet und das Baby körperlich bewußter wird. Patienten sagen manchmal: "Meine Mutter würde so etwas nie sagen, sie würde so etwas nie tun", aber glauben Sie mir, man kann nie wissen, was eine Mutter während ihrer Schwangerschaft tun oder nicht tun mag.
Häufig muß man die Angst überwinden, etwas über die Eltern herauszufinden, was der Klient nicht wissen sollte. Es sind natürlich gerade die Dinge, die der Klient schon weiß, aber nicht

wissen darf, die Probleme verursachen. Während dieser zweiten Periode dreht sich alles um das Kind, positiv wie negativ. Diese Phase hat großen Einfluß auf das Kind.

Bei Gewichtsproblemen kann man die Mutter im sechsten Monat sagen hören: „Ich werde so schwer, ich werde so dick, ich kann mich nicht bewegen."

Wir müssen dem Patienten immer gut zuhören. Wenn sich seine Probleme wie die einer schwangeren Frau anmuten, wissen wir, dies sind nicht seine Probleme, sondern sie kommen von der pränatalen Phase.

Die 3. Periode, vom siebten Monat bis zur Geburt, ist oft eine Quelle für Depression. Leute mit Depressionen benutzen häufig Ausdrücke, die aus den letzten zweieinhalb Monaten vor der Geburt stammen. Hier befinden sich Blockaden und unbewußte Befehle: „Ich bin so müde, ich kann mich nicht bewegen, ich möchte am liebsten nur noch im Bett bleiben." Alles Dinge, die eine Frau im achten Monat sagen würde, aber nicht die Person vor uns. Depressive Menschen wollen oft ihre Depression nicht aufgeben, da sie Angst vor diesem Schritt haben, denn wenn die Depression nachläßt, fängt die eigentliche Therapie erst an. Oft hat die Mutter die Geburt verzögert, da sie Angst hatte. Erhält sie Drogen bei der Geburt, endet diese Angst in unterdrückter Depression. So endet Furcht in Depression, und so wird man sich dann im Leben verhalten: Wann immer man Furcht verspürt, wird man deprimiert, so hat es ja in der pränatalen Phase geendet. Hin und wieder wird eine ängstliche Frau bei den Geburtswehen in Panik geraten und hysterisch werden. Bekommt sie daraufhin Medikamente, die ihr Bewußtsein ausschalten, haben wir Hysterie = manische Phase und Drogen = depressive Phase: die manische Depression. Bei Streß im späteren Leben wird das Geburtserlebnis aktiviert, und so wird sich der Patient dann im Leben verhalten: manisch, dann depressiv, manisch und wieder depressiv und so weiter.

Wenn diese manisch-depressiven Menschen zum Arzt gehen, um sich Beruhigungsmittel verschreiben zu lassen, duplizieren sie hiermit genau das Geburtserlebnis: Auf Angst folgt die Droge und dies führt zur Depression.

Patienten fragen manchmal die Mutter: Wie war meine Geburt? Die Mutter: „Ach, sie war so leicht, du warst ein erwünschtes Kind, ich bin einfach ins Krankenhaus und habe dich entbunden."

Wenn ich diese Geburt durcharbeite, finde ich, daß die Mutter fürchterlich geschrien hat und richtige Horrorgeschichten auftauchen. Aber Mütter tendieren nun einmal dazu, den Schmerz bei der Geburt abzublocken. Der Schmerz sitzt tiefer. Diese Vorstellung der schmerzlosen Geburt haben auch viele Männer, da sie ja in diesem Leben noch nicht entbunden haben. Ich nehme das nicht ab: „Es ist kein Schmerz da". Ich arbeite die Geburt trotzdem durch, denn vielleicht ist der Schmerz nur nicht da, weil jemand sagt, er sei nicht da und ihn unterdrückt.

Eines der schwerwiegendsten Geburtserlebnisse, das ich durchgearbeitet habe, hat sich zu Beginn als ganz einfache Geburt präsentiert. Am Ende des Geburtsvorgangs hatte der Arzt gesagt: „Es ist nur gut, daß sie bewußtlos war und nie herausfinden wird, was wirklich hier vorging."

Es hat fünf Stunden gedauert, durch diese Geburt durchzugehen, wofür ich normalerweise eine halbe Stunde benötige. Die Worte des Arztes haben das Erlebnis unterdrückt, „es war nichts geschehen."

Wenn die Mutter mit vollem Bewußtsein in den Kreißsaal kommt, sich der Schmerzen bewußt ist und die Geburt ohne Schmerzmittel durcherlebt, ist dies eine abgeschlossene Erfahrung und überträgt sich nicht unbedingt auf das Kind. Oft wird die Mutter aber psychisch und physisch nicht auf die Geburt vorbereitet. Sie weiß überhaupt nicht, was sie erwartet und schreit dann: „Ich kann das nicht länger ertragen, das hört ja nie auf!". Daher hört die Empfindung des Schmerzes nie auf. Gäbe es einen Weg, alle gesprochenen Worte während der Geburt zu unterbinden, wüßte das Kind nie, daß hier überhaupt Schmerzen waren. Die Theorie ist: Immer wenn das Bewußtsein nicht vorhanden ist, wird alles um die Person herum die Stelle des Bewußtseins einnehmen.

Die Phase gleich nach der Geburt ist ebenfalls sehr empfindsam. Jedes Wort, das nach der Geburt gesprochen wird, bis zum Alter von drei Jahren, hat eine große Tragweite und beeinflußt, was das Kind einmal tun wird. Wenn im Alter bis zu fünf, sechs Jahren das Kind mißbraucht wird, hat dies einen verheerenden Effekt auf das spätere Leben des Kindes.

Ich hatte einmal eine Patientin, die im Wartezimmer laut weinte. Sie sagte, der Schmerz sei so groß, sie könne es nicht mehr aushalten. Ich wußte, daß sie ihre Geburt wiedererlebte, sie aber bestand darauf, daß sie deshalb weine, weil ihr Freund sie verlassen habe. Ich habe sie in ihre Geburt zurückgeführt, obwohl sie dauernd wiederholte „Der Schmerz ist so groß, ich kann es nicht aushalten", „Ich werde sterben". Sie hat die Tatsache, daß sie ihre Geburt wiedererlebte, erst akzeptiert, als sie mir die Worte des Arztes wiederholte.
Das ist ein Beispiel dafür, wie man aus ein oder zwei Sätzen heraushören kann, wie ein Patient im Geburtserlebnis steckt. Sie sagte zu mir: „Halten Sie den Mund, ich tu's nicht!" Ich sagte, dies seien die Worte der Mutter zum Arzt. Sie hat dies nicht akzeptiert, bis sie den Arzt sagen hörte: „Pressen, pressen!"

Welchen Schmerz der Patient auch immer hat, man wird ihn in der Geburt finden. Wenn jemand einen bestimmten Schmerz hat, z.B. im Rücken, brauche ich beim Behandeln der Geburt nur zu fragen: „Was hat bei dieser Geburt Schmerzen im Rükken ausgelöst?" Der Patient wird es sagen.

Die Arbeit auf dem Gebiet der Reinkarnationstherapie wird in drei Sektionen geteilt:

1. Das gegenwärtige Leben bis zur Geburt
2. Geburt zurück bis zur Empfängnis
3. Zeit vor der Empfängnis

   Es ist gleichgültig, ob wir diese Zeit Vorstellung, Imagination, Phantasie oder frühere Leben nennen. Entscheidend ist allein der Erfolg, was wir mit der Bearbeitung dieses Bereiches erreichen können.

TOD UND KARMA

Geburt und Tod erinnern den Menschen an den Vorgang des ewigen Wandels, des „Stirb und Werde", an das unaufhörliche Fließen der Lebensenergie. Babies werden ehrfurchtsvoll bestaunt, der Tod stimmt uns nachdenklich, manchmal ängstigt er uns, fordert uns zum Nachdenken über den Sinn des Lebens auf.

In der Reinkarnationstherapie beschäftigen wir uns oft mit unseren Todeserlebnissen aus früheren Leben, denn viele Ängste, körperliche Leiden, festgefahrene Auffassungen und Überzeugungen wurden deshalb so tief ins Unterbewußtsein eingeprägt, weil im früheren Leben ein Tod sie besiegelt hat. In früheren Leben sind wir nicht immer eines natürlichen, sondern auch oft eines gewaltsamen, plötzlichen Todes gestorben, was für Seele und Körper einen Schock bedeutete.

In Momenten akuter Lebensgefahr verändern sich Werte und Zeitqualitäten, es kann eine blitzartige Erkenntnis kommen, die im Alltagsbewußtsein nie aufgetaucht wäre. Aus dieser Erkenntnis heraus sucht die Seele sich eine Lösung zu formulieren, um in Zukunft solchen Gefahren zu entgehen. Diese auf die spezifische Situation zugeschnittene Lösung wird später von dem Betreffenden auch auf andere Situationen angewandt, in denen sie aber nicht mehr paßt. Jede Lebenssituation ist einmalig und sollte immer individuell und aus dem Moment heraus betrachtet und gelöst werden, deshalb passen „vorgefaßte" Lösungen nicht auf neue Situationen und bringen Probleme mit sich.
Nehmen wir an, eine Frau wurde in einem früheren Leben von ihrem Ehemann durch einen Dolchstoß ins Herz umgebracht, weil er sich ihres Besitzes bemächtigen wollte. Diese Frau wurde von dieser grausamen Seite ihres Mannes völlig überrascht und mag sich kurz vor dem Tod gedacht haben „Das hätte ich nie von ihm gedacht, dieser Schuft, Männer sind falsch und hinterhältig, man darf keinem von ihnen trauen." Mit dieser Überzeugung endete das Leben dieser Frau und die-

se Überzeugung begleitete sie nun in ihr nächstes Leben, wo sie jedem Mann mit Mißtrauen begegnet und sich vor der Ehe fürchtet. In Streßsituationen mögen Herzschmerzen auftreten, in finanziellen Dingen mag sie die Auffassung haben, es sei besser, das Geld auszugeben und nicht zuviel Besitz anzuhäufen. Sie mag dem Leben gegenüber sehr vorsichtig sein und ständig das Gefühl haben, ein Unglück könnte ihr Leben vorzeitig beenden. Alles, was einem unnatürlichen Tod vorausgeht, wird vom Unterbewußtsein genauestens gespeichert. Hätte der Ehemann im früheren Leben ihr nur das Vermögen abgenommen und sie verbannt, wäre das gesamte Geschehen nicht so tief eingedrungen, aber alles, was zu einem unnatürlichen Tod führt oder dabei Begleitumstand war, gewinnt zusätzliche Bedeutung.
Wurde eine Frau im Mittelalter auf dem Scheiterhaufen verbrannt, weil sie eine illegale Beziehung zu einem Mann unterhielt, wird nicht nur der Tod durch Verbrennen vom Unterbewußtsein aufgezeichnet, was sich in einem späteren Leben als Angst vor Feuer oder einer Hauterkrankung zeigen kann, sondern auch die gesamte Beziehungsproblematik und die Moral dieser Zeit können sich später bemerkbar machen. Diese Frau kann im späteren Leben bei Beziehungen äußerst vorsichtig sein, viel Wert auf legale Verbindungen legen und sich vor leichtfertigen Abenteuern fürchten – oder sie kann sich aus einem gewissen Trotz heraus ausschließlich illegalen Beziehungen hingeben, um unbewußt die frühere nicht zu Ende gelebte Beziehung jetzt zu einem glücklicheren Ende zu bringen. Unter Umständen stürzt sie sich zwanghaft in oberflächliche Beziehungen, um damit zu beweisen, daß sie sich von keiner Moralvorstellung unter Druck setzen läßt und sie mag sich sehr wohl in dieser Rolle fühlen, da es die Befreiung vom damaligen Zwang bedeutet. Selbstverständlich sind diese neuen Verhaltensweisen nur Kompensationen des unverarbeiteten früheren Geschehens und stellen keine wirkliche Lösung dar. Aber die Seele meint oft, um ein Problem zu lösen, brauche sie nur das Gegenteil von dem zu tun, was sie das letzte Mal

getan hat – und somit entsteht ein recht widersprüchliches, „schizophrenes“ Verhalten. Indem man die ursprünglich nicht verarbeitete Lebenssituation in der Reinkarnationstherapie integriert, wird auch das Kompensationsverhalten unnötig.
Wurde ein Mensch vorsätzlich gequält, wie dies bei der Folter der Fall war, so entstehen durch die intensive Schmerzempfindung auch heftige Emotionen wie Haß, Rache, Wut, Apathie und Resignation. Bei solchen Situationen ist es nicht verwunderlich, daß das wehrlose Opfer Gedanken hat wie „Euch zahl ich's noch heim; wenn ich einen von euch erwische, bring ich ihn um“. Wenn ein Mensch solch eine Belastung mitbringt, betrachtet und behandelt er die heutige Umwelt wie seine Feinde und ist unter Umständen ständig bemüht, anderen eins auszuwischen und ihnen Nachteile zu verschaffen. Beendet ein unnatürlicher Tod ein angenehmes, schönes Leben, so kann dieser Mensch im nächsten Leben dem Glück nicht trauen und eine pessimistischere Lebenseinstellung vertreten. Er wartet unbewußt immer auf das Unheil, das ihn sicher bald ereilen wird und engagiert sich deshalb nirgends wirklich.

Der Austritt der Seele aus dem Körper nach einem schmerzhaften, traumatischen Tod wird immer als Erlösung empfunden. Das Körperbewußtsein läßt nach, die Seele zieht sich immer mehr vom Körper zurück, bis sie sich ganz von ihm gelöst hat. Die gerade verlassene Szene betrachtet sie nun von oben und macht sich ihre Gedanken dazu. Wenn ein Mensch sich während seines Lebens nicht mit dem Tod oder dem Leben nach dem Tode beschäftigt hat, mag es ihn in diesem Stadium überraschen, daß sein Bewußtsein immer noch existiert, wo doch sein Körper leblos da unten liegt. Selbstmörder trifft diese Erkenntnis wie ein Schlag, wenn sie durch ihren Selbstmord irgendwelchen Problemen ausweichen wollten und diese dann nach dem Tod in gleichem Umfang vor ihnen stehen und sie weiterbegleiten.

Nach jedem Tod zieht die Seele Bilanz ihres gerade beendeten Lebens, sie hakt ab, was sie erledigt und gelöst hat, und sie sortiert aus, was als unerledigte Aufgabe bestehen bleibt. Diese Aufgabe, dieses Ziel führt dann zur nächsten Inkarnation. Hat ein Mensch ein sehr egoistisches Leben geführt und andere Menschen nur für seine Zwecke benutzt, so kann seine Erkenntnis nach dem Tod lauten „Ich muß weniger egoistisch sein und anderen Menschen nützlicher werden". Nachdem die neue Aufgabe formuliert wurde, wartet die Seele eine Inkarnation ab, in der sich Möglichkeiten zur Erreichung dieses Zieles ergeben.
Das eigene Gewissen kann während des Lebens verdrängt werden, aber nach dem Tod tritt es wieder hervor und beurteilt unbestechlich und scharf nach höchsten ethischen Grundsätzen das gerade beendete Leben.

Es besteht keine generelle Gesetzmäßigkeit, wie lange die Seele sich zwischen zwei Leben aufhält. Sie kann Sekunden nach dem letzten Tod schon wieder über ein Elternpaar in einen neuen Körper gezogen werden wie dies manchmal nach einem plötzlichen, grauenvollen Tod geschieht, oder sie kann unendlich lange in diesem Zwischenzustand verharren. Nachdem die Erkenntnis gezogen und das Ziel formuliert ist, geschieht im Jenseits keine wirkliche Weiterentwicklung mehr. Die Seele mag sich mit anderen Seelen austauschen, sie mag sich in angenehmen Sphären aufhalten, aber die Umsetzung der Erkenntnis muß hier auf der Erde erfolgen. Deshalb muß die Seele so oft inkarnieren, bis sie alle ihre Lernziele erreicht hat.

Körperliche Schmerzen, Schock, intensive Emotionen, schmerzliche Verluste von geliebten Menschen, des eigenen Lebens und das Nichtvollendenkönnen wichtiger Aufgaben durch den Tod sowie die schonungslose Bilanz durch das eigene Gewissen nach dem Sterben, sind die Gründe für die heutige Angst vor dem Tod. Hat man jedoch seine eigenen früheren Traumata samt des damit einhergehenden Todeserlebnisses in der Therapie durchgearbeitet, verlieren Schmerz und Tod ihre Schrecken, denn man wird sich immer mehr des eigenen unendlichen, unzerstörbaren Seins bewußt, nimmt mit dem Teil seines Bewußtseins Verbindung auf, das von jeglichen äußeren Geschehen unberührt bleibt, und dies gibt ihm eine Sicherheit und Geborgenheit, die ihm keine Macht der Welt mehr nehmen kann.

Frühere Traumata, frühere Verletzungen, frühere Schuldgefühle, frühere Realitätswahrnehmungen, besonders jene aus der Kindheit, aber auch die weniger faßbaren aus einem früheren Leben, all das ist in unserem Erinnerungsmechanismus, in unserem Unbewußten gespeichert, und wir lassen es geschehen, daß sie das Bewußtsein des Augenblicks ständig überlagern. Wer darauf beharrt, die Steine der Vergangenheit mit sich herumzuschleppen, kann sich nicht darauf einlassen, die Chance eines neuen Augenblicks zu begrüßen. Die schweren, wertlos gewordenen Steine der Vergangenheit müssen abgeworfen werden. Wir beginnen am besten damit, sie aller Bedeutung zu entkleiden. Schließlich, weil das Bewußtsein sie nicht mehr mit Energie auflädt, schrumpfen sie dahin. Sie verlieren ihr Gewicht, und es gibt nichts mehr herumzuschleppen.
Wenn diese Herausforderung nicht angenommen wird und der Mensch dem Tod entgegengeht, so bewirkt er damit nur einen Aufschub – was im Heute nicht gemeistert wird, stellt die Lebensaufgabe für das nächste Leben dar.
Wenn man einmal erkannt hat, daß diese seelisch-geistige Entwicklung nie aufhört, solange noch Schwierigkeiten im Leben zu bewältigen sind, und man den Problemen nicht entrinnen, sondern sie nur aufschieben kann, wird man sich immer gelassener und aufgeschlossener den persönlichen Schwierigkeiten stellen. Wissend, daß sie uns so lange begleiten werden, bis wir sie gelöst haben – ist es dann nicht einfacher, sie gleich anzunehmen und nach einer Lösung zu streben?

Es ist natürlich wichtig, notwendige Lehren aus der Vergangenheit zu ziehen – aber wir dürfen in der Vergangenheit nicht steckenbleiben, sondern müssen weitergehen.
Durch meine Arbeit mit kranken Menschen habe ich viel gelernt. Wenn eine Krankheit einen sich verschlechternden Verlauf nimmt, so will eine Transformation sich manifestieren. Die offenkundige Transformation, der dieser Mensch entgegengeht, ist der physische Tod. Aber es kann auch eine Transformation im Diesseits, im Leben, stattfinden. Wenn die Transformation recht verstanden wird und wenn sie wirksam sein soll, dann muß eine so vollkommene Veränderung in der Einstellung und im Lebensmuster des Betreffenden eintreten, wie auch der Tod sie herbeiführen würde. Halbe Maßnahmen genügen hier nicht. Es gibt keinen Platz für Kompromisse. Umfassende Veränderungen sind notwendig, und jeder weiß im Grunde, welche Veränderungen dies sein müssen. Den Mut und die Klarheit aufzubringen, um die notwendigen Veränderungen durchzuführen, das ist die wahre Herausforderung. Der überwiegende Teil unseres Ichs schiebt die Auseinandersetzung mit Krankheit und Tod weit von sich.
Zwischen Geburt und Tod verläuft eine Zeit, in welcher eine typische und eine individuelle Entwicklung geschieht. Im typenhaften Bereich spielt sich das kollektive Menschliche ab, im individuellen Bereich unsere persönliche Biographie. Aber, bezieht sich diese nur auf unser gegenwärtiges Leben? Seit Jahrtausenden hält sich hartnäckig der Glaube, daß der Mensch nicht nur geboren, sondern wiedergeboren wird. Daß unser Bewußtsein mit dem Tod nicht erlischt, sondern irgendwann in einer anderen Person weiterlebt, daß unsere Seele wandert durch Zeit und Raum, anstatt zu erlöschen oder in alle Ewigkeit erinnerungslos zu schlafen. Manches läßt sich als Wunschdenken oder Phantasterei erklären, wenn nicht gar Illusion im Spiel ist. So ist vor allem Vorsicht bei den so beliebten Reinkarnationspersönlichkeiten wie den Pharaonen, Kleopatra, Tempelpriestern geboten, mit denen sich manche Menschen aus unerlöstem Größenwahn gerne identifizieren. Oder auch

besonders intensive Traumbilder wirken als scheinbar erlebte Wirklichkeiten aus früheren Leben. Dennoch ist die Fülle des Materials, vor allem aus eigenem Erleben und bei der ständigen Rückführungsarbeit mit Menschen bei mir so vielseitig, die Beweiskraft der Fälle zu erdrückend, als daß man über dieses Phänomen kommentarlos hinweggehen könnte.

Was ernsthafte Mediziner, was Psychologen und Parapsychologen über Erlebnisse der Wiedergeburt berichten, kommt manchen von uns rätselhaft vor. Der Verstand kann diese Dinge oft nicht fassen. Oder wissen wir einfach noch zu wenig davon?

Der berühmte amerikanische Hellseher Edgar Cayce besaß starke mediale Kräfte. Als er im Jahre 1901 vorübergehend seine Sinne verlor und ein Arzt, der keine krankhaften Veränderungen feststellen konnte, ihn in Hypnose behandelte, kamen bei Cayce ungewöhnliche Fähigkeiten zum Vorschein. Er schlief leicht ein, antwortete auf jede Frage und gab Auskünfte, die verblüffend treffsicher waren. Es war unerklärlich, woher er Kenntnis von so vielen Vorgängen hatte, die er auf normalem Weg nicht erhalten haben konnte. Es schien, als werde er im Zustand der Trance mit einem Reservoir an Wissen und Erkenntnis verbunden, das gewöhnlichen Sterblichen verschlossen bleibt. Im Wachzustand wußte er nichts mehr davon.

Zu einem Schlüsselerlebnis wurde Cayce aber die Seelenwanderung. Immer wieder wies er Ratsuchende, denen er seine ganze Freizeit opferte, auf Ereignisse und Personen hin, die nur dann einen Sinn ergaben, wenn man sie einem früheren Leben zuordnete.

1927 verfolgte er in Trance einen Menschen durch den langen Gang der Geschichte zurück: als Gefolgsmann am Hofe Ludwigs XIII. von Frankreich, einige Jahrhunderte früher als Einwohner von Saloniki, davor in Persien, wo die wandernde Seele im Körper eines späteren Arztes wiedergeboren wurde, weiter zurück ins alte Ägypten, „zur Zeit, als dort das Königreich geteilt wurde", und schließlich ins sagenumwobene Atlantis, das angeblich im Meer unterging.

Mehr als zweitausend Protokolle, die Cayce hinterließ und die nach seinem Tode besondere Beachtung fanden, sind noch heute Grundlage wissenschaftlichen Interesses.

Der Impuls, der ein menschliches Lebewesen drängt, Kreislauf um Kreislauf von Geburt und Tod zu durchlaufen, wird durch die karmische Kraft bewirkt. Handlungen des Körpers, der Rede und des Geistes schaffen innerliche und äußerliche Erlebnisse, die, in Verbindungen mit den Früchten anderer Taten, Ursache von weiteren und immer weiteren Früchten werden. So führt Karma zu Verknüpfung von Handlung und Reaktion, die sich von einem zum anderen Leben ausdehnen und die Umstände jedes einzelnen bestimmen. Der Glaube an das Wissen des Karma darf nicht verwechselt werden mit einem Kismet-ähnlichen Fatalismus. Wenn wir auch daran gebunden sind, alles, was wir säen zu ernten, sind wir doch frei, neuen Samen zu säen, der gute Früchte bringt. Die Auswirkung des Karmas kann hart sein. Ein Verbrecher zum Beispiel erntet mehr Schaden als ihm allein durch die gesetzliche Bestrafung oder die Angst vor dem Entdecktwerden zuteil wird. Die Ergebnisse seines Verbrechens greifen seine Persönlichkeit an.

Verfolgen wir das am Beispiel eines jungen Lehrers, der ambivalente Gefühle gegenüber seiner Ehefrau hatte. Er kam eines Tages in meine Praxis, berichtete über eheliche Schwierigkeiten, sagte, daß er sich seiner Frau verpflichtet fühle, hatte Schwierigkeiten mit den Schwiegereltern, die ihn nicht akzeptierten. Er zeigte sich aggressiv, wenn seine Fähigkeiten angezweifelt wurden. In solchen Situationen reizte es ihn, seiner Frau zu zeigen, wer der Stärkere ist. In der gegenwärtigen Ehe wurden Machtkämpfe ausgetragen, der Ehemann zeigte sich impulsiv, herrschsüchtig.

In einem früheren Leben erlebte er sich als Wegelagerer und Räuber. Ihm war, als würde er seine Frau und die Schwiegereltern aus diesem Leben kennen. Schauen wir uns das Tonbandprotokoll nochmals genau an:

„Meine Männer und ich halten eine Kutsche an. Ich bin der Anführer, jung, kraftvoll und stolz. Ich freue mich, und es gibt mir eine tiefe Befriedigung, diese Kutsche anzuhalten. Sie haben Angst vor uns, und das gefällt mir. Ich drehe mich zu meinen Männern um und rufe übermütig und frech, ich lache und sage: „Schaut sie euch an, die Herrschaften der Macht!" Wir scheuchen sie aus ihrer Kutsche heraus. Ein älteres Ehepaar und ein bildschönes junges Mädchen. Ich sehe, daß sie mich mit einer versteckten Bewunderung mustert. Ich ziehe sie zu mir aufs Pferd. Die beiden Alten jagen wir in den Wald hinein, genauso wie die Pferde. Meine Männer machen sich über die Beute her. Mich aber interessiert allein dieses Mädchen mit den roten Haaren".

Nach diesem Erlebnis löst er sich von seiner Gruppe. Sein Leben wandelt sich. Bisher war er der starke Gruppenführer gewesen, der reiche Leute ausgeraubt und sich seinen Männern gegenüber als der Kampfbereite, Starke gezeigt hatte. Der Einfluß der rothaarigen Jennifer verändert sein Leben. Er zieht sich zurück, lebt mit der Frau abseits in einer alten Hütte. Er wird Vater eines kleinen Jungen.

Hat er wirklich Glück gehabt? Er fühlt sich einerseits durch die Liebe zu Frau und Sohn hingezogen, andererseits lebt die Vergangenheit stark in ihm und er spürt die Sehnsucht nach dem ungebundenen Leben. In einem Dorf oder einer anderen Stadt zu leben ist ihnen versagt, man würde ihn sofort ergreifen. Aber es liegen Welten zwischen ihnen. Sie, die aus einem guten Hause kommt, gastfreundliche Tage und Wochen kannte, wird immer verbitterter und vergrämter in der Hütte. Er beginnt, an seinem Leben zu zweifeln, überlegt sich, ob es nicht besser wäre, die Frau zu den Eltern zurückzuschicken. Sie behindert ihn nur. Aber auf der anderen Seite kann er sich ein Leben ohne sie nicht vorstellen.

Diese Zweifel nagen an ihm so stark, daß er am Herzen erkrankt und bald darauf stirbt.

Er zweifelt nicht einen Augenblick daran, daß seine Frau im gegenwärtigen Leben die gleiche ist, wie damals. Auch die

Schwiegereltern müssen jene Personen sein, die er ausgeraubt und in den Wald geschickt hatte. Auch im gegenwärtigen Leben kommt seine Frau aus ganz anderen Verhältnissen als er. Genau wie früher fühlt er sich ihr gegenüber verpflichtet, glaubt, ihr nicht genügend bieten zu können. Genau wie damals möchte er sie am liebsten wieder wegschicken, sie soll zu den Eltern zurückkehren. Die Schwiegereltern begegnen ihm mit Mißtrauen. Er macht seine Frau verantwortlich für sein gespanntes Verhältnis zu ihren Eltern. Die Ehefrau fühlt sich deshalb ungerecht behandelt. Auch heute spürt er Widerstand gegen begüterte Leute, die seiner Ansicht nach Macht ausüben. Sein Karma hat er noch nicht konstruktiv bearbeitet. Sein jetziges Leben ist ein Abbild des früheren Lebens – obwohl der äußere Rahmen und die gesellschaftliche Rolle heute anders sind, sind die Gefühle und Probleme fast identisch.

Die Folgen des vergangenen Unrechts sind schwer, ganz gleich, ob gesetzliche Bestrafung folgt oder nicht. Denn sie treffen im gegenwärtigen Leben oder in einem späteren Leben immer den Betreffenden so lange, bis er seine Einstellung, sein Tun gewandelt hat. Beim Karma geht es nicht um Schuld und Sühne im eigentlichen Sinn, sondern darum, zu erkennen, daß der Mensch mit jeglichem Tun und Denken immer sich selbst trifft, auch wenn er andere damit gemeint hat.
Denkt jemand, es sei sein gutes Recht, andere auszubeuten, wird er früher oder später auf Menschen stoßen, die ähnlich denken und ihn ausbeuten. Denkt jemand, er habe aufgrund seiner Position das Recht, auf andere herabzublicken und sie zu unterdrücken, wird er im späteren Leben Menschen ausgeliefert sein, die sich ihm gegenüber ähnlich verhalten, wie er es anderen gegenüber getan hatte. Jeder Pfeil, den wir auf andere abgeschossen haben, wird zu einem Bumerang, manchmal nach so langer Zeit, daß wir unsere ursprüngliche Handlung längst vergessen haben. Die Wahrheit ist, daß alle Menschen gleichwertig sind, auch wenn jeder in seiner Charakterstruktur und in der Nutzung seiner Fähigkeiten unterschiedlich ver-

anlagt ist. Kein Mensch ist weniger wert als ein anderer, auch wenn er sich auf einer niederen Bewußtseinsebene befinden mag. Wenn wir diese Menschenwürde eines anderen verletzen, verletzen wir gleichzeitig die unsere.

„Was ihr dem geringsten meiner Brüder angetan habt, habt ihr mir getan", so sagte schon Christus. Und der Volksmund meint: „Was du nicht willst, das man dir tu, das füg' auch keinem andern zu." Was wir anderen gönnen, wird uns gegönnt werden, was wir bereit sind zu geben, wird uns gegeben werden, wenn wir anderen schaden, wird uns geschadet werden. Unsere Umwelt behandelt uns genauso, wie wir andere behandelt haben. Oft hört man Menschen in einer schweren Lebenslage sagen: „Was habe ich nur getan, daß ich so leiden muß!" Instinktiv spüren sie, daß das jetzige Schicksal etwas mit früherem Tun gemeinsam hat.

Der Irrtum im Denken besteht darin, daß wir anderen Schaden zufügen, weil wir annehmen, die anderen seien weniger wert, sie hätten es verdient und es ginge nur darum, im Moment den größeren persönlichen Vorteil aus einer Situation zu ziehen, ohne Rücksicht auf andere. Ein weiterer Irrtum ist der, anzunehmen, wenn wir der weltlichen Verfolgung und Bestrafung entgingen, so bliebe die Handlung ohne Folgen für uns. Was wir dabei außer acht lassen, ist die Tatsache der Existenz unseres Gewissens. Unser Gewissen ist es, das nach dem Tod das Leben beurteilt und das später die Konfrontation anzieht, die den Menschen zwingt, sich mit den Auswirkungen seines Tuns zu befassen.

Für alle Menschen gelten die gleichen Gesetze. Diese Gesetzmäßigkeiten sind kein Zufall, sie kommen nicht aus einem Himmel, sondern sind gemacht über das „kollektive Gewissen". Wir sind alle gleich, das ist eine unumstößliche Wahrheit. Wir alle haben dieselbe Auswahl von möglichem Verhalten und Erleben. Jeder kann tun, was er will – soweit das die Gesetze des kollektiven Unbewußten zulassen. Er muß aber die Konsequenzen dafür tragen können. Das bedeutet aber auch, wenn wir die freie Wahl unseres Schicksals haben, daß uns niemand etwas aufzwingt oder anlastet. Wir alle stehen in der Freiheit des Handelns. Es ist aus dieser Sicht völlig unsinnig, sich über bessere oder schlechtere geistige und materielle Voraussetzungen zu beklagen, obwohl dieses Spiel natürlich von vielen gespielt wird. Keiner kann sich über seine gegenwärtige Bewußtseinsebene hinausheben, um dort zu verweilen, solange der gegenwärtige Entwicklungszustand das nicht zuläßt. Über unsere persönliche Entwicklung haben wir die Freiheit, uns einzuschränken oder auszudehnen. Aber unabhängig davon, wie sehr wir unsere Wahrnehmungs- und Entwicklungsmöglichkeiten geöffnet oder eingeschränkt haben, wir alle sind freie und selbstbestimmte Wesen. Wenn wir es nicht zulassen, kann keiner uns in unseren Handlungen beeinflussen. Jeder ist die Ursache seiner Bewußtseinsebene. Die innere Veranlagung ist niemals entgültig festgelegt. Wenn wir uns manipulieren oder zu etwas zwingen lassen, dann nur, weil ein Anteil von uns dies zuläßt.

Nicht selten versuchen wir, die kausale Kette für Ursachen und Wirkung für unser Schicksal zu finden. Wir können Atombomben bauen und dem Irrtum unterliegen, etwas für den Weltfrieden zu tun, oder wir sehen in einem anderen Menschen die Möglichkeit, uns Lust und Freude zu verschaffen und machen uns abhängig, obwohl das unsere eigene Aufgabe wäre. Hinterher fühlen wir uns vom Leben betrogen, wenn sich das, was wir uns fälschlicherweise vorgestellt haben, nicht eintrifft. Nehmen wir aber Abstand von einseitigem Handeln und Denken, werden wir einmal stille, hören wir auf unsere innere Stimme und finden heraus, welcher Anteil von uns diese Mißgeschicke anzieht, dann können wir uns aus solchen unglückseligen Kausalitätsketten lösen.

Aber auch den anderen Fehler gibt es: Man kann sich und andere nur als gut, positiv und freundlich betrachten,und man sieht das Leben durch eine rosarote Brille. Denn weder das Leben, noch der Mensch sind nur gut. Gut und Böse bedingen einander; und so zu tun, als gäbe es die andere Seite einer Medaille nicht, hieße die Existenz des Kosmos ignorieren zu wollen. Bezogen auf das Karma bedeutet das, daß wir nicht „Aug' um Aug' " für vergangene Taten bezahlen, sondern daß wir in der Zukunft auf die gleiche Art von Erfahrungen stoßen können, vor denen wir uns in der Vergangenheit gedrückt haben. Wenn wir uns gegen etwas verschließen, werden wir in eine tiefere Bewußtseinsebene zurückfallen. Aber wenn wir unerwünschten Ereignissen ruhig ins Gesicht schauen, uns damit auseinandersetzen, dann steigen wir weiter auf. Wenn wir lernen, auch unangenehme Dinge in unserem Leben zu akzeptieren, wenn wir lernen, Leid als das anzuerkennen, was es ist, nämlich eine Stufe auf der Leiter zu uns selbst und uns bemühen, mit jeder neuen Erscheinung im Leben fertigzuwerden, verschwindet das bedrohliche Böse zwar nicht aus der Welt, aber wir sind ihm nicht hilflos ausgeliefert. Im Gegenteil, wir nützen die Schwierigkeiten, um daran zu wachsen. Der Mensch braucht die Herausforderung des Lebens in Form von Schwierigkeiten, Krisen, Kampf, Abenteuer, Gefahren, Leistung. Wird er nicht genug gefordert, entwickelt er innere Schwierigkeiten, Krankheiten und künstliche, eingebildete Probleme und Unzufriedenheit.

So mancher wertet, gibt moralische Wertmaßstäbe, kann es nicht mitansehen, wie andere frei leben und lieben können. Unterschwelliger Neid mag hier eine der Ursachen sein. Aber, was wir anderen mißgönnen, tragen wir als nicht eingestandenen Wunsch in uns, dessen Erfüllung uns selbst vorenthalten wird, da wir immer nur unsere eigenen Gesetze schaffen. Alle unsere Gedanken, Taten und Äußerungen bestimmen die Umwelt, in der wir leben sowie unsere zwischenmenschlichen Beziehungen. Da wir aufgrund einer inneren Übereinstimmung bestimmte Menschen und Gruppen anziehen, gibt es auch eine innere Beziehung zu der Gruppe, in der wir leben. Es ist also nicht „Schicksal", daß wir uns genau dort befinden, wo wir gerade sind. Wir müssen innehalten und uns über unsere gegenwärtige Lage und unser Verhalten klarwerden, bevor wir etwas verändern können. Denn Veränderungen können nur dort eintreten, wo uns bewußt wird, was bei uns nicht genug entwickelt ist. Es könnte sonst passieren, daß wir unsere kleine Welt nach dem Verursacher unseres Elends absuchen und uns selbst nicht erkennen, da der Spiegel, in den wir schauen, blind ist. Wohin wir auch immer gehen, immer nehmen wir uns selbst mit. Im Zen-Buddhismus heißt es: „Wenn du es dort nicht finden kannst, wo du gerade bist, wo willst du hingehen und suchen? Es gibt nie irgendeinen Platz im Universum für sich, als unter deinesgleichen.“ Die Richtung des Wandels, die du suchen mußt, liegt nicht in einer unserer vier Dimensionen. Es bedeutet, tiefer in das hineingehen, was du bist und wo du bist, so wie man den Lautsprecher bei einem Verstärker aufdreht.

Das bedeutet auch, Gedanken nicht nur deswegen einfach beiseite zu schieben, weil sie unangenehm sind. Das, was wir wegschieben, das ist auch unserer Kontrolle entwichen. Das, was wir von uns nicht wahrnehmen, über das werden wir eines Tages stolpern. Gewalttätige Menschen sind zum Beispiel solche Zeitgenossen, die es irgendwann weit von sich geschoben haben, daß sie überhaupt gewalttätig sein könnten. So betrachtet kann man aber selbst das Opfer von Gewalt werden, das wäre nur der andere Pol ein und derselben Sache. Wer hat nicht schon davon gehört, daß Täter und Opfer sich gegenseitig anziehen? Das doch nur, weil sie auf der gleichen Schwingungsebene leben. Alles, was wir ablehnen, ist gegenwärtig, weil wir uns geweigert haben zu akzeptieren, daß es so etwas gibt und daß es immer um uns ist. Deshalb ist es so wichtig, das Negative in uns bewußt zu machen, es zu integrieren, damit es keine magische Anziehungskraft in unserem Leben mehr ausüben kann.

Ebenso lebt alles, wovor wir Angst haben, in uns. Wir erfahren, daß wir an Angststrukturen gebunden sind, seien sie geistig, physisch oder sozial. Bindung und Widerstand sind zwei Erscheinungsformen, die der gleichen Wurzel entspringen: Wenn wir Widerstand leisten, indem wir unsere Wahrnehmung nicht öffnen, empfinden wir Angst, ziehen uns zusammen, engen uns ein. Und dieses Zusammengezogensein erleben wir als

Angst, es entsteht ein Sog wie bei einem Magneten oder einer Schwerkraft, und dieser bindet.
Deshalb haben viele Menschen auch Angst, sich höheren geistigen Welten zu öffnen. Es besteht die Meinung, Furcht sei ein Signal, sich von etwas abzuwenden, während es in Wirklichkeit ein Zeichen dafür ist, daß wir uns schon zuviel abgewendet haben. Ob wir uns dessen bewußt sind oder nicht, wir sind eins mit der Ursache von allem, was um uns existiert. So ist es natürlich kein Zufall, in einer bestimmten Epoche mit bestimmten Aufgaben- und Problemstellungen geboren zu werden. Krieg, Verfolgung, Umweltprobleme wurden von jedem einzelnen in früheren Existenzen mitgeschaffen und müssen nun von jedem einzelnen in späteren Existenzen wieder konfrontiert und konstruktiv bearbeitet werden. Anstatt über unglückliche Zustände zu klagen, sollte man sich fragen, warum man sich wohl in diesem Leben damit auseinandersetzen muß und versuchen, die persönliche Aufgabenstellung daran zu ergründen und zu lösen. Dies wäre eine sinnvolle Möglichkeit, sein Karma zu bearbeiten.

Das Leben ist dynamisch und nicht statisch. In jedem Leben treffen wir auf neue Chancen und Herausforderungen, die uns, wenn wir sie sinnvoll nutzen, die Gelegenheit geben, neue Kräfte zu entwickeln. So betrachtet ist das Leben ein aufregendes Spiel – nur durch Festhalten an alten Zuständen und Überzeugungen oder durch das Versäumnis, die Möglichkeiten zu nutzen oder durch Nichtakzeptierenwollen der Realität, wird das Leben zur Last und scheint statisch. In zu vielen Leben haben wir bestimmten Lebenselementen keinen Raum gewährt, haben sie bekämpft und bezwingen wollen. Diese Elemente drängen später mit so starker Vehemenz in unsere Lebensumstände ein, daß sie uns wahrhaftig zur Erfahrung dieser Situation zwingen und wir uns ohnmächtig ausgeliefert fühlen. Aber Karma kann geändert werden. Es zu benutzen, um sich und andere in eine Opfer–Märtyrerrolle hineinzudrängen und sich darauf auszuruhen, ist ein ungeheurer Mißbrauch. Das Leben bietet uns ständig neue Chancen, uns weiterzuentwickeln, wenn man ihnen wohlwollend gegenübersteht.

Alle Dinge, die wir einmal abgelehnt haben, werden uns so lange weiter begegnen, bis wir sie endlich in uns integriert haben. Was wir tun müssen, um frei und einsichtig zu werden, ist gewillt zu sein, all das anzunehmen, was in unser Bewußtsein tritt. Hätte man dies immer getan, hätte unser Unterbewußtsein keine schmerzhaften Ereignisse aufgezeichnet und aus dem Bewußtsein verdrängt, und wir müßten uns mit denselben Emotionen und Schmerzen nicht immer wieder auseinandersetzen. Alle Konfliktsituationen manifestieren sich, weil wir uns geweigert haben, anzuerkennen, was wir selbst verursacht haben. Leider versuchen viele Leute, wenn auch mit guten Absichten, das, was bereits manifest ist, zu verleugnen oder auszurotten, und viele spirituelle Bewegungen verleugnen intensiv die Existenz negativer Absichten und Taten. Das wahre Problem ist unser Unvermögen, alle Dinge gleichermaßen zu lieben, wir wollen uns die Rosinen des Lebens herauspicken und die unliebsamen Erfahrungen negieren. Diese Haltung wird immer Unfreiheit und Unverständnis des Lebens mit sich bringen. Wogegen eine positive Haltung dem Leben gegenüber, mit all seinen Erfahrungen, zur wahren Lebenslust führt, wissend, daß wir in jedem Moment das Leben neu gestalten und lenken können.

Die budhhistischen Lehren versuchen, den Menschen zu der Einsicht zu bringen, daß nicht die gegenständliche Welt an sich das Übel darstellt, sondern die ständige Identifikation mit ihr. Gemessen an dem Ziel des leidlosen Nirvana, das absolute Befreiung in zeitloser Ewigkeit ist, muß natürlich alles Irdische als unwirksam bezeichnet werden.

Auch das Leben ist ein Zwischenzustand, nämlich jener zwischen irdischer Geburt und dem Tod. So reiht sich ein Leben an das andere. Der ganze Lebensprozeß überhaupt, einschließlich des Denkens als ständige Bewegung des Bewußtseins, wird als permanentes Fließen bezeichnet. Nichts hat wirklich

Dauer, alles ist in jedem Augenblick im Vergehen begriffen, oder bereits dem neuen Werden zugeordnet.

Im Buddhismus gibt es Begriffe wie Gut und Böse im eigentlichen Sinne nicht. Es wird den Buddhisten aller Richtungen verboten zu töten, zu stehlen oder unsauberen geschlechtlichen Verkehr auszuüben. Sie dürfen nicht lügen, verleumden, Unfreundliches oder Sinnloses reden. Ebenso müssen sie sich fernhalten von Habsucht, Bosheit und von Zweifeln an der Erhabenheit des „dharmas". Wenn sie Mönche oder enthaltsame Laien sind, dürfen sie auch keine berauschenden Getränke zu sich nehmen; in China und auch anderswo essen sie kein Fleisch. Diese Vorstellung von karmischen Auswirkungen ist in zweifacher Weise verschieden von christlicher Moral:
Erstens wird Gott nicht beleidigt durch übles Tun, sondern der Mensch muß den Preis für seine Handlungen selbst bezahlen. Zweitens weiß man nichts von Sünde, sondern nur von schwerer Torheit, von Unwissenheit. Dieser Unterschied ist bezeichnend. Ein Buddhist wird nicht von seiner Sündenlast beschwert und erschreckt. Hat er gefehlt, muß er zahlen, die Schuld aber kann völlig abgegolten werden. Er steht nicht vor einer ewigen Verdammnis, und seine Sühne liegt fest in seiner eigenen Hand.
In der Praxis bedeutet dieses Fehlen des Sündenbegriffs, daß keine Handlungen an sich für gut oder böse gehalten, sondern in einem höheren Zusammenhang gesehen werden. So meint beispielsweise ein „unsauberer Geschlechtsverkehr" einen Umgang, der direkte schädliche Folgen für die Beteiligten oder mittelbar für andere hat.
Die Moral der Buddhisten dreht sich um zwei gesonderte Begriffe: um die Pflicht des Erbarmens und die Notwendigkeit der Selbstbeherrschung. Was anderen Schaden zufügt, ist von Übel. Die besonderen Übungen, die sich auf die richtige Lebensweise beziehen, betreffen hauptsächlich das Vermeiden von Schaden, der gegenüber den einzelnen selbst gerichtet ist. Schaden zieht Schadenerleiden nach sich.

Der Betreffende erarbeitet in sich die Überzeugung, daß es sich um ungute, selbstschädigende Verhaltensweisen handelt, die nicht mehr zum Leben gehören dürfen. Eine „böse" Schlange unter das Bett kehren, beunruhigt den Schlafenden noch. Sie kann jederzeit hervorkriechen und ihre Verführungskünste ins Spiel bringen.

Wie sieht die Wirkung des Karmagesetzes in der Praxis aus? Vereinfacht kann man sagen, daß das, was uns heute die größten Schwierigkeiten bereitet, der Bereich ist, in dem wir früher anderen Menschen am meisten geschadet haben. Da die Außenwelt nur Spiegel der eigenen Innenwelt ist, begegnen uns Unannehmlichkeiten und Probleme nur, weil Anteile derselben in uns liegen oder früher einmal lagen. Lassen uns heute häufig Freunde im Stich, so haben wir früher einmal selbst Freunde verlassen. Verlieren wir liebe Menschen durch Tod, so haben wir früher anderen Menschen den Tod gewünscht oder gar gebracht. Bringt sich ein Mensch heute immer wieder in große finanzielle Schwierigkeiten, so ist das der Ausgleich dafür, daß er sich früher auf unrechtmäßige Weise bereichert oder viel Geld verschwendet hat. Wird jemand in Partnerbeziehungen häufig ausgenutzt und hintergangen, so hat dieser Mensch früher andere Partner ebenso behandelt.

In den Bereichen, in denen der Mensch sich etwas zuschulden kommen ließ, wird er empfindlich und verletzbar. Hat ein Mensch in einem früheren Leben in der Rolle als Richter Unschuldige verurteilt, so trifft es ihn heute sehr, wenn er selbst ungerechterweise verdächtigt wird. Es mag ihn rasend machen, oder es mag ihn deprimieren und kränken, Tatsache ist, daß es ihn nicht persönlich treffen würde, hätte er nicht wirklich selbst ungerechterweise Menschen angeklagt. Die Ursache von Verletzbarkeit wird fälschlicherweise (häufig bei Psychotherapien) in der Umwelt gesucht, ohne dabei zu berücksichtigen, daß die Verletzbarkeit selbst schon eine Schwachstelle in der Persönlichkeit darstellt. In Wirklichkeit leidet der

Mensch nur unter den Folgen seines eigenen Tuns. So, wie wir zu anderen sind oder waren, was wir für andere als gut empfunden haben, wird uns selbst einmal begegnen.

Es gibt noch weitere Auswirkungen von früherem Fehlverhalten: Minderwertigkeitsgefühle – ein Problem, dem jeder Psychologe schon häufig begegnet ist. Eine innere Ahnung von früherem Fehlverhalten ist vorhanden, und der Mensch wertet sich als Folge dessen selbst ab. Diese innere Struktur wird von der Umwelt ebenso aufgenommen, und die Umwelt wertet diesen Menschen ab. Sie traut ihm nichts zu. Ein Mensch mit Minderwertigkeitsgefühlen kann ständig das Gefühl mit sich herumtragen, seine Arbeit nicht richtig zu machen oder als Mutter, als Vater oder als Ehepartner zu versagen. Diese Menschen sind nie mit sich zufrieden, vergleichen sich ständig mit anderen und tragen in sich ein tiefes Gefühl des Versagens.
Wahrnehmungsschwierigkeiten – ein oder mehrere Sinnesorgane sind blockiert. Als Folge der Verdrängung wird die eigene Wahrnehmung eingeschränkt. Kurzsichtige Menschen sehen oft nur, was um sie herum geschieht und haben keine Wahrnehmung für Dinge, die weiter weg liegen, aber doch unmittelbar mit ihrem Leben etwas zu tun haben. Weitsichtige nehmen alles wahr, was nicht unmittelbar mit ihnen zu tun hat, das, was unmittelbar in ihrer Nähe geschieht, entzieht sich oft ihrer Aufmerksamkeit. Weitsichtige Menschen verdrängen ihre Krankheitssymptome und vermeiden es, sich Gewißheit darüber zu verschaffen. Es ist gleich, welche Wahrnehmung eingeschränkt ist, durch Wiedererleben der eigenen Schuld kann sie wieder erweitert werden. Viele Klienten bemerken nach einer RT eine Veränderung ihrer Sicht oder ihres Gehörs.
Mißtrauen – in Form von Eifersucht, Unterstellung, Zweifel entsteht nur, weil der Betreffende das Schlechte, das er anderen zutraut, als eigene verdrängte Tat in sich trägt. Der Mensch, der seinen Partner schon betrogen hat, traut dasselbe seinem jetzigen und späteren Partnern zu und vermutet hinter allem Unaufrichtigkeit und Betrug. Man projiziert das eigene Tun

als Angstbild in den Partner oder in andere Menschen, weil man sich das eigene Verhalten nicht eingestehen will. Der eifersüchtige oder mißtrauische Mensch ist selbst immer „gut" und „gerecht", Unehrlichkeit und Unzuverlässigkeit würden sein Selbstbild stören. Darum dichtet er all das, was er selbst getan hat, unbewußt dem anderen an. Durch Kritik am anderen soll die eigene Schuld verringert und von ihr abgelenkt werden. Diese Verdrängungsstruktur läßt sich im jetzigen Leben oft durchschauen, in manchen Fällen jedoch löst sie sich nur durch die Aufarbeitung früherer Leben. Es kann passieren, daß ein Mensch in diesem Leben immer auf Partner trifft, die ihn betrügen oder im Stich lassen oder, daß ein Mensch unter krankhafter Eifersucht leidet, ohne daß im jetzigen Leben stichhaltige Gründe zu finden wären. Bei der Rückführung in frühere Leben findet sich dann die Erklärung – er hat früher ebenfalls Partner betrogen und im Stich gelassen. Über den Partner heute begegnet uns unser früheres Ich.

Unbegründete Schuldgefühle – viele Menschen haben ein unerklärbar schlechtes Gewissen, vor allem, wenn sie mit der „Obrigkeit" in Berührung kommen, einen Polizisten sehen oder beim Gericht eine Vorladung erhalten. Sie erschrecken, wenn man sie anklagt, versuchen sich dauernd zu rechtfertigen und der Gedanke, andere könnten über sie reden, beunruhigt sie. Sie verhalten sich de facto so, als ob sie etwas angestellt hätten und dies verbergen müßten. Bevor die Schuld in früheren Leben aufgearbeitet wird, bespricht der Therapeut zuerst einmal die Schuld in diesem Leben, in dem es genügend Dinge gibt, die der Mensch getan hat und nun verheimlicht, z.B. kleinere Diebstähle, Verleumdungen, Unaufrichtigkeit, Lüge usw. Alles, was der Mensch verheimlicht, belastet ihn und läßt in ihm ein unbestimmtes Gefühl der Unsicherheit und Verletzbarkeit entstehen. Der Mensch wächst merklich, wenn er seine negativen Taten eingesteht, nach besseren ethischen Gesichtspunkten auswertet und nach optimaleren Lösungen Ausschau hält.

Menschen mit Schuldgefühlen benötigen schlechtes Schicksal durch andere, sie begeben sich in Lebenssituationen, in denen ihnen von anderen etwas angetan wird, um vor sich selbst einen „Beweis" für ihre Schlechtigkeit zu haben. Da verdrängte Schuld zu Unsicherheit, Verdrängung, verminderter Wahrnehmung und damit auch zu Stumpfheit, Dummheit und Depression führt, hebt die Aufarbeitung der verdrängten Schuld die Selbstbestrafungsmechanismen auf, der Mensch wird freier, sicherer und die Einschätzung seiner selbst und anderer Menschen wird realistischer. Er benötigt keine Ängst mehr, zumal die allen Ängsten zugrunde liegende Urangst die ist, für etwas, das man getan hat, belangt und bloßgestellt zu werden. Ein Mensch mit einem reinen Gewissen kennt keine Angst.
Das, womit wir nicht einverstanden sind, ist, was uns hilft, uns zu definieren und herauszufinden, wer wir sind. Man muß auch die eigenen Fehler und Unreinheiten annehmen. Man kann nicht in der Unendlichkeit der Zeit leben, ohne jemals einen Fehler zu machen. Jeder Fehler ist wieder gutzumachen. Man muß allerdings dorthin zurückgehen, wo sein Ursprung liegt. Das Verdrängen und Sichbelügen nach einem Fehlverhalten ist das, was uns dann später unabdingbar in Schwierigkeiten bringt, nicht der Fehler selbst. Wir sind die einzigen Wesen, die verantwortlich sind, für das, was uns zustößt. Im äußeren Geschehen liegt rein gar nichts, was unsere Gefühle und Erfahrungen bestimmt.

Es wird jedem von uns heute von der Außenwelt das Spiegelbild sowie auch die Rechnung unserer früheren Taten präsentiert. So kann ein früherer Tyrann heute häufig tyrannischen Menschen begegnen, die ihm zusetzen – dies wäre das Spiegelbild, oder er wird verachtet und benachteiligt von seiner Umwelt – dies wäre die Rechnung. Beide Faktoren spielen bei der Problemanalyse in bezug auf diese frühere Schuld gleichermaßen eine Rolle.

Weil der Mensch selbst der Verursacher seines Schicksals ist, kann er es auch nur selber wieder verändern, dadurch, daß er seine eigene Verursachung findet, sich diese bewußt macht und durch Einsicht und Verantwortung sein altes Verhalten überprüft und ablegt. Dieser Wandlungsprozeß geschieht in der Reinkarnationstherapie, indem man frühere Fehler aufarbeitet und somit selbst Bestrafungsmechanismen, selbsthemmende Faktoren und Wiederholungszwänge unnötig macht.

Eines Tages suchte mich der vierzigjährige Harry auf. Zeit seines Lebens suchte er nach einem Lebenssinn. Er hatte viele Jahre in verschiedenen religiösen Sekten zugebracht, war voller Ungeduld und unterschwellig auch sehr aggressiv. Auf der anderen Seite war er voller Angst, andere Menschen zu verletzen. Er fühlte sich zu angepaßt, konnte die ursprüngliche Spontaneität und seine Wünsche nicht durchsetzen. Ständig lebte er in der Vorstellung, er müsse unbedingt beliebt sein, wollte als „netter" Mann gelten und fühlte sich auf der anderen Seite durch seine Ehe viel zu eingeengt. Ständig war er auf der Suche nach einer Frau, zu der er eine tiefe Bindung aufbauen konnte, eine Bindung, die er im gegenwärtigen Leben noch nicht erfahren hatte.
Während einer Reinkarnationssitzung berichtete er: „Sehe mich in Rom, im Amphitheater, trage eine Toga. Ich gehe gerne zu den Gladiatorenkämpfen. Mein Vermögen erlaubt es mir, in Saus und Braus zu leben. Ich veranstalte große Gelage, bin genußsüchtig, überheblich. Es sind eine Menge Frauen um mich, vor allem gekaufte Sklavinnen. Ich behandle sie wie Gespielinnen und intelligente Tiere. Sie liegen mir zu Füßen, ich streichle sie, ohne wirklich innerlich bei ihnen zu sein. Die Szene wechselt. Ich bin Politiker, sehe mich Reden halten, ich bin ein Senator mit besonderen Funktionen. Verheiratet bin ich mit einer Frau, die ganz meinem Ideal entspricht. Sie trägt geflochtenes, langes schwarzes Haar. Ich bin begeistert von ihr, sie aber will nichts mehr von mir wissen. Vor allem

ist sie nicht damit einverstanden, daß ich diese Gelage veranstalte. Ich muß mich ständig verteidigen und ihr klar machen, daß das zum Leben eines Senators gehört. Wenn ich diese Feste nicht veranstalte, dann, so fürchte ich, bin ich nicht genügend anerkannt. Sie wirft mir meine Affären vor, und ich versuche ihr klarzumachen, daß diese ohne Bedeutung seien, das würde unsere Beziehung nicht berühren. Meine Frau meinte aber, daß sie das wohl berühren würde. Aus diesem Grunde verläßt sie mich dann auch. Damit hatte ich überhaupt nicht gerechnet. Das macht mich traurig und schmerzt mich, daß sie nichts mehr von mir wissen will. Außerdem verletzt es meinen Stolz, ich fürchte, mein „Gesicht zu verlieren". Meine Frau war eine sogenannte höhergestellte Persönlichkeit, völlig unabhängig von mir und darum gelingt es mir auch nicht, sie zurückzuholen . . .
Danach fühle ich Ohnmacht in mir, sehne mich nach ihr, fühle, daß das Leben keinen Sinn mehr hat."
Nach seiner Rückerinnerung sagte er: „Das ist die Frau, nach der ich innerlich suche. Es hat mich sehr berührt, sie durch eigene Gleichgültigkeit verloren zu haben. Natürlich waren es Vorwände, daß es diese Gelage unbedingt geben müsse. Ich habe das hinterher bereut, spürte Aggression in mir, die sich vor allem gegen mich selbst richtete. Im heutigen Leben ist das genauso. Ich werde aggressiv, wenn etwas nicht nach meinem Willen geht. Bin sehr intolerant mit mir selber und gönne mir nichts. Auch heute benutze ich oft Vorwände, stehe nicht zu mir. Es gelingt mir heute überhaupt nicht mehr, eine intensive Beziehung zu einer Frau aufzubauen. Immer noch habe ich das Gefühl, etwas „Besseres" zu sein, was andere wiederum aggressiv gegen mich macht, sie boykottieren mich.

Die Auswirkungen des Karmas können wir auch an folgendem Fall gut veranschaulichen:
Eines Tages kam zu mir ein vierzigjähriger Mann, der gerade geschieden worden war. Als junger Mann hatte er seine Ausbildung abgebrochen, weil er die Schule „haßte". Als Kind

hatte er Kinderlähmung gehabt. Er war ungeduldig mit anderen Menschen, regte sich leicht auf. Den Kontakt zum Vater hatte er früh abgebrochen, weil er ihn sehr autoritär in Erinnerung hatte. In einer unserer Reinkarnationssitzungen hatte er folgende Erlebnisse wiedererlebt: „Ich sehe fremdartige Kinder. Schwarze Kinder, Knaben. Sie werden von mir behandelt wie Vieh. Ich peitsche und schlage sie. Ich bin Sklavenhändler. Ich sehe, wie ich mich betrinke, während die schwarzen Kinder auf ein Schiff getrieben werden. Ich bin der Kapitän dieses Schiffes. Es sind einige hundert Kinder, die in der Ladeluke verschwinden. Irgendwer kümmert sich um die Schwachen von ihnen, sie werden noch vor der Ausfahrt umgebracht. Die Sklaven werden nach Holland gebracht. Auf der Rückfahrt nehme ich Waffen an Bord. Ich mache überhaupt alles, womit sich Geld verdienen läßt. Ich hätte damals auch Weiße gehandelt und verkauft, wenn das gegangen wäre. Ich bin ständig auf Achse, weil mir alles, was mit Verwandtschaft zu tun hat, auf die Nerven geht. Ich komme ungern nach Hause, da ist meine Frau, vor der mir graust. Wenn ich daheim bin, saufe ich nur, brülle herum, tyrannisiere meine Familie. Meinen Sohn habe ich irgendwann aufs Schiff genommen, ein Weichling, der Kleine, habe ihn der Mannschaft übergeben, die sollten einen harten Kerl aus ihm machen; ich habe mich weiter nicht um ihn gekümmert und er ist dann später bei einem Unfall ums Leben gekommen. Meine Verwandtschaft hat mir daraufhin Vorwürfe gemacht. Aber das habe ich mir nicht gefallen lassen. Bin einfach wieder abgehauen. Dieses Leben ging in dieser Weise, bis ich eines Tages während eines Rausches an Deck ausgerutscht bin. Ich habe mir das Bein verletzt, es war, als würden glühende Stangen darin herumwühlen (Kinderlähmung im realen Leben). Das Bein war zwischen Bordwand und Kaimauer geraten. Ich bin nie wieder gesund geworden."

So wie dieser Mann mit den Sklaven, aber auch mit anderen Menschen, vor allem mit seinem Sohn in jener Inkarnation umgegangen ist, so widerfuhr es ihm selbst im übertragenen Sinn im realen Leben durch seinen eigenen Vater. Der Vater war hart, hat ständig nur gefordert. Der autoritäre Typ begegnete ihm auch bei Arbeitskollegen, und er hatte ständig damit zu tun, sich zu behaupten und sich gegen Übergriffe durchzusetzen. Unzufriedenheit und Unrast in diesem Leben ließen ihn nicht zur Ruhe kommen.

In vielen psychologischen Gesprächsführungen sind frühere Leben aufgetaucht, ohne als solche unbedingt erkannt zu werden. Die Vergleiche, mit denen Patienten ihre Lebenssituation und Schwierigkeiten beschreiben, sind oft unbewußten Erlebnissen aus früheren Leben entnommen:
„Es ist, als ob man mir einen Speer ins Herz gebohrt hätte",
„Ich fühle mich verraten und verkauft",
„Das überleb ich nicht",
„Das ist eine Katastrophe",
„Wenn er mich verläßt, sterbe ich",
„Es ist, als ob er von seinem Podest herunterschaut und mich verurteilt",
„Ich habe dauernd Angst, hintergangen zu werden",
„Ich habe eine Mauer um mich herum",
„Das ist ja nicht zum Aushalten",
„Ich fühle mich gefangen",
„Ich schaff es nicht",
„Man darf niemandem trauen",
„Es ist gefährlich, die Wahrheit zu sagen",
„An allen Ecken zerrt man an mir",
„Ich habe Angst, daß mein Mann nicht mehr zurückkommt",
„Ich habe Angst, daß sie mich verläßt",
„Ich fühle mich wie ausgestoßen, ohne Daseinsberechtigung",
„Mein Kopf fühlt sich an, als ob er zwischen zwei Brettern eingeklemmt wäre",
„Niemand mag mich".
Das sind nur einige wenige Beispiele von Aussagen, die auf frühere Leben hinweisen.

Diese plastischen und eindeutigen Beschreibungen stammen oft unmittelbar aus früheren Erlebnissen. Mit Logik und Intellekt sind diese Ängste und Gefühle nicht zu erklären. Der Patient hat noch gar nichts erlebt, daß diese Befürchtungen im realen Leben eine Begründung hätten.

In der Reinkarnationstherapie geht man davon aus, daß jede Angst und jedes Problem eines Menschen eine Berechtigung hat, daß es eine konkrete Situation gibt, in der diese Angst verständlich und angebracht war. Da das Unterbewußtsein aber Ort und Zeit verwechselt und das Vergangene nicht vom Heutigen unterscheiden kann, spiegelt das Unterbewußtsein die Angst oder die Reaktion einer längst vergangenen Lebenssituation wider, sobald ähnliche Elemente in der jetzigen Situation auftauchen. Im Jetzt sind diese Reaktionen oft nicht verständlich, und doch – forscht man nach ihnen, findet man vergangene Situationen aus früheren Leben, in denen sich diese leicht nachvollziehen lassen. Unerfindliche Ängste und Gefühle klären sich in der Reinkarnationstherapie oft sehr schnell auf.

Frühere Leben zeigen sich in allen Wiederholungssituationen wie beispielsweise in sich wiederholenden Ängsten, Problemen und Konflikten, auch in Träumen und manchen Wunschvorstellungen. Vorlieben und Abneigungen drücken ebenso vergangene Erfahrungen aus.

Sich wiederholende Träume

sind Eindrücke aus früheren Leben, in welchen ein unverarbeiteter Inhalt immer wieder ausgedrückt wird. Eine Klientin sah sich wiederholt im Traum im kurzen Hemd und empfand dies als sehr unangenehm. Dieser Traum klärte sich auf, als wir ein Geschehen im früheren Leben durcharbeiteten, in dem sie eine Autoritätsperson darstellte, die plötzlich entmachtet wurde und dies nicht verkraften konnte. Sie schilderte ihre Empfindung nach der Entmachtung mit den Worten „Ich stand wie im Hemd da“. Diese Empfindung, zusammen mit der bildhaften

Vorstellung, wurde vom Unterbewußtsein aufgenommen und in seinen heutigen Träumen ausgedrückt.

Wunschvorstellungen und Illusionen
können echte frühere Identitäten oder Erlebnisse sein oder nur erträumte, auf die sich das Bewußtsein fixiert, nachdem es zuviel Negatives und Traumatisches erlebt hat. Hat jemand heute die fixe Vorstellung, unbedingt reich und berühmt sein zu müssen, so kann er dies in einem früheren Leben durchaus gewesen sein. Entscheidend in der Rückführung aber ist das darunterliegende Problem, nämlich Armut und Bedeutungslosigkeit zu bearbeiten, da die Fixierung auf das Positive in Wirklichkeit die Verdrängung des problematischen Negativen darstellt.

Vorlieben für Orte, Länder, Sprachen, Kunstrichtungen, Geschichtsepochen oder auch Abneigungen gegen dieselben
Man kann generell davon ausgehen, daß man bei einer Vorliebe für ein Land oder eine Epoche in einem früheren Leben eher Positives darin erlebt hat und im Falle einer Abneigung eher negative Erfahrungen gesammelt hat, jedoch ist dies nicht immer zutreffend. Man kann auch Sehnsucht nach einem bestimmten Land oder einer Landschaft haben, weil man dort einen Verlust hatte, den man nicht verkraften konnte oder weil man eine Aufgabe nicht vollenden konnte. Man sehnt sich zurück, um unbewußt diese Erfahrung zu Ende zu bringen. Auch unter dem Aspekt der Polarität sagen unsere Vorlieben genug über unsere Abneigungen und über unsere eigentliche Problematik aus.

Körperliche Merkmale
Es ist interessant zu beobachten, wie der Körper und die Gesichtszüge eines Menschen manchmal einer Rasse ähneln, denen dieser Mensch in diesem Leben gar nicht angehört und auch keine Erbanlagen dieser Rasse hat. Es gibt unter westlichen Menschen Typen mit Mandelaugen, hohen Wangen-

knochen und schwarzen Haaren, die durchaus nach Fernost oder nach Ägypten passen würden. Es gibt Menschen, die sich bei den Zigeunern äußerst wohlfühlen und auch selbst solche Züge tragen sowohl im Aussehen als auch im Verhalten, oder Typen, die wie Südseeinsulaner aussehen und – wie könnte es anders sein – ihren Urlaub an der Südsee verbringen. Interessant ist die Beziehung zwischen dem „anderen“ Volk und diesem Menschen, der äußerlich ihre Züge trägt – die Einheimischen aus dem betreffenden Land akzeptieren diesen Menschen und behandeln ihn wie ihresgleichen. Sprachliche Barrieren sind leicht zu überwinden.

Begabungen

auf jeglichem Terrain deuten auf frühere Erfahrungen mit diesem Gebiet hin. Ein Albert Einstein wird sich wohl kaum nur in einem Leben mit der Physik und Mathematik befaßt haben, genausowenig wie ein Wolfgang Amadeus Mozart sich in den ersten Lebensjahren auf Anhieb soviel musikalische Kenntnisse aneignen konnte, daß er mit fünf Jahren schon die ersten Konzerte geben konnte, ohne auf diesem Gebiet schon Vorkenntnisse aus früheren Leben mitgebracht zu haben. Was uns sehr leichtfällt, ist uns schon von irgendwoher bekannt. Im Grunde lernen wir nicht dazu, sondern erinnern uns nur an früheres Wissen. Auch Erfindungen sind oft Erinnerungen von früher. Die Idee, wie etwas funktionieren könnte, ist angelehnt an das, was man früher schon einmal gesehen hat. Hierbei ist zu bemerken, daß es früher wie auch sicherlich heute Zivilisationen gab, die der unseren technisch wie geistig weit überlegen waren, und es deshalb die verschiedenen Stufen der Entwicklung gibt.

Auch Abneigungen und Blockaden bei bestimmten Wissensgebieten können durchaus negative Wurzeln im früheren Leben haben. Ist ein Astronom im Mittelalter für seine zu fortschrittlichen Theorien hingerichtet worden, kann er im heutigen Leben eine starke Blockade der Astronomie oder Mathe-

matik gegenüber haben. Sein Wissen hat ihm früher den Tod gebracht, also, schlußfolgert das Unterbewußtsein, ist es besser, sich mit diesen Gebieten erst gar nicht zu befassen. Oder ein Mensch, der früher ein Opfer der Technik geworden ist, steht heute der Technik verständnislos gegenüber. Auch kann er möglicherweise mit technischen Einrichtungen und Gerätschaften nicht umgehen, hat Angst vor ihnen oder beschädigt sie unbeabsichtigt. Sein Verhältnis zur Technik ist gestört.
Ähnliche Phänomene können auftreten, wenn ein Mensch in einem früheren Leben mit Hilfe der Technik anderen Menschen geschadet hat, sie beispielsweise damit unterdrückt oder zerstört hat.

Alle unsere schwerpunktmäßigen Interessen wie unsere Blokkaden basieren wahrscheinlich auf einer Vorgeschichte.

Kinder geben oft aufschlußreiche Berichte über ihre früheren Leben, da sie noch einen engeren Kontakt zu ihrer Vergangenheit besitzen und noch zu keinem bestimmten Glauben erzogen wurden. Es gibt Kinder, die ganz früh den Eindruck haben, diese Eltern seien gar nicht ihre richtigen Eltern, und die sich in ihrem Elternhaus fremd fühlen. Sie hängen unbewußt noch in einem anderen Leben und haben sich hier noch nicht eingelebt. Kinder können früh tyrannische Züge tragen und ihren Eltern Vorschriften machen wollen. Sie stecken noch in einer früheren dominierenden Rolle und meinen, sie hätten immer noch das Recht, über andere zu herrschen.
Kinder haben oft auch ausgeprägte Ängste und Depressionen, die in die Gegenwart nicht einzuordnen sind. Die Erinnerung an vergangene, angsteinflößende Erlebnisse ist noch recht frisch. Es ist auch erstaunlich, wie viele Kinder Angst vor dem Krieg haben, obwohl in der Zeit ihrer Schwangerschaft keine Kriegsgefahr drohte, dies drückt sich auch in Träumen der Kinder aus, welche Soldaten mit ganz bestimmten Uniformen und Kopfbedeckungen enthalten können. Kinder träumen von

Verfolgtwerden, Ermordetwerden, von religiösen Vereinigungen und politischen Handlungen. Selbstverständlich kann ein Kind Handlungen aus Fernsehfilmen aufnehmen, nur würde das Unterbewußtsein nicht so heftig darauf reagieren, wenn nicht schon entsprechende Inhalte gespeichert wären.
Fragt man ein Kind: „Wenn du früher schon einmal gelebt hättest, wie stellst du dir dein Leben vor?" So erhält man erstaunlich detaillierte Berichte mit konkreten Problemstellungen. Kinder haben erfahrungsgemäß eigentlich nie Widerstand gegen die Vorstellung, schon einmal gelebt zu haben. Im Lauf der Jahre aber wird der bewußte, verstandesmäßige Teil ihrer Persönlichkeit stärker ausgeprägt, und sie verlieren den direkten Zugang zu ihrem Unbewußten.

REINKARNATION UND PSYCHOTHERAPIE

Versuchen wir im folgenden einmal, die Reinkarnationstherapie mit der Psychotherapie zu vergleichen, so können wir keinen allgemeingültigen Vergleich anstellen, weil die Psychotherapie vielerlei Formen und Therapiemöglichkeiten aufweist. Ziehen wir deshalb nur die Verhaltenstherapie vergleichsweise heran, um überhaupt einmal zu sehen, welche Unterschiede sich anbieten.

Ich zitiere aus dem Buch ES GING DOCH GUT – WAS GING DENN SCHIEF von Fanita English:

„In Texas ging vor einigen Jahren ein junger Mann in ein Geschäft, kaufte sich ein Gewehr, stieg auf einen Turm und begann, auf Passanten zu schießen.

Bei den anschließenden polizeilichen Ermittlungen stellte sich heraus, dieser nette junge Mann hatte nicht nur elf Menschen erschossen, die zufällig vorbeigekommen und ihm völlig unbekannt waren. Zuvor hatte er auch seine Mutter und die eigene Frau getötet.

Er hinterließ eine Mitteilung, in der er in rührender Hilflosigkeit sein starkes Verlangen nach Trost und Liebe zum Ausdruck brachte. Darin beklagte er sich, seine Mutter und seine Frau hätten ihn vernachlässigt, nachdem sie ihn früher „geliebt" hätten. Es stellte sich heraus, daß er tags zuvor die Hilfe eines Psychiaters in Anspruch nehmen wollte. Er war aber als einfacher, sich im Kreise drehender „depressiver Fall" – der er tatsächlich war – weggeschickt worden. Der Psychiater hatte nicht erkannt, daß er kurz davor stand, das seinem Typ entgegengesetzte Verhalten zu leben. Aus einem übermäßigen Hunger nach Zuwendung hatte er seiner zugrunde liegenden und unerkannten Wut schließlich nachgegeben. Als ihn die Polizei überwältigt hatte und abführte, wirkte er wieder ganz sanft und liebenswürdig. Er war in ein angepaßtes Kindheits-Ich zurückgefallen und erwartete sich vom Eltern-Ich der Polizei Zuwendung und Schutz, auch wenn dies auf negative Art und Weise geschehen sollte."

Die Verhaltenstherapie erfaßt momentanes, aktuelles Verhalten einer Person und klassifiziert es als angepaßt oder nicht angepaßt. Der Umwelt kommt dadurch die Bedeutung des Einflußnehmenden, Formenden zu. Es wird hier nicht berücksichtigt, daß dieser Mensch die Wahl hat, auf die Umwelteinflüsse zu reagieren und sie damit zu relativieren und auch zu den Wünschen der Umwelt gegensätzliche Neigungen in sich hat und entwickeln kann. Die Verhaltenstherapie geht davon aus, daß ein Mensch, der glaubt, die Umwelt habe ihm gegenüber versagt, einen Befriedigungsverlust erleidet, auf den er mit „Kampf" reagiert. Dabei wird die zunehmende Frustration oft als Folge seiner eigenen Unfähigkeit gesehen, verläßliche Partner zu finden. Man nimmt an, so ein Mensch springe innerlich von einem Ich-Zustand in einen anderen. Alle Bezugspersonen sind dann über seinen Gefühlsausbruch erstaunt und können es sich nicht vorstellen, daß so etwas passieren konnte. Nach den Verhaltenspsychologen handelt es sich beim Kampf-Flucht-Verhalten um eine biologisch verankerte, errechenbare Verhaltensmöglichkeit. Sie käme als Reaktion auf Furcht, Verlust oder Angst zustande. Da die meisten Menschen Furcht, Angst und vor allem Verlustangst in sich tragen, wären diese Menschen demnach alle potentielle Mörder.

Der Jung'schen Tiefenpsychologie zufolgt sähe das Bild etwas anders aus. Man würde den Fall etwa folgendermaßen beurteilen: Da es sich um einen sonst ruhigen und besonnenen Menschen handelt, schließt man daraus, daß dieser Mensch derart erzogen wurde, daß er zu einem angepaßten Menschen wurde. Das heißt, zu einem Menschen, der immer „lieb und folgsam" sein sollte. Da aber in jedem Menschen „Gut" und „Böse" eingelagert sind, läßt sich das Böse nur soweit verdrängen, daß es sich in Zeiten der „inneren Not" gewaltsam seinen Weg bahnt. Das bedeutet, daß der Mensch infolge der gewaltigen Überschwemmung durch das Böse, zum Zeitpunkt der Tat nicht zurechnungsfähig ist.

Wie ich schon an einigen anderen Fällen zu belegen suchte, geht die Reinkarnationstherapie von einer ganz anderen Warte aus. Sie geht davon aus, daß der junge Mann und seine Bezugspersonen sich schon von einem früheren Leben her gekannt haben könnten. In diesem früheren Leben hat es bereits nicht gelöste Emotionen und Gewalttaten gegeben, die jetzt auf diese Weise fortgesetzt oder pariert werden. Ein Schock unter Lebensgefahr oder eine versäumte Handlung kann heute die Gewalt als Lebensretter erscheinen lassen, da sie einem die Illusion des „Stärkeren" vermitteln kann. Es könnte ein früheres Erlebnis aus einer „Kriegszeit" durchgebrochen sein und den jungen Mann zu diesem Verhalten veranlaßt haben.

Die Psychotherapie ist vielen Menschen unheimlich. Ein Prozeß, in dessen Verlauf der Patient aus seiner Verzweiflung heraus- und zu realisitischer Hoffnung hingeführt wird, erscheint wie Zauberei, dem Verstand nicht zugänglich und es gibt viele, die lieber glauben möchten, daß so etwas auch gar nicht möglich sei. Aber die meisten dieser Behandlungsmethoden basieren auf soliden und einfachen Prinzipien, und die Reinkarnationstherapie macht da keine Ausnahme. Sie ist eine therapeutische Methode und in keiner Weise dem Okkultismus verwandt, auch wenn sie wie dieser die Möglichkeiten der Wiedergeburt akzeptiert.
Wie viele andere Formen der Psychotherapie setzt auch die Reinkarnationstherapie die Existenz des Unbewußten voraus. Oft können wir uns an auslösenden Ereignissen, die Traumen ins Leben rufen, nicht erinnern. Nur „Narben" bleiben sichtbar – in Form von Verhaltensstörungen. Aber die Geschehnisse sind nicht vergessen. Sie sind nur ins Unbewußte verdrängt und abgesunken. Von meinem Standpunkt aus besteht der interessanteste Aspekt der Reinkarnationstherapie darin, daß sie eine Verbindung herstellt zwischen Geist und Körper. Die meisten Ärzte akzeptieren die Tatsache, daß der Geist tiefgreifend auf den Körper einwirkt – Magengeschwüre

und Migräne sind allgemein bekannte Beispiele für solche psychosomatischen Erkrankungen.
Die Reinkarnationstherapie bestätigt dies. Sie zeigt aber auch die umgekehrte Möglichkeit, nämlich daß einem derzeitigen psychologischen Problem eine physische Verletzung aus einem früheren Leben zugrunde liegen kann. Körper und Geist stehen in einer so engen Beziehung, daß es notwendig ist, die jeweiligen Wechselwirkungen zu untersuchen.
Menschen, die aus unbewußten Motiven gezwungen sind, viel zu verdrängen, benötigen zu diesem Prozeß enorm viel Energie. Die aus dem Bewußtsein abgeschobene Konfrontation mit dem Verdrängten führt zu irrationaler Kampfbereitschaft, zu Ablehnung und Bekämpfung von Lebenswirklichkeiten, von Tatsachen und Lebenshaltungen, die einer mit vollem Bewußtsein geführten sachlichen Klärung bedürften.
Diese Verdränger suchen die Lösung ihrer Problematik nicht zuerst in ihrer eigenen Persönlichkeit, vielmehr brauchen sie einen Sündenbock, der dann für all diese Dinge, die in der Welt nicht in Ordnung sind, verantwortlich gemacht wird. Damit beginnt jedoch ein verhängnisvoller Mechanismus. Je schwächer der Einzelne ist, umso weniger kann er Lebenswahrheiten und Wirklichkeiten verkraften, umso mehr verdrängt er. Je mehr wir als Person verdrängen, umso mehr werden wir eingeengt, verlieren Entwicklungschancen und werden aggressiv. Frustration durch Mangel an Ich-Stärke und affektive Stauungen durch Verdrängung und behinderte Lebensentfaltung, führen häufig in eine Depression, die sich oft hinter aggressivem Gehabe und destruktiven Stellungnahmen verbirgt. Wenn auch keine depressive Stimmung sichtbar wird, so entwickelt sich doch immer ein gestörtes Verhältnis zu gewissen Bereichen der Umwelt. Um sich aus dem Überdruck gestauter Affekte zu befreien, hilft die Projektion, mit deren Hilfe wir den Sündenbock finden oder zumindest jemanden, dem wir die Schuld in die Schuhe schieben können. Böse sind dann immer die anderen, weshalb wir sie ablehnen, belächeln, bespötteln, ausschließen, lächerlich machen, oder aber wir finden noch üble-

re Methoden, wie wir es der „bösen Umwelt heimzahlen". Der Reinkarnationstherapie wird nicht selten vorgeworfen, sie verlagere die Sündenböcke in ein früheres Leben und könne darum nicht sonderlich hilfreich sein. Doch dies stimmt nicht. Wir wollen hier einmal die Reinkarnationstherapie neben die anderen gängigen Psychotherapien stellen, um zu zeigen, daß gerade die Reinkarnationstherapie sich sehr gut mit anderen Psychotherapieformen vergleichen läßt.

Gerade in den letzten Jahren hat die Anzahl der Therapiemodelle zugenommen, und es sieht fast so aus, als seien wir mit dieser Welle noch nicht am Ende. Immer neue Therapieformen zeigen sich der Öffentlichkeit, und der Laie hat Mühe zu erkennen, daß es sich hierbei nur um Abwandlungen alter Therapieformen handelt. Es gibt leider keine einheitliche Linie in den Psychotherapien. Die Behandlungsmodelle reichen von der Behandlung von Krankheitssymptomen, gehen über die vielen, verschiedenartigen Selbsterfahrungsgruppen bis hin zur Selbstverwirklichung. Psychotherapie ist heute das, was von einem Psychotherapeuten praktiziert wird.

Die ältesten Formen der heute gängigen Psychotherapien stammen von Sigmund Freud und seinen Schülern Alfred Adler und Carl Gustav Jung; sie laufen unter dem Etikett klassischer, tiefenpsychologischer Methoden. Zu ihnen gesellten sich verhaltenstherapeutische und humanistische Ansätze, Gruppen und Familientherapie und einiges mehr.

Am weitesten verbreitet sind:

1. tiefenpsychologisch fundierte Einsichtstherapien
1.1 Psychoanalyse nach Sigmund Freud
1.2 Psychoanalyse als Ich-Analyse nach Karen Horney (Erich Fromm, Sullivan)
1.2.1 Psychoanalyse als Ich-Analyse nach Anna Freud, Erik Erikson, D. Rapaport
1.3 Individualpsychologie nach Adler
1.4 Analytische Psychologie nach C.G. Jung
1.5 Katathymes Bilderleben nach Leuner
2. Humanistische Ansätze

2.1 Gestalttherapie nach Perls
2.2 Gesprächstherapie nach Rogers
2.3 Transpersonale Psychologie
2.4 Psychodrama nach Moreno
2.5 Transaktionsanalyse nach Eric Berne
2.6 Bioenergetik nach Lowen
3. Verhaltenstherapie
3.1 Lerntheoretisch fundierte Verhaltenstherapie
3.2 Kognitive Verhaltenstherapie
3.3 Rational-emotive Therapie (RET) nach Ellis.

Die tiefenpsychologischen und humanistischen Therapien bezeichnet man als Einsichtstherapien, da sie von der Annahme ausgehen, daß das Verhalten einer Person nur deshalb gestört ist, weil sie sich der Motive ihrer Handlungen und Gedanken nicht bewußt ist. Die Psychoanalyse betont vor allem in der Kindheit liegende Faktoren, während die humanistischen Therapien gegenwärtige Verhaltensprobleme hervorheben. Die persönliche Begegnung mit dem Du, der zwischenmenschliche Kontakt und die Beziehung des Menschen zur Welt, spielen eine große Rolle. Deswegen findet man bei den Humanisten viel Gruppen- und Körperarbeit, Rollenspiele u.a., die zur Selbstfindung und Selbstverwirklichung verhelfen sollen.
Die Verhaltenstherapie basiert auf der Lernpsychologie und der gesamten experimentellen Psychologie. Sie wird deshalb auch als wissenschaftliche Methode bezeichnet. Sie geht davon aus, daß alles Verhalten erlernt sei und kümmert sich nicht um lebensgeschichtliche Faktoren. Während zuerst nur das Verhalten beobachtet und modifiziert wurde, wurden später auch kognitive und emotionale Aspekte zugelassen.

1.1 Psychoanalyse nach Freud

Die Freud'sche Psachoanalyse basiert auf der Persönlichkeit Freuds und dem Zeitgeist um die Jahrhundertwende. Sie ist materiell orientiert. Ihre Grundannahmen sind die

Libido (sexuelle Triebenergie), später auch der Todestrieb, genetische Entwicklungsdynamik (orale, anale, phallische, genitale Phase) und die
Affekt- und Neurosenlehre,

die die gesamte Psychiatrie, Tiefen- und Entwicklungspsychologie und Pädagogik beeinflußten. Am bekanntesten ist der sog. Ödipus-Komplex. Viele der Annahmen Freuds halten neueren wissenschaftlichen Erkenntnissen, Erfahrungen und psychologisch orientierten Astrologie- und Reinkarnationserkenntnissen nicht stand.

Freud unterscheidet zwischen dem Unbewußten, Vorbewußten und Bewußten sowie zwischen Es, Ich und Über-Ich.

Die affektive Energie, die dem Es entspricht, soll sich vergrößern, verkleinern, verschieben und der Abfuhr fähig sein. Sie drängt auf unmittelbare, sofortige Befriedigung. Die Libido, Energie des Sexualtriebs, soll in der kindlichen Entwicklung bestimmte Phasen durchlaufen. Unbewältigte Konflikte in diesen Phasen sollen die Ursachen von Neurosen bilden. Im Laufe seines Lebens verlagerte Freud seinen Schwerpunkt von der Libido auf das ‚Ich', als dem Zentrum der innerpsychischen Konflikte. Das Ich als zentrale Entscheidungsinstanz des bewußten Handelns in Form von Selbstkontrolle soll zwischen den drängenden Wünschen des ES und den normativen (moralisch und ethisch fundierten) Einschränkungen des ÜBER-ICH vermitteln.

Als Technik verwenden Freud und seine Schüler die freie Assoziation und die Traumdeutung. Weitere wichtige Bestandteile sind die Übertragung und Gegenübertragung und die Analyse des Widerstandes.

Der Patient liegt auf der Couch, der Analytiker sitzt hinter ihm. Der Patient soll alles, was und wie es ihm in den Sinn kommt, ohne jede Zensur aussprechen (= freie Assoziation). Der Therapeut soll sich mit dem geschwächten ICH des Patienten verbinden, damit die verdrängten Kindheitserlebnisse freigelegt und die infantile Angst vor der Äußerung der Libido beim erwachsenen und realitätsangepaßten Ich sich nicht mehr zeigt.

Der Patient entwickelt bei der Bewußtmachung und Auseinandersetzung mit dem Unbewußten Widerstände, wobei die affektiven Erlebnisse auf den Analytiker übertragen werden. Die Gegenübertragung besteht in der gefühlsmäßigen Reaktion des Therapeuten auf die Übertragung des Klienten.
Aufgabe des Analytikers ist es, den Patienten so zu führen, daß die emotionalen Spannungen nicht mehr verdrängt, sondern gemeistert werden. Der Therapeut soll dabei immer neutral und objektiv sein, d.h. sich wertender Kritik enthalten, was nicht ausschließt, daß er den Patienten mit seinem Verhalten konfrontieren kann.
Durch das passiv-abwartende Verhalten des Therapeuten dauert die Psychoanalyse 2 bis 5 Jahre bei 3 bis 5 Sitzungen pro Woche.

1.2 ICH-Analyse

1.2.1 Die Ich-Analyse ist eine Weiterentwicklung der Psychoanalyse durch Karen Horney, Erich Fromm, Sullivan und W. Silverberg. Sie ist vor allem in den USA verbreitet und wird auch ‚Neopsychoanalyse' genannt.
Bei ihr wurde die Rolle der Sexualität relativiert. Sie betont stärker das Bedürfnis und die Fähigkeit des Patienten, über seine Umwelt und die Befriedigung seiner Triebe Kontrolle auszuüben. Sie kümmert sich auch stärker um die gegenwärtigen Lebensbedingungen des Patienten, während diese bei der klassischen Psychoanalyse vernachlässigt werden.
So sagt z.B. Karen Horney, daß Frauen die Männer nicht wegen ihres Penis beneiden, sondern wegen der beruflich, gesellschaftlich und kulturell größeren Möglichkeiten. Die Neopsychoanalytiker bezweifeln, daß Triebe der einzige Motor des Seelenlebens seien und nehmen an, daß menschliches Verhalten auch von Gefühlen, Zielen und Werten geleistet wird. Sie stellen die Vorherrschaft des ES über das ICH in Frage und schreiben dem ICH eine gewisse Autonomie zu. Auch die Bedeutung von Kindheitserlebnissen soll Freud übertrieben ha-

ben. Karen Horney sieht in der Neurose ein Gegenwartsproblem, von dem man einen Patienten ablenken kann, wenn man zu ausgiebig in seiner Kindheit forscht. Aus ihrer Sicht wird der Mensch nicht durch ‚Triebschicksale' neurotisch, sondern wenn es ihm nicht gelingt, sich an die jeweiligen sozio-kulturelle Umwelt anzupassen und mit den damit verbundenen Ängsten und Spannungen fertig zu werden. Sie unterscheidet bei der Neurose drei verschiedene Entwicklungen: selbstverleugnende, expansive und resignative. Die Therapie sollte dem Menschen helfen, solche neurotischen Lösungen aufzudecken und zu erkennen, wer er wirklich ist. Dies ist ein erster Weg zur ‚Selbstverwirklichung'.

1.2.2 Anna Freud beschäftigte sich vor allem mit der Kinderanalyse und den Abwehrmechanismen des ICH. Sie sieht das Über-ICH als Urheber der Neurosen. Aufgabe der Therapie ist es, das Über-ICH zu schwächen bzw. zu mildern.

1.3 Individualpsychologie nach Adler

Adler ergänzte die Psychoanalyse durch soziale Aspekte. Er sieht zwar die Ursachen der Neurosen auch in der Kindheit, aber nicht in der Sexualität, sondern in der sozioökonomischen Benachteiligung, die sich u.a. in Form von Minderwertigkeitsgefühlen, Hilflosigkeit und Neurose als Abwehr gegen die Anforderungen der Umwelt zeigt. Durch soziale Anerkennung, Geltungs- und Machtstreben, versucht der Patient Minderwertigkeitskomplexe zu kompensieren. Durch die Therapie, die stark erzieherische Aspekte berücksichtigt und Körperhaltung, Gestik und Mimik etc. beachtet, soll der Patient lernen, sich positiv in die Gemeinschaft einzuordnen. Adler fragt nicht nach den Ursachen, sondern nach dem Ziel: „Wozu dient es?".

1.4 Die analytische Psychologie

Mit C.G. Jung begann die ganzheitliche Erfassung des Menschen, die sich in der humanistischen und transpersonalen Psychologie und besonders in der Reinkarnationstherapie fortsetzte.
Die analytische Therapie verwendet wie die Psychoanalyse die Technik der Traumdeutung und der freien Assoziation. Neben dem persönlichen Unbewußten nimmt Jung ein kollektives Unbewußtes an, das latent ererbte Erinnerungen aus der Vergangenheit menschlicher Entwicklung beinhaltet, das sich in Symbolen und Mythen, den sog. Archetypen zeigt.
Ziel der Therapie ist die Bewußtmachung und Integration der unterdrückten, minderwertigen, dunklen und unterentwikkelten Aspekte der Persönlichkeit, d.h. die Aussöhnung mit dem ‚Schatten' und die Aufhebung der Projektion. Angestrebt wird die Entwicklung der gesamten Persönlichkeit = Individuation, innerhalb der Grenzen, die einer Person gesetzt sind, und die Weckung des schöpferischen Potentials aus dem kollektiven Unbewußten.

2.1 Gestalttherapie

Hier werden, wie bei anderen humanistischen Therapien, die kreativen Aspekte des Menschen betont. Psychische Probleme entstehen aus Frustrationen und dem Leugnen emotionaler Bedürfnisse. Perls geht davon aus, daß wir alle in jede Situation, der wir begegnen, unsere Bedürfnisse und Wünsche einbringen. Bei allem, was sich ereignet, wirken unsere Gefühle. Das Hier und Jetzt steht im Mittelpunkt, der Mensch ist für sein eigenes Verhalten verantwortlich.
Der Therapeut macht dem Klienten mit vielen verschiedenen Techniken dessen Vermeidungsverhalten bewußt; die Angst vor sozialen Beziehungen soll reduziert werden; persönliche, emotionale Bedürfnisse sollen erlebt und befriedigt werden. Die Person soll wieder zur Ganzheit finden und ein erfülltes Leben führen.

2.2 *Gesprächstherapie*

Die Gesprächstherapie wird auch klientenzentrierte Therapie genannt. Der Klient sitzt dem Therapeuten direkt gegenüber, so daß Augenkontakt bestehen kann. Sie nimmt an, daß es bei ungünstig verlaufenden Lernprozessen zu Verhaltensstörungen kommt. In einer Atmosphäre von warmer Anteilnahme und positiver Wertschätzung soll der Klient seine Konflikte wahrnehmen, indem er seine tief empfundenen Emotionen ausspricht, und der Therapeut die Gefühle des Klienten zurückreflektiert. Dadurch sollen die emotionalen Konflikte, die den Klienten bei seiner Selbstverwirklichung hindern, schrittweise aufgehoben werden. Der Klient soll sich aus eigener Kraft ändern und sein Idealbild von sich selbst mit seinem Selbstbild in Übereinstimmung bringen.

2.3 *Transpersonale Psychologie*

Die transpersonale Therapie, die aus der Existenzialanalyse und der Psychosynthese nach R. Assagiolis hervorging, umfaßt alles, was heute unter ‚New Age' bekannt ist. Zu ihr gehört auch die ‚Initiatische Therapie' von Dürckheim.
Ihre Techniken bestehen aus Gruppenspielen, Körperarbeit, Meditation, Biofeedback, künstlerisch-musischen Betätigungen u.a. religiöse und spirituelle Erfahrungen; außersinnliche Wahrnehmungen und unterschiedliche Bewußtseinszustände (durch Meditation, Yoga, Trance, Drogen) werden miteinbezogen. Sie gehen davon aus, daß der Mensch grundsätzlich die Möglichkeit hat, seine angeborenen Fähigkeiten zu verwirklichen. Wird dies verhindert, kommt es zu Existenzkrisen und Verhaltensstörungen. Die T.P. überschreitet das Personale und wendet sich außerpersönlichen = transzendenten Erfahrungen und Bewußtseinsdimensionen zu. Alles soll akzeptiert, intensiv erlebt und losgelassen werden; Gegensätze sollen auf einer höheren Stufe gelöst werden = Synthese. Der Mensch soll durch

grenzaufhebende Ganzheitsschau und -erfahrung gelassener werden, in sich selbst ruhen und sich in All-einen auflösen.

2.4 Psychodrama

Moreno entwickelte aus seiner Arbeit mit Kindern und deren spontanem und kreativen Spiel die Methode ‚Psychodrama'. Diese spielerische Methode und das Hervorheben des ‚Hier und Jetzt' für das Erleben des Klienten, beeinflußte alle anderen humanistischen Therapien.
Durch das Ausagieren und Nacherleben von Problemen und Konflikten auf der ‚Bühne' als Spielfläche, soll eine heilende Wirkung entstehen, die von belastenden Erfahrungen befreit. Das Psychodrama besteht aus drei Phasen:

1. Initialphase: warm-up, Problemfindung
2. Handlungsphase: Aktion, Spiel, Problembearbeitung
3. Nachbereitungsphase: Besprechung und Integration

2.5 Transaktionsanalyse

Die Transaktionsanalyse geht auf Berne zurück. Es werden drei Erlebens- und Verhaltenszustände angenommen:
Kind-Ich Eltern-Ich Erwachsenen-Ich.
Die sprachliche und spielerische Kommunikation (einzeln oder in Gruppen) dieser ‚Ichs' wird als Transaktionsmuster (Spiele) und Lebenspläne (Botschaften, Entscheidungen) analysiert (Script-Analyse). Durch das Erkennen dieser Kommunikationsmuster soll das Verhalten verändert werden.

2.6 Bioenergetik

Die Bioenergetik ist eine Weiterentwicklung der Orgon-(Vegeto)-Therapie von W. Reich durch Pierrakos und Lowen. Jeder Streß, psychisch oder physisch, verursacht Anspannungen im Körper. Bei Dauerstreß, z.B. durch ungelöste emotionale Konflikte und ständige Frustrationen, lösen sich diese

Anspannungen nicht von selbst, sondern schlagen sich als Muskelverspannungen im Körper nieder. Die Grundmuster dieses Verhaltens sollen in der frühkindlichen Entwicklung entstehen, besonders durch nicht erfüllte Bedürfnisse. Durch Körperarbeit, Atem- und Schreiübungen, die psychoanalytisch aufgearbeitet werden, soll der Klient das Leben ‚lustvoll genießen' können.

3.1 Verhaltenstherapie (VT)

Mit Hilfe der VT soll der Klient unangepaßte Verhaltensweisen, Einstellungen und Gefühle, die sich in offenem Verhalten in konkreten Lebenssituationen zeigen, ändern. Die VT hält es für schädlich, die verdrängte Vergangenheit ‚aufzuwühlen'. Der Behandlung geht eine ausführliche Verhaltensanalyse und ein Therapieplan voraus. Zur Anwendung kommen je nach Problem verschiedene Techniken. Die bekanntesten und erfolgreichsten sind:

- systematische Desensibilisierung: bei Ängsten und Phobien
- Selbstsicherheitstraining (assertion . . .): bei selbstunsicherem Verhalten
- Aversives Konditionieren: bei Süchten (Rauchen, Alkohol etc.), Überernährung und negativen Gewohnheiten
- Operantes Konditionieren = Stärkung erwünschter und Schwächung unerwünschter Reaktionen bei beobachtbarem Verhalten durch Belohnung und Bestrafung: bei Kindern und hospitalisierten Patienten
- Modellernen = Lernen neuer und Verlernen alter Reaktionen durch Beobachten und Nachahmen von Modellen: Zur Erlangung sozialer Fertigkeiten bei Ängsten und Phobien; Erziehung von Kindern.

3.2 Kognitive VT

Da das Verhalten durch lerntheoretische Annahmen allein nicht erklärt werden konnte, begannen VT-Therapeuten kognitive Elemente in ihre Methoden zu integrieren. Dabei geht es um die Veränderung der internen Bewertungs-, Verarbeitungs- und Argumentationsmuster, die dem Verhalten zugrunde liegen. Daraus entstanden die VT-Methoden des Modellernens und das Selbstsicherheitstraining.

3.3 RET

Ellis hatte mit der Psychoanalyse ,sehr wenig' Erfolg und wandte sich neopsychoanalytischen und verhaltenstherapeutischen Methoden zu. Aus seiner Kritik an der Psychoanalyse und der Reflexion seiner persönlichen Erfahrung mit Patienten, entwickelte er die RET als eine stark direktive, auf rationalem Disput basierende Therapieform mit emotiven, behavioristischen und kognitiven Elementen.
Zentraler Faktor für die Genese und Aufrechterhaltung psychischer Störungen ist das Denken in Form von irrationalen Einstellungen und Bewertungen (z.B. polarisiertes Denken, Übertreibungen, Übergeneralisation, alles auf die eigene Person beziehen). Dies kann die Ursache von Spannungen werden, da diese Personen davon überzeugt sind und alle Ereignisse unter solchen Voraussetzungen sehen, wie z.B. „Es ist alles sinnlos", „Welch ein wertloser Mensch bin ich doch".

In der Therapie sollen diese irrationalen Ideen und ihre zerstörerische Wirkung aufgedeckt werden. Ellis geht es um die grundlegende kognitive Umstrukturierung. Dabei verwendet er auch Imaginationsübungen, Konfrontation, Widerlegung, Gegen-Indoktrination und Umerziehung.

Was hat die Reinkarnationstherapie mit anderen Therapien gemeinsam?
Die RT (Reinkarnationstherapie) hat mit der Psychoanalyse und der analytischen Psychologie vor allem die Technik der freien Assoziation gemein. Bei der RT gibt es aber keine Übertragung und Gegenübertragung mit dem Erfolg einer

Übertragungsneurose über den Umweg des Therapeuten, sondern der Klient erkennt unmittelbar, woher seine Schwierigkeiten kommen. Bei der Technik nach M. Netherton, die Ähnlichkeit hat mit dem Verfahren von Ellis, d.h. gezielte und stark direktive Führung, ist die RT ökonomisch und zeitsparend: Sie benötigt nur etwa ein Zehntel der Zeit, die eine Psychoanalyse braucht, um die Probleme zu lösen.
Der sog. ‚Ödipus-Komplex' von Freud stellt sich (wie viele Annahmen der Psychoanalyse) ganz anders dar, weil er bedingt ist durch Beziehungen aus früheren Leben. Die RT bezieht nicht, wie die Psychoanalyse, Krankheitssymptome auf die frühe Kindheit, sondern geht auf die Entstehung in früheren Leben und evtl. deren Reaktivierung in der Schwangerschaft zurück. Wie bei den humanistischen Therapien und der RET geht die RT von jetzigen Problemen aus, sie geht aber einen Schritt weiter, in Vorleben. Netherton legt wie die RET große Aufmerksamkeit auf irrationale Einstellungen und Leitsätze, wie z.B. „Es ist alles sinnlos" oder „Das schaffe ich doch nie". Wie die analytische und transpersonale Psychologie versucht die RT den ganzen Menschen zu erfassen, zu heilen, und nicht nur bestimmte Symptome. Sie erreicht dies allerdings nur durch Rückführungen im entspannten Zustand und emotionale und kognitive Aufarbeitung im Dialog zwischen Klient und Therapeut. Wünscht der Klient nur die Behandlung eines bestimmten Symptoms, so wird der Therapeut wie bei der VT nur dies tun. Wie bei den humanistischen Therapien und der RET betont die RT die Selbstverantwortung des Klienten für seine Probleme und sein Handeln.
Ein verantwortungsvoller und richtig ausgebildeter RT-Therapeut wird wie ein Gesprächstherapeut die Therapie in einem Klima warmer Anteilnahme und Offenheit durchführen.
Wie die VT geht die RT davon aus, daß alles Verhalten erlernt ist und modifiziert werden kann; nur tut sie es durch Rückführung und Bewußtmachung des Geschehnisses, das die Grundlage zu dem nicht angemessenen Verhalten legte. Wie bei der VT und RET soll sich der Klient eine Reihe von angstauslösenden

Stimuli vorstellen. Statt den Klienten der Realsituation wie bei der systematischen Desensibilisierung auszusetzen und mit zunehmend schwierigeren Situationen zu konfrontieren, wird das Geschehnis (oder die Geschehnisse), das mit solchen angsterregenden Erlebnissen zusammenhängt, in einem früheren Leben aufgesucht und bearbeitet, evtl. durch mehrere Leben hindurch, bis das ursprüngliche symptombildende Ereignis gefunden ist. Wie bei der VT und RET erhält der Klient zuweilen ‚Hausaufgaben', die zwischen den Sitzungen zu bearbeiten sind, z.B. bei Phobien sich schrittweise der furchterregenden Realsituation auszusetzen oder bei unangenehmen Gewohnheiten und Süchten eine sog. Strichliste zu führen.
Insgesamt könnte man sagen, daß die RT die wesentlichen und die in der Praxis bewährten Merkmale aller Therapien umfaßt, wenn sie verantwortungsvoll betrieben wird.
Bei jeglicher Therapie stehen wir vor der Frage: Wie kann eine echte Erleichterung eintreten, wenn das Urproblem nicht erkannt wird und die wirklichen Störungen damit nicht behoben werden?
Das zweite Dilemma liegt in der Be- und Verurteilung durch den Therapeuten. Er nimmt zu den Problemen des Klienten Stellung, stellt eine Diagnose, gibt einen Kommentar ab und unterliegt unter Umständen schon dem Problem, falls er unbewußt seine eigenen Probleme auf den Klienten projiziert. Jede Beurteilung aber schafft Abgrenzungen.
In der Reinkarnationstherapie versuchen wir, allen Ausdrucksformen des Unbewußten, seien sie ungewöhnlich oder noch so unmöglich, Raum zu geben. Es geht darum, Kanäle zu öffnen, um in jene Bereiche hinabzustoßen, die längst vergessene Traumata, Schockerlebnisse, eigene Schuld, enthalten. Während der RT fließen Erlebnisse, Ideen, Gedanken ins Bewußtsein. Da gibt es nur die ganz persönlich erlebte Empfindung. Die Klienten sind sich, während sie sprechen und von früheren Erlebnissen berichten, bewußt, was sie sagen, wenn sich auch die Ausführlichkeit und die emotionale Beteiligung unterscheiden mag (die Intensität des Erlebten).

Diese Art des Kanalisierens schafft ein immer wacher werdendes Bewußtsein, da die bislang unbewußten Informationen erlebt und zum Ausdruck gebracht werden. Das Oberbewußtsein, der Horizont des Menschen erweitert sich, indem er immer mehr Anteile seines Selbst kennenlernt.

Die Erfahrungen aus der RT geben uns drei Richtlinien:
1. Ziehe keine Vergleiche
2. Fälle keine Urteile
3. Löse dich vom Bedürfnis, alle Dinge rational-analytisch einzuordnen.

Immer wieder werden wir über Erziehung dahin gebracht, uns mit anderen Menschen in Konkurrenz zu begeben, sei es in der Schule, während der Ausbildung, die Hausfrau, die den Haushalt noch perfekter haben möchte, der junge Mann, der eine noch stärkere „Maschine" wünscht als seine Kameraden. Überall vergleichen wir uns, wollen schneller, besser, stärker, wendiger, wohlhabender, gesünder und noch einiges mehr sein. Jeder Vergleich aber lenkt uns von unserem eigentlichen Menschsein und der Entfaltung unserer Persönlichkeit ab, treibt uns in einen Wettkampf ohne Gnade, und wir spüren nicht, daß wir eigentlich am Leben vorbei leben. Jede Gesellschaft hat ihre eigene Auswahl an Kriterien, an denen sich die Menschen messen. Falls unsere physischen und psychischen Ausstattungen nicht die Norm erfüllen, leiden wir unter Minderwertigkeit. Und doch sind wir selbst es, die diese Minderwertigkeit erzeugen, denn nicht die vermeintliche Ablehnung von seiten anderer Menschen, sondern die Tatsache, daß wir uns selbst nicht akzeptieren, bringt den eigentlichen Schmerz mit sich. Nicht-Akzeptieren von tatsächlichen Situationen oder der eigenen Person ist überhaupt der Grundstock für alle Probleme des Menschen. Erst nachdem man einen Ist-Zustand annehmen kann, kann man ihn auch verändern. Deshalb müssen wir lernen, uns selbst zuerst zu akzeptieren wie wir sind und uns nicht mit der Außenwelt vergleichen, geschweige denn, uns durch selbstgesetzte unrealistische Normen und Erwartungen unter Druck zu setzen, was wiederum zu einer Unzufriedenheit mit uns selbst führt.

Jeder Mensch bringt aus seiner Vergangenheit Bewertungen seiner Person und seiner Handlungen durch die Umwelt mit, welche zum Teil schmerzlich waren und zu Verurteilungen durch höhere Instanzen geführt haben. Aufgrund dieser schmerzlichen Erfahrungen regt sich beim Menschen ein innerer Widerstand gegen Bewertungen von außen, der sich als ungutes Gefühl äußert. Wenn die Realität des Geistes nicht mit der physischen Realität übereinstimmt, ergeben sich direkte Konfrontationen mit der Ebene des Manifesten. Sobald der Geist eine reale Gegebenheit nicht wahrhaben will, trennt er sich von ihr ab, seine Sichtweise wird verschoben und stimmt nicht mehr mit der Wahrheit überein. Dies führt zur Erfahrung von Nichtverstandenwerden, Isolation und Schmerz. Schmerz ist die Unfähigkeit, eine gegebene Realität anzunehmen, in Übereinstimmung mit dem zu leben, was ist, weil der Geist nicht genügend Toleranz und Güte besitzt, einer Realitätsebene ihre Daseinsberechtigung zu gewähren. Sobald Schmerz spürbar wird, fühlt sich der Betreffende gezwungen, zu stärkeren Abwehrmechanismen zu greifen. Verdrängung und Rechtfertigung vermehren seine Schwierigkeiten und führen zu Verhärtung und Depression. Die Fähigkeit zu erleben „es ist“ und sich davon tragen zu lassen, ist ein Zeichen für die beginnende Einigkeit von Seele, Körper und Geist. Sie ist die erste Initiation in einen natürlichen Seinszustand.

Durch einen inneren Rechtfertigungsmechanismus hält der Mensch oft an unsinnigsten Sichtweisen fest und wendet diese wider jede Vernunft immer wieder an, selbst wenn das Leben längst ihre Untauglichkeit bewiesen hat. Auf dem Weg zur Selbsterkenntnis müssen aber falsche Sichtweisen bewußt gemacht und aufgegeben werden. Will der Therapeut seinem Klienten dabei helfen, die Richtigkeit und Gültigkeit alter Anschauungen zu überprüfen, so kann er dies nur mit einer vorurteilsfreien, unvoreingenommenen Haltung tun. Deshalb gilt die zweite Richtlinie „Fälle keine Urteile“ für den Thera-

peuten und den Klienten gleichermaßen. Dem Klienten muß die Möglichkeit gegeben werden, seine in diesem und in früheren Leben gefällten Urteile in Frage zu stellen, ihren Wert neu zu bemessen und durch neue, weniger einengende Sichtweisen zu ersetzen.
Unsere Reaktionen auf Gut und Böse, auf Schön und Häßlich, auf Richtig und Falsch sind gelernte Antworten, die etwas mit dem Werden unserer Persönlichkeit, mit dem Bewußtheitsgrad unserer Seele zu tun haben. Zu starre Urteile sind der Versuch der Seele, unliebsame Realitäten zurückzudrängen. Diese Urteile werden zur unüberwindlichen Mauer, die den Betreffenden gegen die Außenwelt isolieren. Sie sind Ausdruck von Angst vor der Wirklichkeit. Angst aber macht unfrei. Deshalb sind starre Urteile und geistige Freiheit unvereinbar. Eine feste Seele kann allen Dingen Sein gewähren und urteilt nicht generell, sondern spontan je nach Situation und Intuition. Die RT ist ein gutes Medium, um überholten Meinungen und Verhaltensweisen auf die Spur zu kommen.

Eine weitere Behinderung im Leben ist das Bedürfnis zu rationalisieren und zuzuordnen. Diese dritte Richtlinie verlangt nicht, man solle seine Einsicht- und Verständnisfähigkeit mindern oder einschränken. Sie warnt aber davor, auf Dauer an seinem Bedürfnis, die Dinge zuzuordnen, festzuhalten, das aus einer Zeit vor diesem Leben stammt. Unmittelbares Wissen oder Verstehen sind natürlich Eigenschaften der Seele. Der Wunsch zuzuordnen, stellt sich zwischen den Beobachter und das, was sich dem Bewußtsein darbietet und blockiert den Weg. Er ist ein Zeichen für das Bedürfnis, die Kontrolle zu behalten, statt sich von der Realität des höheren Bewußtseins tragen zu lassen. Lösen wir uns vom Bedürfnis, die Kontrolle zu behalten, ähnlich wie wir uns vom Vergleichen und Verurteilen lösen, können wir erfahren, was eine Wirklichkeit ist, und wie viele neue Wirklichkeiten es geben kann, wenn wir es nur zulassen. Wir schieben das Bedürfnis, Kontrolle zu behalten, oft auf den Verstand. Der Verstand selbst ist aber nicht schuld an unserem Bedürfnis zu rationalisieren, sondern unser Unvermögen, alle Dinge vorbehaltlos zuzulassen. Ein zu stark ausgeprägter Verstand ist der Versuch, eine schmerzliche Realität auszuschalten, man klammert sich an die Ratio, nachdem die Emotion von der Realität überwältigt wurde. Deshalb ist ein stark ausgeprägter Verstand kein Hinderungsgrund, sondern eher Aufforderung dazu, eine Therapie zu wählen, die den vernachlässigten Anteilen in der eigenen Persönlichkeit wieder mehr Beachtung schenkt.

Schauen wir uns einmal das System der Be- und Verurteilung an einem Praxisbeispiel an. Die Klientin gibt als Hauptproblem Essen und Gewichtsprobleme an.

(T: Therapeut, P: Patient)

T: Wir werden nun mit der Erfahrung Verbindung aufnehmen, die Ihnen Ihre heutigen Schwierigkeiten verursacht. Irgendwann in den neun Monaten Schwangerschaft, hatte Ihre Mutter Gedanken und Gefühle, die Sie aufgenommen haben. Wir weisen nun Ihr Unterbewußtsein an, mit diesem Zeitpunkt Verbindung aufzunehmen. Sie sind schon dort, Sie sind sich schon bewußt über Mutters Gedanken über Essen und Übergewicht. Nennen Sie mir die ersten Worte, die Ihnen einfallen.

P: Ah, ah! Sie hat Schmerzen.

T: Lassen Sie es zu, lassen Sie sie weinen. Nennen Sie mir die Worte, die die Mutter sagt.

P: Ich mag ihren Körper nicht. Sie ist so dick. Ich hasse ihren Körper.

T: Wer denkt oder sagt das?

P: Die Mutter.

T: Was denkt oder sagt sie?

P: Ich bin so dick, ich hasse meinen Körper.

T: Was sind die nächsten Worte.

P: Nein, nein, nicht!

T: Nennen Sie mir die nächsten Worte, die Ihnen einfallen.

P: Mama, hilf mir.

T: Was fühlt die Mutter jetzt?

P: Sie fühlt sich besser.

T: Wir gehen zurück. Nennen Sie mir den ersten Körperteil, der Ihnen einfällt, in dem die Mutter Schmerzen hat.

P: Der Bauch. Er ist hart.

T: Wenn die Mutter während des Weinens laut sprechen würde, welche Worte würde sie sagen?

P: Hilf mir. (Die nächsten Worte). Nein, ich will das nicht. (Die nächsten Worte). Ich will nicht sterben. Warum hat er das getan?

T: Was meint die Mutter damit, „Warum hat er das getan"?

P: Sie meint meinen Vater. Er hat sie geschwängert. (Die nächsten Worte). Ich kann ihn nicht leiden. Ich sehe die Großmutter, sie ist verächtlich.

T: Hören Sie auf die Stimme Ihrer Großmutter.

P: Sie ist kalt, aggressiv, voller Verachtung.

T: Welche Worte sagt die Großmutter mit einer kalten, aggressiven Stimme?

P: Stell dich nicht so an. (Die nächsten Worte). Nimm dich zusammen. Wenn man sich mit einem Mann einläßt, muß man damit rechnen. Ich sehe meine Mutter weinen. Sie ist allein. Ich seh die Mutter von oben.

T: Nennen Sie mir die Worte, die Sie aus dem Körper heraustreiben.

P: Ich kann es nicht aushalten.

T: Hören Sie nochmal auf die Stimme der Großmutter über das „Sich-mit-Männern-Einlassen".

P: Stell dich nicht so an.

T: Nennen Sie mir die Worte, die Ihre Mutter denkt.

P: Wie kann sie das sagen. (Die nächsten Worte). Ich habe ihn doch geliebt. (Die nächsten Worte). Ich hasse dich.

T: Was sagt die Großmutter also zu Ihnen und Ihrer Mutter über Männer?

P: Ich sehe sie nur im Bett liegen.

T: Nennen Sie mir die ersten Worte, die Ihr Gehör blockieren.

P: Nein, ich kann es nicht aushalten.

T: Was fühlt Ihre Mutter im Körper im Zusammenhang mit „Ich kann es nicht aushalten"?

P: Das Kind will heraus, sie ist hilflos, sie soll pressen und hält zurück. Sie läßt das Kind nicht los.

T: Welche Worte könnte die Mutter sagen, als sie das Kind zurückhält?

P: Es ist doch meins. Es ist das einzige, was ich hab'. (Die nächsten Worte). Ich hasse euch alle.

T: In welchem Körperteil der Mutter zentrieren sich die Worte „Ich hasse euch alle"?

P: Ich sehe, wie der Kopf herauskommt.

T: Nennen Sie mir die ersten Worte, die verursachen, daß Sie aus dem Körper herausgehen und sich beobachten?

P: Was ist das für eine alte Schrulle mit der Schürze um! Was ist das für eine aggressive Situation hier! Die Stimmung ist so aggressiv, die Stimmen sind so laut und kalt!

T: Lokalisieren Sie die lauten Stimmen im Raum, von wo kommen sie, links oder rechts?

P: Eine rechts, die andere halb rechts.

T: Weiblich oder männlich?

P: Weiblich.

T: Was sind die ersten aggressiven Worte, die auftauchen, als Sie geboren werden?

P: Los, los, los. Schnell, schnell! Beeil dich doch. Das Kind ist da.

T: Als Sie die aggressiven Stimmen hören, welches körperliche Gefühl verbinden Sie damit?

P: Ich friere, habe Angst.

T: Wir gehen zurück. Kommen Sie mit dem Kopf zuerst heraus?

P: Ich glaub schon.

T: Welches Gefühl haben Sie in den Schultern und im Kopf, als der Kopf herauskommt?

P: Erleichterung.

T: Was fällt Ihnen als nächstes auf?

P: Froh, daß es vorüber ist.

T: Gehen Sie nochmals zum Zeitpunkt zurück, als Sie die Gebärmutter verlassen.

P: Es ist ein Kampf.

T: Welcher Körperteil wird davon betroffen?

P: Der Kopf, es ist ein Druck im Kopf, als ob man kämpfen muß.

T: Welche Worte verbinden sich hiermit?

P: Eine hektische Atmosphäre. (Welche Worte?) Schnell, los, los, beeil dich! (Nächste Worte). Das Kind erstickt! Beeil dich!

T: Was fühlen Sie im Körper?

P: Krieg nicht genug Luft. Ich hab Angst.

T: Wenn jemand in dem Raum Ihnen Worte der Angst vermittelt, wer ist es?

P: Die Großmutter.

T: Welches sind die ersten Worte, die sie sagt?

P: Ist ja bloß ein Mädchen. (Die nächsten Worte). Mehr hast du ja auch nicht zustande gebracht.

T: Was macht sie jetzt mit Ihnen?

P: Sie bringt mich weg.

T: Sagen Sie mir alle Worte und unausgesprochenen Dinge, die sie Ihnen übermittelt hat.

P: Sie sagt schöne Worte, aber in Wirklichkeit verachtet sie mich. Falschheit.

T: Wie fühlt es sich an, noch nicht atmen zu können?

P: Schrecklich.

T: Welche Worte würden Sie zu Leuten sagen, um auszudrükken, daß Sie noch nicht atmen können?

P: Helft mir doch. Los, zieht mich hier raus. Ich krieg keine Luft! (Die nächsten Worte). Gott sei Dank, jetzt bin ich draußen.

T: Wenn jemand außer Ihnen diese Worte sagen würde, wer könnte es sein?

P: Die Hebamme.

T: Achten Sie auf die Worte der Hebamme.
P: Sie spricht ruhig, „Ist ja gut". Die Kälte stammt von meiner Großmutter. Meine Mutter weint.

Ich brauche mir nur zu überlegen, was passiert wäre, wenn ich die Klientin in dem Glauben gelassen hätte, sie hätte den Körper der Mutter gehaßt. Ein Baby kann unmöglich irgendetwas hassen, es kennt die Vorstellung Haß überhaupt nicht, es hat nichts, mit dem es hassen könnte. Wir hätten nur ihr Problem verstärkt. Man macht das so lange, bis die Trennung stattfindet. Sie konnte danach ihren eigenen Körper akzeptieren. Als die Klientin mit ihrem eigenen Kind schwanger wurde, wurde der ganze Haß aktiviert. Ihre Mutter hat sich nicht verändert, aber die Haltung der Mutter gegenüber hat sich verändert. Nach dieser Sitzung fragte ich die Patientin, wie sie sich fühle. „Ich sehe die Verbindung Hektik und Aggression, laute Stimmen, was ich heute nicht ertragen kann. Was das Essen anbelangt, muß da noch etwas anderes sein. Ich fühle mich wohl, stark, wenn ich gegessen habe, fühle mich autonom. Als mir klar wurde, daß im zweiten Monat die Gedanken der Mutter gegen ihren eigenen Körper und nicht gegen mich gerichtet waren, wurde mir unheimlich warm, hatte ein gutes Körpergefühl, ohne Kampf. Ich hatte immer das Gefühl, gegen alles ankämpfen zu müssen."
Essen ist möglicherweise eine Kompensation für die Zeit von der Geburt bis zum ersten Gefüttertwerden. „Wenn ich esse, fühle ich mich nicht allein, verlassen, hilflos."
Da sie mir im Erstgespräch gesagt hatte, daß die aggressive Stimme ihres Mannes sie zum Essen verleite, wußte ich, daß wir eine aggressive Stimme in der pränatalen Zeit oder Geburt suchen müßten. Wenn die aggressive Stimme Teil des Problems ist, findet man sie auch in früheren Leben.

Ein weiteres Praxisbeispiel, bei dem Verurteilung und Bewertung eine wesentliche Rolle spielen. Der Klient, der schon in früheren Rebirthing-Sitzungen Teilerinnerungen aufgearbeitet hat und an diese anknüpfen kann, sagt bei der einleitenden Befragung nach seinen Problemen:

„Ich habe ein dramatisches Leben gehabt. Meine Mutter wollte mich töten, als ich drei Monate alt war, indem sie mir ein Kissen aufs Gesicht drückte. Es gelang ihr jedoch nicht. Ich habe immer die Mutter angeklagt, bis ich gemerkt habe, daß ich sie provozierte. Ich habe drei Monate lang geheult, bis ihr die Sicherung durchbrannte. Heute möchte ich wissen, woher dieses „Ich kann nicht trauen, werde nie trauen" kommt. Ich habe im Leben gelernt zu trauen, habe aber den Eindruck, daß in einem früheren Leben ein Vertrauter mich verraten hat. Meine Mutter hatte mehrere Fehlgeburten vor mir."

T: Konzentrieren Sie sich auf die Gefühle, die Sie mit Vertrauen verbinden. Bitten Sie Ihr Unterbewußtsein, in der Vorgeburt den traumatischsten Moment zu finden. Sie haben ihn schon gefunden. Nennen Sie mir die ersten Worte, die Ihnen einfallen.

P: Ich will dieses Kind loswerden. Darf ich das? Mir wär's am liebsten. Was soll ich nur machen. Ich wünschte, jemand würde mir helfen.

T: Lassen Sie Ihr Unterbewußtsein zum Moment vor der Zeugung gehen, bei der gleichen Mutter, als diese Worte aktiviert wurden.

P: Mein Gott, ich krieg ein Kind. Ich hab' Angst, hab' kein Geld. (Fehlgeburt). Ich bin froh, wenn's vorbei ist, hoffe, es ist bald vorbei.

T: Nennen Sie mir die körperliche Haltung, in der sich Mutter befindet, als die Fehlgeburt passiert.

P: Sie sitzt. In der Arztpraxis auf einem Frauenstuhl.

T: Ist sie allein?

P: Der Arzt ist da.

T: Welche Worte hören Sie?

P: Es ist fertig.

T: Was fühlen Sie in der Gebärmutter?

P: Nichts.

T: Gehen Sie zum Zeitpunkt zurück, als Sie etwas fühlten. Nennen Sie mir die erste Handlung, die der Arzt macht, um die Schwangerschaft zu beenden.

P: Jemand berührt mich, zieht mich heraus.

T: Welcher Körperteil wäre betroffen, wenn Sie schon einen ausgebildeten Körper hätten?

P: Der Kopf.

T: Was denkt die Mutter dabei?

P: Gott sei Dank, daß es vorbei ist. Jetzt bin ich glücklich. Ich werde das nie wieder tun.

T: Nennen Sie die ersten Worte, die die Mutter denkt, als der Arzt den Eingriff beginnt.

P: Mein Gott, hoffentlich findet er's.

T: Welche Worte denkt sie bei Ihrem Tod?

P: Ich bin froh, daß es vorbei ist. Nie wieder will ich schwanger werden.

T: Wenn Sie der Mutter hier ein Versprechen gegeben hätten, wie würde es lauten?

P: Ich komme wieder, ich versprech es dir, du wirst meine Mutter.

T: Gehen Sie nochmals die Gedanken der Mutter durch.

P: Das Kind bedroht mein Leben. Lieber soll das Kind sterben und ich lebe. Jemand berührt mich. Ich kann niemandem trauen. Sie sind gegen mich! Hier war der Ort, auf den ich einen Anspruch hatte. Ich habe meine Mutter zwanzigmal in Gedanken getötet. Laßt mich in Ruhe! Ihr habt kein Recht, das mit mir zu tun! Wenn ich könnte, würde ich gegen euch kämpfen!

T: Welches Gefühl haben Sie, als der Arzt Ihren Kopf zieht?

P: Ich bin hilflos, es deprimiert mich, hilflos zu sein. Ich werde es euch heimzahlen.

T: Welche Worte würden Sie beim Tod zu Ihrer Mutter sagen?

P: Du hast keine Ahnung, was du da machst, du bist dumm. Wenn ich nur Zeit hätte, dir das klarzumachen.

T: Gehen Sie nochmals durch.

P: Jemand erdolcht mich! Mein Gott!

T: Fühlen Sie, wie der Dolch durch Sie hindurchgeht?

P: Er geht durch meine Brust. (Die nächsten Worte) Du? Ich kann es nicht glauben, du? Der Dolch geht durch mich durch. Ich bin so überrascht, daß ich mich nicht bewegen kann.

T: Gehen Sie etwas zurück. Was taten Sie, bevor Sie erstochen wurden?

P: Es sind viele Leute da, für die ich verantwortlich bin. Ich habe viel verlangt. Ich habe eine rote Robe an.

T: Was haben Sie von ihnen verlangt?

P: Ich wollte, daß sie mir treu sind.

T: Welche Worte haben Sie gesagt, bevor Sie angegriffen wurden?

P: Ich will, daß ihr mir folgt.

T: Welche Worte sagt die Person mit dem Dolch?

P: Ich nicht.

T: Was sagen Sie zu ihm?

P: Nein, nicht du! Du weißt nicht, was du machst! Du machst einen Fehler. Ich werde das nie vergessen.

T: Achten Sie auf das Versprechen, das Sie hier geben.

P: Ich werde das mitnehmen. Es wird mir nie wieder geschehen. Ich kann nicht trauen. Ich falle nach hinten.

T: Schmerzen?

P: Nein.

T: Worte?

P: Nein.

T: Welche Worte sagt oder denkt der, der Sie erstochen hat?

P: Ich habs gemacht. Es ist ein Mißverständnis! Mir fällt ein Wort von Steiner ein: Unfähigkeit zu reformieren ist das Schlimmste. Ich hasse, wenn jemand etwas tut, ohne sich über die Folgen klar zu sein.

T: Mit welchen Worten sind Sie gestorben?

P: Ich komme wieder. Ich hasse Fehler. Deshalb wollte ich immer perfekt sein.

T: Wie verbindet sich das frühere Leben mit der Geburt?

P: Ich dachte, diesmal klappt es. Ich schaff es. (Atmet tief).

T: Wenn jemand schwer atmet, wer ist es?

P: Mutter.

T: Was denkt sie?

P: Ich will, daß es bald vorbei ist. Ich muß weiteratmen! Das sage ich den Leuten immer! Bei der Geburt wurde die Nabelschnur durchschnitten, ich wollte das nicht. Fühlte, es war Verrat.

Falsche, zu schnell gefällte Urteile binden unsere Aufmerksamkeit und verhindern rationales Denken. Ein einmal gefälltes Urteil löst sich erst wieder auf, wenn die Person den Grund für das Urteil findet und es in eine rationale, offene Sichtweise umwandelt. Im ersten Praxisbeispiel hatte die Klientin im Mutterleib die Ablehnung der Mutter dem eigenen Körper gegenüber fälschlicherweise als die eigene Ablehnung der Mutter gegenüber angenommen.
Das zweite Beispiel ist gespickt von Wertungen, Urteilen, Verurteilungen, Entscheidungen, Vollstreckungen. Da heißt es: „Ich bin froh, daß es vorbei ist, nie wieder will ich schwanger werden". Hierin steckt eine Wertung, daraus resultierend eine Entscheidung, was schließlich besagt, Schwangerschaft bereitet Schmerzen, sie schadet mir, ich lasse sie nicht mehr zu. Eine solche Entscheidung kann dazu führen, daß dieser Mensch in einem späteren Leben kinderlos bleibt, obwohl der dringende Wunsch nach einem Kind da ist. Auch die inkarnierende Seele fällte eine Entscheidung: „Du wirst meine Mutter". Hier treffen zwei entgegengesetzte Entscheidungen aufeinander, die einen Grundstock für die äußerst konfliktbeladene Beziehung zwischen Mutter und Kind bildet. Die Mutter denkt: „Das Kind soll sterben, und ich lebe". Dies kann später zu einem Verlust des Kindes durch Tod führen. Der Klient sagt: „Ich habe meine Mutter zwanzigmal in Gedanken getötet". Dies ist eine Vollstreckung. „Ich darf nicht trauen" ist eine Wertung. Ich möchte hier die Wichtigkeit von Entscheidungen,

Wertungen, Be- und Verurteilungen betonen, die im Geist geschehen, denn sie haben die Tendenz, sich in irgendeiner Weise zu materialisieren. Es ist nicht das Schicksal, wie man allgemein annimmt, das unser Leben schwer macht. Es sind vor allem die eigenen gefällten Entscheidungen, denn daraus geschieht dann das, was wir Schicksal nennen. Will man also sein Schicksal verstehen und verändern, muß man zuerst die eigenen Entscheidungen finden, denen das Schicksal gehorcht.
In Rudolf Steiners Buch „Theosophie", im letzten Kapitel, das den Titel „Der Pfad der Erkenntnis" trägt, stehen grundlegende Worte über die Konsequenzen des Urteils: „Schon in dem Gesagten liegt eine erste Eigenschaft angedeutet, die derjenige in sich ausbilden muß, der zu eigener Anschauung höherer Tatsachen kommen will. Es ist die rückhaltlose unbefangene Hingabe an dasjenige, was das Menschenleben oder auch die außermenschliche Welt offenbaren. Der Lernende muß in jedem Augenblick sich zu einem leeren Gefäß machen können, in das die fremde Welt einfließt. Nur diejenigen Augenblicke sind solche der Erkenntnis, wo jedes Urteil, jede Kritik schweigen, die von uns ausgehen. Will einer den höheren Pfad der Erkenntnis betreten, so muß er sich darin üben, sich selbst mit allen seinen Vorurteilen in jedem Augenblicke auslöschen zu können. Solange er sich auslöscht, fließt das andere in ihn ein.
Dieses unbefangene Hingeben hat mit einem blinden Glauben überhaupt nichts zu tun. Es kommt nicht darauf an, daß man blind an etwas glaubt, sondern darauf, daß man nicht das „Blinde Urteil" an Stelle des lebendigen Eindruckes setzt."

Zu allen Zeiten sahen sich die großen Lehrer der Wahrheit einer gewaltigen Anforderung gegenübergestellt: Wie kann der menschliche Geist die Wahrheit erfahren, die ihn befreit? Flüchtig betrachtet könnte man meinen, dies sei nur eine Frage der Zeit, und durch seine vielfältigen Erfahrungen würde der Mensch sich doch wie selbstverständlich weiterentwickeln. Bei näherer Betrachtung aber erweist es sich, daß viele Menschen trotz aller Bemühungen nicht weiterkommen. Sie haben Ärzte, Psychotherapeuten und spirituelle Lehrer aufgesucht in der Hoffnung, von dort Hilfe zu bekommen. Aber wirkliche Hilfe bekommen wir erst, wenn wir uns entschließen, selbst etwas zu unserer inneren Befreiung zu tun. Wenn einer sich weiterentwickeln will und die RT z.B. als seinen Weg wählt, sollte er einige Voraussetzungen mitbringen: Er sollte den aufrichtigen Wunsch nach Veränderung haben. Ein weiterer Grundsatz ist, er sollte der RT zunächst einmal vertrauen. Mit Kritik und Zweifel behindert er nur sich selbst. Der dritte Punkt ist Ehrlichkeit sich selbst gegenüber. Diese Ehrlichkeit bedingt eine Offenheit für neue Erkenntnisse über sich selbst. Weiterentwicklung heißt auch, sich von falschen Selbsteinschätzungen zu lösen, und ohne eine gewisse Desillusionierung und dem Loslassen alter Werte können neue Einsichten sich nicht einstellen. Man muß ihnen erst Platz machen. Der letzte Punkt ist Ausdauer und Beharrlichkeit. Keine Therapie kann in einer Woche oder in einem Monat alle Probleme lösen, die ein ganzes Leben lang bestanden haben. Auch für den Reinkarnationstherapeuten bedeutet die Arbeit Einfühlungsvermögen und kriminalistische Kleinarbeit.

Sehen wir uns die Punkte etwas genauer an.
Da wäre zunächst der Wunsch nach Veränderung. Wirkliche Veränderung tritt erst ein, wenn sich inneres Denken und Wollen verändert haben. Es ist ein Irrtum zu glauben, die Umwelt müsse sich zuerst verändern, damit man selbst glücklich sein könne. „Wenn nur andere Menschen nicht so hart und egoistisch wären, dann müßte ich nicht so leiden", „Wenn mein Mann verständnisvoller wäre, würden wir viel besser miteinander auskommen", „Wenn doch mein Chef nicht immer so unfreundlich wäre, dann bräuchte ich nicht Angst zu haben, ich hätte etwas falsch gemacht", sind einige Beispiele von Erwartungshaltungen an die Umwelt. Die RT geht davon aus, daß alles, was uns begegnet, ein Spiegel unserer selbst ist oder eine Herausforderung, uns mit etwas auseinanderzusetzen. So kann

eine ehrliche Auseinandersetzung mit dem eigenen Schicksal nur so lauten: Was in mir ist noch nicht reif, noch nicht durchlässig genug, daß das Leben mich ständig mit diesem Problem konfrontiert? Was tue ich in meinem Leben, um mir dieses Schicksal anzuziehen und was soll ich daraus lernen?

Diese Fragen lassen sich meist nur mit unseren früheren Leben beantworten. Damit eine Veränderung in unser Leben treten kann, müssen wir diese auch mit all ihren Konsequenzen annehmen können und bereit sein, unser Leben neu zu gestalten.

Dazu kann gehören, manche eingefahrenen Gewohnheiten und Aktivitäten aufzugeben, wenn diese nicht mehr nützlich sind, um neuen Aktivitäten und Weltanschauungen Platz zu machen. Dazu bedarf es etwas Mut – und echten Mut beweist man durch Aufrichtigkeit gegen sich selbst. Ein mutiger Mensch nimmt es in Kauf, von der Umwelt belächelt, kritisiert oder abgelehnt zu werden, wenn er nur vor sich selbst bestehen kann. Es gibt keinen größeren Wert für einen Menschen als Aufrichtigkeit sich selbst gegenüber. Mit dieser Eigenschaft läßt sich jede Schwierigkeit im Leben überwinden. Ein Mensch, der sich selbst gegenüber nicht aufrichtig ist, neigt auch dazu, anderen zu mißtrauen. Auf diese Weise lenkt er von seiner eigenen Unsicherheit ab und projiziert negative Eigenschaften in die Umwelt. Probleme lassen sich auf dieser Basis nicht lösen, da der Betreffende die Ursache in der Außenwelt, statt in sich selbst sucht.

DIE PRAKTISCHE ANWENDUNG DER REINKARNATIONSTHERAPIE

Christian Morgenstern schreibt in seinen „Stufen": „Jede Krankheit hat ihren besonderen Sinn, denn jede Krankheit ist eine Reinigung; man muß nur herausbekommen, wovon. Es gibt darüber sichere Aufschlüsse; aber die Menschen ziehen es vor, über Hunderte und Tausende fremder Angelegenheiten zu lesen und zu denken, statt über ihre eigenen. Sie wollen die tiefen Hieroglyphen ihrer Krankheit nicht lesen lernen und interessieren sich mehr für das Spielzeug des Lebens als für seinen Ernst. Hierin liegt die wahre Unheilbarkeit ihrer Krankheiten, im Mangel an und im Widerwillen gegen Erkenntnis, hierin, nicht in Bakterien".

Wenn von Reinigung die Rede ist, bedeutet das, nicht nur Fehlerhaftes muß überwunden werden, sondern auch Altes, Veraltetes bis zurück in ein früheres Leben. Es muß wie eine veraltete Haut abgestreift werden. So gesehen kann Krankheit einer Häutung der Seele dienen.

Selbstfindung, Selbstverwirklichung ist eines der zentralen Themen der Psychologen, Pädagogen, der Soziologen. Daß es für den Menschen schwierig ist, sich selbst zu finden, darin stimmen alle überein. Was ist es aber, das diesen Prozeß so sehr erschwert? Darüber gehen die Meinungen auseinander. Sind es mehr äußere oder mehr innere Hindernisse? Soziologen und auch oft Pädagogen suchen die wesentlichen Störungsfaktoren vornehmlich in den äußeren Bedingungen gesellschaftlicher, beruflicher, familiärer Art. Aber ist nicht der Mensch sich selbst das größte Hindernis in diesem Lebensprozeß? Wie können die Kräfte der Selbstverwirklichung sich entbinden, wo einer wähnt, längst „fertig" zu sein? Wie kann sich der finden, der sich nicht sucht? Es gibt Menschen, die werden siebzig und achtzig Jahre alt, ohne daß ihnen jemals im Leben die Frage gekommen wäre: Wer bin ich eigentlich? Sie scheinen ohne alle Probleme, ganz naiv, in ihrem Ich zuhause zu sein, ohne daß je dieses Gefühl der Identität mit sich selbst erschüttert worden wäre.

Es kommt einem ja auch absurd vor, wenn da jemand – wie aus einem Traum erwachend – nicht mehr zu wissen scheint, wer er ist. Wir sind der Mensch, den wir heute leben. Aber wir sind auch jener Mensch, der wir einmal waren. Und diese Ich-Identifikation aus einem früheren Leben kann das gegenwärtige Leben gewaltig stören. So ist es einfach wichtig, gegenwärtige Gedanken und Emotionen von denen eines vergangenen Lebens unterscheiden zu lernen.

Das ist auch der Grund, warum wir, bevor wir in Reinkarnationserlebnisse einsteigen, erst einmal die Schwierigkeiten und Traumata des gegenwärtigen Lebens aufarbeiten. Aufgearbeitet werden müssen zum Beispiel schwere Operationen, Kriegserlebnisse, lebensgefährliche Situationen, Schockerlebnisse und ähnliches. Mit Rückführungstechniken werden derartige Erlebnisse durchgearbeitet. Etwa so: Wir gehen jetzt zum Beginn Ihrer Operation zurück. Sie sind schon da: Nennen Sie mir Ihre ersten Eindrücke. Wo sind Sie? Was sehen Sie? Was empfinden Sie? Was geschieht mit Ihnen, nachdem die Narkose eingeleitet wurde? Was macht der Arzt, was wird gesprochen? Nennen Sie wortwörtlich den Dialog. Wenn Ihr Bewußtsein nicht durch Narkose betäubt wäre, welche Schmerzen würde der Körper in diesem Moment spüren?

Jedes Trauma wird gründlich bearbeitet, bis alle Suggestivwirkungen der während der Operation gesprochenen Worte aufgehoben und alle Inhalte bekannt sind. Sind alle Schwierigkeiten des realen Lebens durchgearbeitet, gehen wir in die sogenannte pränatale Phase, um hier alle störenden Gegebenheiten der Schwangerschaft zu bearbeiten. Ich sage dann: „Wir nehmen jetzt Verbindung auf mit den neun Monaten der Schwangerschaft. Ihr Unterbewußtsein hat alles aufgezeichnet. Nennen Sie einen Schwangerschaftsmonat von eins bis neun. In diesem Monat beschäftigte die Mutter ein Problem. Nennen Sie die ersten Worte, die Ihnen einfallen. Was fühlt, was denkt die Mutter in diesem Moment? Welches Problem taucht auf während der Schwangerschaft für die Mutter, für den Vater? Bei Streitgesprächen schalten wir uns ein in den Dialog: „Hören Sie auf die Worte der Mutter. Was sagt sie, wie klingt ihre Stimme? Was sagt die andere Person? Wer ist die andere Person? Wie denkt die Mutter über die Schwangerschaft im ersten Moment? Was sagt der Vater dazu?"

Entscheidende emotional gefärbte Situationen der Schwangerschaft werden besprochen. „Wir gehen jetzt in die Geburt. Wie fühlen Sie sich? In welcher Körperhaltung befinden Sie sich? Während die Geburt beginnt, was spüren Sie am Körper? Welche Veränderungen treten ein? Wie reagieren Sie darauf? Was spüren Sie, während Sie in den Geburtskanal eintreten? Lassen Sie alle Körpergefühle zu, beschreiben Sie sie. Hören Sie auf die Worte draußen, was wird gesprochen? Was macht die Mutter, was sagt sie? Was sagt der Arzt, die Hebamme? Wie fühlen Sie sich, nachdem die Geburt beendet ist und Sie draußen sind? Was geschieht weiter?"

„Wir nehmen jetzt Verbindung auf mit einem früheren Leben, das Ihr heutiges Problem verursacht. Ihr Unterbewußtsein kennt dieses Leben, kennt die Wurzel zu Ihren heutigen Problemen. Nennen Sie die ersten Worte, die Ihnen einfallen."

Wenn Leute sagen, „Ich fühle nichts, ich fühle meinen Körper nicht", bedeutet dies dasselbe wie „Ich höre/sehe nichts". „Was ist Ihnen geschehen, das Ihr Gefühl blockiert? Sind Sie gelähmt, ist Ihr Rückgrat gebrochen? Wurde Ihnen ein Medikament gegeben? Was ist geschehen, um Ihr Körpergefühl zu blockieren?" Auch wenn das Körpergefühl blockiert ist, können Sie während der Therapie an diese Gefühle herankommen. Die größte Blockade ist „Ich weiß nicht".

„Ich weiß nicht" ist eine unvollständige Äußerung, ich nehme sie nicht ab. Wenn ein Patient „Ich weiß nicht" sagt, nehme ich an, daß er schon im Geschehnis drin ist und „Ich weiß nicht" schon Teil seiner Antwort ist. Wenn „Ich weiß nicht" aus der pränatalen Phase kommt, sage ich: „Nennen Sie mir die restlichen Worte des Satzes, was weiß die Mutter nicht? Hören Sie nicht auf bei „Ich weiß nicht". „Ich weiß nicht, ich weiß nicht". . . " „Die ersten Worte, die Ihnen einfallen. . .". „Ich weiß nicht, was ich mein ganzes Leben mit diesem Mann anfangen soll . . .!"

Es gibt noch eine andere Möglichkeit: „Wenn Sie es wüßten, was glauben Sie, wäre es?" Das durchbricht die Abwehr.

Es gibt Leute, die zuerst denken und Leute, die zuerst fühlen. Als Therapeut findet man dies sehr schnell heraus. Man kann nicht jemandem sagen, er soll das Bild zuerst fühlen, wenn er es zuerst sehen muß. Das funktioniert nicht. Nach einmaligem Durcherleben eines Geschehens schickt man den Patienten nochmals durch dasselbe Erlebnis, bis das Trauma verschwunden ist, und er leicht durchgehen kann. Nachdem er das zweite Mal durch ist, frage ich: „Verbindet Sie noch etwas körperlich oder emotional mit dem Trauma?" Wenn es hier noch etwas gibt, wird er es mir sagen. Ich brauche nicht zu entscheiden, ob das Erlebnis nun abgeschlossen ist, ich muß nur in der Lage sein, den Klienten zu fragen. Wir sind nicht allwissend, und wir stecken nicht in der Haut eines anderen. Die Grundregel lautet:
Ich nehme, was immer der Patient mir anbietet und arbeite es durch, bis es kein Problem mehr darstellt. Der Klient wird mir genau das mitteilen, was ich wissen muß.

Mit dieser Methode findet das Unterbewußtsein das intensivste Trauma, das bearbeitet werden soll. Wenn man dieses Geschehen durcharbeitet, ist die ganze Serie ähnlicher Erfahrungen abgeklärt. Wenn sich das Geschehen nicht löst, geht man weiter zurück, aber es ist kein automatisches Verfahren. Man bittet das Unterbewußtsein, die Erfahrung herauszusuchen, die das Problem löst.
Die Erlebnisse in früheren Leben sind nicht wichtiger oder intensiver als die Erlebnisse in diesem Leben. Sollten Sie irgendwelche Mythen oder Illusionen diesbezüglich haben, trennen Sie sich von ihnen. Die mysteriöse Aura um frühere Leben

kommt von dem Versuch, die früheren Leben zu beweisen, was wir nicht tun. Wir gehen davon aus, daß frühere Leben eine Realität darstellen.
Ein Teil des Bewußtseins weiß immer, was geschieht, sogar unter Hypnose, der „ewige Zeuge". Man kann den Patienten fragen:„Ein Teil von Ihnen weiß, was geschieht. Nennen Sie mir das erste, das Ihnen einfällt". Dies ist vor allem nützlich, wenn der Patient verwirrt ist. Verwirrung ist der letzte Schutzwall, der Schmerz verbirgt. Der Therapeut sollte sich von Verwirrung nicht aus der Ruhe bringen lassen, sie wird genauso behandelt wie alles andere. Wenn jemand sagt: „Ich bin so verwirrt, ich weiß einfach nicht . . .", sage ich: „Gut, es gibt einen Grund, warum Sie verwirrt sind. Nennen Sie mir die ersten Worte, die Ihnen einfallen, die Ihre Verwirrung verursachen."

Kommt ein Patient mit einem gefährlichen Leiden wie Herzanfälle in die Praxis, sollte man nicht sofort mit dem Thema „Herzanfälle" beginnen, er könnte sonst einen Anfall während der Therapie bekommen. Ich frage nach den Belastungen im Leben als die Herzanfälle anfingen und arbeite diese durch. Irgendwann taucht die Antwort für seine Krankheit auf, aber auf eine Weise, die der Patient selbst akzeptieren und trotzdem überleben kann. Herzanfälle sind nur die Symptome eines Problems, die Belastung löst den Anfall aus. Verfolgen wir dies zurück in frühere Leben, so finden wir dort evtl. einen Speer im Herzen in einer hektischen Situation. Gehen wir in primitivere Zeiten zurück, werden die Ursachen für die Schmerzen auch primitiv sein, ein Speer oder ein Felsen können die Ursache sein.

Dem Patienten wird nicht erlaubt, über seine Erlebnisse zu diskutieren oder sich nur zu erinnern, sondern er muß sie wiedererleben. Wenn er ausweicht, bringe ich ihn zurück.
Die Stimme des Therapeuten muß bestimmt sein, und er sollte in der Gegenwartsform sprechen: „Wo befinden Sie sich, als

das Telefon läutet, das Ihnen die Unfallnachricht Ihrer Tochter bringt? Mit welcher Hand nehmen Sie den Hörer ab? Was sagt der Anrufer? Was ist Ihre erste Reaktion, als Sie die Worte hören? Was denken Sie, was sagen Sie?"

Traumata aus diesem Leben müssen zuerst bearbeitet werden, bevor man diejenigen in früheren Leben angeht. Ich hatte einen Klienten, der ein Alkoholproblem hatte, unter zu starker Mutterbindung litt und mit seiner Frau Eheprobleme hatte. Er mußte sich im Alter von 4 Jahren einer Ohroperation unterziehen. Ich entschloß mich, diese Operation durchzuarbeiten, da im Alter von drei bis sechs Jahren die meisten Entschlüsse für dieses Leben gefaßt werden. Jedes Wort, das der Arzt oder die Schwester während der Narkose sagt, wird Teil dessen, was den Klienten später motiviert.

P: Ich habe mich allein gefühlt nach der Operation. Die Mutter konnte nur alle zwei Tage kommen.

T: Hat man Sie auf die Operation vorbereitet?

P: Nein.

T: Gehen Sie davon aus, daß Sie alles wissen. Was passiert ist, was gesprochen wurde, jede äußere Handlung, die während der Operation stattfindet. Ihr Unterbewußtsein weiß es – wir gehen nun in diesen Lebensabschnitt.
Sie sind 4 Jahre alt. Sagen Sie mir das erste, was Ihnen einfällt, das uns nun mit der Ohroperation verbinden wird. Nennen Sie mir den ersten Ort, der Ihnen einfällt, an dem Sie sich in dem Krankenhaus befinden.

P: Mein Ohr tut weh.

T: Konzentrieren Sie sich auf die Ohrschmerzen. Hören Sie irgendwelche Worte von Leuten um Sie herum? Die ersten Worte, die Ihnen einfallen.

P: Ich höre nichts.

T: Wenn jemand da wäre, der sagt, daß Sie nichts hören können, nennen Sie mir die ersten Worte, die Ihnen einfallen, die diese Person benutzt.

P: Wir müssen uns beeilen. Wir müssen die Operation heute durchführen. Bereiten Sie die Operation vor.
Bringen Sie ihn ins Operationszimmer. Es fühlt sich an, als ob mein Kopf zerspringt.

T: Was passiert äußerlich mit Ihnen? Führt man Sie? Was ist das erste, was Ihnen passiert?
Wurde Ihnen schon die Narkosespritze gegeben? Ja oder Nein?

P: Ja.

T: Nennen Sie mir die ersten Worte, die gesagt werden, als man Ihnen die Spritze gibt.

P: Es tut überhaupt nicht weh. Ganz ruhig, ich bin bei dir.

T: Was fühlen Sie in den Händen und Füßen?

P: Kälte.

T: Was macht man mit Ihnen, nachdem Sie die Spritze bekommen haben?

P: Ich weiß nicht, was sie mit mir tun werden.

T: Wenn Sie sie fragen könnten, was würden Sie fragen?

P: Was machen Sie mit mir? Wird es mir wehtun? Ich möchte zu meiner Mutter. Laßt meine Mutter herkommen, sie soll bei mir sein. Helft mir. Ich fühle mich so hilflos. Ich kann mein Ohr nicht spüren.

T: Sind Sie noch im Bett oder auf dem Operationstisch?

P: Op-Tisch. Jetzt bekomme ich die Gasmaske.

T: Als Sie merken, wie etwas Ihre Nase bedeckt, was sind die ersten Worte, die Sie gerne diesen Leuten sagen würden?

P: Nehmt es weg! Wo ist meine Mutter?

T: Was fühlen Sie, als Sie atmen?

P: Müdigkeit.

T: Nennen Sie mir die Worte, die die Leute sagen, die mit Ihrer Müdigkeit etwas zu tun haben.

P: Kannst du zählen? 1, 2, 3, 4, 5, 6 . . .

T: Was geschieht mit Ihrem Körper, als Sie bei 6 angelangt sind? Welchen Effekt hat das Zählen auf Sie?

P: Ich werde bewußtlos.

T: Wenn jemand Worte sagen würde, die sich darauf beziehen, daß Sie nicht hören, was würde derjenige sagen? Die Leute im OP unterhalten sich ja weiter. Wenn jemand sprechen würde, wo würde diese Person stehen, am Kopf, an den Füßen, rechts oder links?

P: Am Kopf.

T: Eine männliche oder weibliche Stimme?

P: Eine weibliche.

T: Nennen Sie mir die ersten Worte, die diese weibliche Stimme sagt. Wenn sie sagt: „Er schläft, er ist bewußtlos, er kann nichts hören", gehorchen Sie nicht ihren Worten, sagen Sie die Worte laut.

(Pause)

In welcher Körperposition befinden Sie sich?

P: Ich liege.

T: Was passiert mit Ihrem rechten Ohr?

P: Da ist ein schreckliches Geräusch. Ich kann mir nicht vorstellen, was es ist.

T: Diese Worte sind nicht Ihre Worte. Wer sagt diese Worte? Ein Mann oder eine Frau.

P: Ein Mann, der Arzt.

T: Worüber spricht er, was macht er, während er diese Worte sagt?

P: Er schneidet den Knochen auf. ‚Es war höchste Zeit. Morgen wäre es zu spät gewesen. So übersteht er's. Er wird schlecht hören.'

T: Sie brauchen nicht an diesen Worten festzuhalten. Lösen Sie sich von diesen Worten.

P: Ich bin so müde.

T: Wer sagt das?

P: Der Arzt.

T: Lösen Sie sich von diesen Worten.

P: Sagen Sie der Mutter, das Kind ist wohlauf. Rufen Sie mich, wenn was ist.

T: Was passiert nun mit Ihnen?

P: Ich bin wieder im Zimmer.

T: Wird irgendetwas gesprochen?
P: Ich habe auch so einen Sohn. Ich werde auf ihn aufpassen.
T: Erhalten Sie eine Nachricht von dieser Frau?
P: Sie paßt nur auf mich auf.
T: Als Sie aufwachen, wird um Sie herum etwas gesprochen?
P: Ich möchte zu meiner Mutter, wo ist meine Mutter, ich möchte nach Hause. Vielleicht sterbe ich. Ich kann ohne meine Mutter nicht leben. Ich verstehe nicht, warum sie nicht bei mir ist. Es ist, als ob mir mein Ohr abgeschnitten wäre. Gebt mir mein Ohr zurück!
T: Machen Sie sich nochmals ganz bewußt, daß Ihre Mutter nicht da ist. Wenn Sie ihr in diesem Moment etwas versprechen würden, wenn sie nur bei Ihnen wäre und Sie nicht an dem Ort allein lassen würde, an dem Sie vielleicht sterben, was würden Sie versprechen?
P: Ich werde dich heiraten.
T: Was passiert, als Sie die Mutter nach der Operation wieder gesehen haben?
P: Die Mutter hat geweint.

Nachbesprechung:
T: Jetzt, da Sie erwachsen sind, was müssen Sie also tun, nachdem Sie der Mutter das Versprechen gegeben haben? Es wurde Ihnen ein Mittel gegeben, um Ihr Bewußtsein zu trüben. Heute sind Sie verheiratet. Als Sie mit 4 Jahren eine Frau brauchten, war sie nicht da. Heute brauchen Sie ein Mittel, um Ihre Ängste zu unterdrücken, den Alkohol. So wie Ihnen damals etwas gegeben wurde, um Ihr Bewußtsein zu trüben, bedeutet Alkohol heute für Sie „Bewußtloswerden", eine Möglichkeit, sich den Aggressionen gegen die Frau und dem damit verbundenen Streß zu entziehen.

Sätze mit Suggestionswirkung, die z.B. während Operationen oder während der Geburt gesprochen werden, wie „Du kannst dich nicht erinnern" speichern im Unterbewußtsein den Konflikt ein, n i c h t etwas tun zu dürfen oder sollen, was aber schon passiert ist. Das „Nicht-Erinnern" deckt hier die Erinnerung zu, die trotzdem aber vorhanden ist und nur ausgeblendet wird. Alle Sätze mit „nicht" programmieren den Inhalt ohne „nicht" ein. Auch beim positiven Denken sollte man nicht sagen „Ich werde nie wieder krank sein" oder „Ich werde mich nicht mehr anspannen", weil hier dem Unterbewußtsein wiederum das negative Element eingegeben wird, sondern Sätze wie „Ich bin gesund", „Ich bin gelassen".

Manche Leute glauben, weil sie jemanden in ein früheres Leben bringen, würden sie Reinkarnationstherapie betreiben. Das ist nicht wahr. Es ist keine Kunst, jemanden in ein früheres Leben zu bringen. Durch ein paar einfache Fragen schafft das jeder Nicht-Therapeut, aber es geht darum, die Traumata gründlich und so lange zu bearbeiten, bis sie kein Problem mehr darstellen.

Ich habe keine Angst, schreiende und tobende Patienten zu behandeln. Der Therapeut muß frei genug sein, den Patienten sich so ausleben zu lassen. Ich muß das Trauma finden, hineingehen, es nacherleben und abschließen lassen. Es gibt nichts Furchterregendes daran, wenn ich es nur zulasse. Manche Leute wollen diese Reaktion unterbinden, es gibt sogar Therapieformen, die die Berührung mit Traumata abblocken. Um bei dieser Therapie effektiv zu sein, müssen manche ihren Wunsch nach Kontrolle aufgeben. Wer das Bedürfnis hat, alles um sich herum zu kontrollieren, kann kein Reinkarnationstherapeut werden.

Die grundsätzliche Ursache für verdrängte Erinnerungen liegt im ungelösten Schmerz und Trauma von früher. Der Grund, warum das Problem im Hier und Heute besteht, liegt darin, daß die Erinnerung auf unbewußter Ebene aktiviert wird. Die Erinnerung enthält ungelöste Traumata, oder man ist einfach unfähig zu erkennen, daß das Erlebnis vorüber ist. Einzelheiten wie Zeitangaben, Ortsangaben, Namen usw. kommen normalerweise nicht zutage. Wenn jemand an diesen Informationen

interessiert ist, muß er es mir vorher sagen, damit ich sie extra abfragen kann.
Ich tue absolut nichts, um die Information zu erhalten, als damit zu arbeiten, was der Klient mir angegeben hat. Bei der Hypnosetherapie wird ein Verfahren angewendet, um die Hypnose einzuleiten. Es gibt kaum einen Hypnosetherapueten, der seine eigenen Ziele und Absichten und Suggestionen da ganz heraushalten kann. Ich gebe dem Klienten keine Anhaltspunkte, ich arbeite nur mit den Daten, die der mir gegeben hat.
Ein Wort noch über Phantasie. Mir ist noch nie reine Phantasie begegnet. Sie ist immer irgendwo in der Realität begründet. Manche sagen: „Das ist meine Vorstellung!“ Dies ist richtig, die Vorstellung ist eine Zusammenfassung all dessen, was einem Menschen jemals widerfahren ist, sie enthält jedes frühere Leben. Jede Phantasie basiert in der Wirklichkeit. Verfolgt man die Phantasie zurück in einen Körper in der physischen Realität, hört die Phantasie auf, Phantasie zu sein.

Das Material aus früheren Leben ist dramatisch und traumatisch, und manche Klienten meinen, es sei zuviel für sie. Hier muß der Therapeut den Klienten durchbringen. Man kann unendlich weit in der Zeit zurückgehen, es gibt keinen Zeitpunkt, an dem die Erinnerung aufhört. Aber die Therapie scheint sich selbst auf die Erdebene zu begrenzen. Leben auf anderen Planeten wird nicht ausgeschlossen, aber oft befinden sich Leute nicht auf Mars oder Venus, wie sie vielleicht annahmen, sondern auf Atlantis. Die Leute nehmen sich gerne als menschliche Wesen wahr; was ihnen weitaus schwerer fällt, ist, sich in den Entwicklungsstadien des Tieres wiederzuerkennen. Auf der Tierebene gibt es den Instinkt, nicht die Fähigkeit zu denken und zu rationalisieren. Wenn Sie sich da hineinversetzen, werden Sie sehen, daß dies ein Ursprung unserer Probleme sein kann. Der Instinkt zur Selbsterhaltung, Gebietsabgrenzung, Fortpflanzung – alle heutigen Lebensbereiche haben im Tierreich angefangen.

In unseren früheren Leben wird man viele verschiedene Erlebnisse finden, aber in der Therapie definiert man zuerst das heutige Problem und konzentriert die Rückführungen darauf, bis es gelöst ist. Die Therapie orientiert sich am Problem. Die Ebene über der Tierebene entspricht der pränatalen Phase, die Tierebene und etwas darüber oder darunter entspricht den früheren Leben. Die menschlichen Probleme beginnen in der mittleren Phase, wenn man gerade über die Höhlenzeit hinausgeht und in die Stammeszeit eindringt. Hier versucht die Umwelt uns zu sagen, wie wir unsere Probleme lösen sollen, hier sollen wir uns anpassen.

Oft agiert das unmittelbare Leben vor diesem wie eine Nabe, um die sich alle Probleme drehen. Befaßt man sich mit diesem vorausgegangenen Leben und arbeitet nur damit, können sich ganze Problemkreise auflösen. Aber normalerweise arbeitet man immer dort, wo das Unterbewußtsein des Patienten uns hinführt. Wir geben das Problem zurück an den Patienten, so wie er es uns ursprünglich geschildert hat, lassen sein Unterbewußtsein die Gebiete lokalisieren, in denen wir aufarbeiten müssen.

Die Ausdrucksweise in der RT ist etwas anders, als Sie annehmen mögen. Wir versuchen, Ausdrücke wie „Gehen Sie zurück nach . . .", „Suchen und finden Sie . . ." zu vermeiden, weil diese das Unterbewußtsein in eine suchende Haltung versetzen. Wir sagen: „Sie sind schon dort, Sie haben es bereits gefunden. Sie sind bereits dort, nennen Sie mir nun die ersten Worte, die Ihnen einfallen, die uns mit dem Geschehen verbinden. Sie haben es bereits gefunden, welches sind die ersten Worte, die Ihnen einfallen".

Die ersten Worte des Klienten werden bereits als seine Antwort gewertet, sie stellen bereits einen Teil des Problems dar. Wenn der Klient sagt „Ich weiß nicht", nehme ich an, daß dies seine Antwort auf meine Frage ist.

Manchmal bestehen fixe Vorstellungen darüber, was ein früheres Leben ist und wie es aussehen soll. In manchen Fällen muß man erst diese Vorstellung ändern. Manchmal wünsche ich mir, die Leute würden gar nicht an Reinkarnation glauben, da ihre fixen Vorstellungen oft schwer zu überwinden sind. Die Arbeit ist oft leichter mit Leuten, die an gar nichts glauben, aber bereit sind, diese Therapie auszuprobieren.

Die beste Art zu beginnen ist die, mit der pränatalen Phase zu arbeiten und das Problem zu definieren. Sobald jegliches Trauma in diesem Bereich aufgearbeitet ist, bitte ich den Klienten, er solle sein Unterbewußtsein zu einem früheren Geschehen zurückgehen lassen, das die Verbindung zur pränatalen Phase herstellt. Nachdem ich dieses Erlebnis durchgearbeitet habe, folgt ein weiterer Schritt zum nächsten Erlebnis, das für die Bewältigung dieses Problems notwendig ist. Die Antworten ergeben dann ein vollständiges Bild, das vom Unterbewußtsein des Klienten geschaffen wurde. Es enthält überhaupt nichts, was vom Therapeuten vorgegeben wurde. Ich habe den Klienten nur gebeten, zurückzugehen.
Er wird mir vielleicht dann sagen: „Ich kann nicht gehen, ich kann mich nicht bewegen". Wenn ich den Klienten einmal dazu gebracht habe, seine Gefühle in Sätzen zu beschreiben, dann kann die eigentliche Sitzungsarbeit beginnen.
Wenn ich einen Satz wie „Ich kann mich nicht bewegen", höre, lasse ich ihn vom Klienten mehrere Male wiederholen. Wiederholung zieht den Klienten in das Erlebnis hinein und hält ihn dort. Beim ersten Wiederholen wird die Aussage lokalisiert, beim zweiten Mal wird sie gehört und beim dritten Mal wird sie bewußt dupliziert.

Die meisten Zwänge und Phobien sind oft nur ein Deckmantel für etwas anderes. Wenn ich dies vermute, sage ich zum Patienten: „Schließen Sie die Augen. Irgendwann während der ersten pränatalen Phase ist Ihrer Mutter etwas passiert, das Ihnen heute dieses Problem verursacht." Sollte der Patient Schwierigkeiten haben: „Sie haben das Trauma bereits lokalisiert. Nennen Sie mir einen Schwangerschaftsmonat von null bis neun. Der erste Monat, der Ihnen einfällt."

– „Der vierte". „Die Ursache Ihres heutigen Problems liegt irgendwo im vierten Monat. Sie stehen bereits in Verbindung mit diesem Problem aus der pränatalen Zeit. Geben Sie mir die ersten Worte der Mutter, die Ihnen einfallen, die uns mit dem Trauma des vierten Monats verbinden."

Auch das kann den Therapeuten irreführen: Ein Klient läßt nicht von seinem Problem los, er kann es nicht lösen und manifestiert dasselbe Problem über längere Zeit. Wenn ich merke, daß die Therapie nirgendwohin führt, lasse ich ganz ab von der bisher durchgeführten Therapie und suche nach dem „Endlos"-Satz, einem kontinuierlichen Satz. Wenn die Mutter bei ihrem dreizehnten Kind während der Schwangerschaft sagt: „Ich kann machen, was ich will, es wird nie besser" und das dreizehnte Kind mein Patient ist, muß ich zuerst dieses Material aus dem Unterbewußtsein heraufholen, sonst führt alles, was ich tue, nirgendwohin. Dieses Programm kann verheerende Wirkungen im Leben des Klienten haben: „Egal, was ich mache . . ."

„Endlos"-Sätze enthalten Worte mit unbegrenztem Zeitbegriff: „nie", „nie wieder", „immer", „je" usw. „Wie soll ich nur jemals mit diesem Mann zurechtkommen", „Ich werde das nie begreifen", „Wie sehr man sich auch bemüht, es wird einem nichts geschenkt", „Was immer auch passiert, ich werde das nie vergessen" u.ä. Diese Sätze wirken wie ein Programm, dem das Unterbewußtsein aufgrund der nicht begrenzten Dauer so lange gehorcht, bis das Programm bewußt wieder aufgelöst wird.

Ein weiterer Grund für hartnäckige Probleme: jede Irrationalität, jede Krankheit war irgendwann von Vorteil für die Person, sonst würde sie diesen Zustand nicht weitererzeugen. Das Problem nützt dem Patienten. „Wenn ich krank bin, kümmern sich andere um mich". „Solange ich schwach bin, kann mich niemand zur Verantwortung ziehen." „Solange ich Probleme habe, kann sich mein Partner nicht von mir trennen". Man muß hier die Berechnung finden und die Vorteile

ganz klar herausschälen, und es stellt sich heraus, daß das ursprünglich angegebene Problem gar nicht das eigentliche, sondern nur ein Alibi-Problem ist. Das wirkliche Problem mag eine Furcht vor Verantwortung sein, die Angst, verlassen zu werden oder die Unfähigkeit, die eigenen Bedürfnisse durchzusetzen. Solange der Therapeut das „falsche" Problem behandelt, kann sich am Zustand des Klienten nichts verändern.
Manchmal tauchen auf Befragen nach der Ursache des Problems scheinbar positive Erlebnisse auf wie im Fall einer Klientin, die sich immer nur in einem Boot den Fluß hinabfahren sah, kein Problem, kein Trauma, nichts. Schließlich habe ich die Patientin gefragt: „Können Sie mir den ersten Grund nennen, der Ihnen einfällt, warum Ihr Unterbewußtsein gerade dieses Geschehnis herausgesucht hat?" Ihre Antwort war einfach: „Ich fahre lieber den Fluß hinunter in einem Boot, als an den Pfahl angebunden zu sein." Aha! Welcher Pfahl? „Ach, der in einem anderen Leben, der mir sehr viel Schmerzen verursacht hat".
Wir haben gefunden, daß sie am Marterpfahl gestorben war und vorher geschrien hatte: „Laßt mich hier raus! Bitte macht, daß der Schmerz aufhört! Laßt mich gehen!" In der Sitzung hatte sie dann ihren eigenen Worten gehorcht und ist in ein Leben gegangen, in dem kein Schmerz war. Das Unterbewußtsein gehorcht den ersten Befehlen im Geschehen. Dieselbe Patientin wurde in einem anderen Leben als Hexe verbrannt und hat sich geschworen, nie wieder eine Frau zu werden. Wenn ich keine Frau bin, kann ich keine Hexe sein. Sie hat ihr Versprechen gehalten – in den darauffolgenden Leben war sie immer ein Mann gewesen, dieses war das erste Leben wieder als Frau nach dem Verbranntwerden.

Bei Homosexualität kommt es oft vor, daß in einem früheren Leben etwas Schreckliches passiert ist, so daß sich die Person zum Beispiel geschworen hat: „Ich werde nie wieder eine Frau sein". Sie wird vielleicht einige Leben hindurch keine Frau mehr sein, aber versucht nun, das weibliche Problem in der

Männerrolle zu lösen.

Es gibt leider kein einfaches Rezept, wie man sexuelle Verwechslungen behandeln soll, jedoch liegt eine Verwechslung der Geschlechtsrolle vor. Am sichersten verfährt man, wenn man Traumata in beiden Geschlechtsrollen rückführt, da offenbar eine Vermeidung einer Geschlechtsrolle vorliegt. Auch Schuld dem anderen Geschlecht gegenüber kann eine homosexuelle Veranlagung hervorrufen: Wenn ein Mann im früheren Leben Frauen unterdrückt und gequält hat, so kann er im nächsten Leben in der Männerrolle die Begegnung mit Frauen vermeiden wollen. Das schlechte Gewissen sagt ihm, es sei besser, sich von Frauen fernzuhalten. Sollte der gleiche frühere männliche Unterdrücker im nächsten Leben als Frau geboren werden, mag diese Frau sich von Männern fernhalten wollen, da Männer ja grausam und böse sind und einem nur Schlechtes wollen. Die Frau projiziert also im Heute ihre eigene männliche Vergangenheit auf das gesamte männliche Geschlecht.

Ein weiteres Problem kann sich darstellen, wenn man weit zurückgeht und es dort noch keine Sprache gibt. Der Patient sieht sich als haariges Wesen um ein Feuer sitzend, kann sich aber sprachlich nicht ausdrücken. Hier frage ich: „Wenn Sie sprechen könnten, was wären die ersten Worte, die Sie sagen würden?“ Dasselbe gilt auch für Fremdsprachen. Wenn jemand in der Sitzung eine fremde Sprache spricht: „Damals sprachen Sie diese Sprache, aber heute sprechen Sie deutsch. Bitte übersetzen Sie.“ Es kann vorkommen, daß ein Patient in der Sitzung fließend eine Fremdsprache spricht, die er in diesem Leben nie gelernt hat, die er auch gar nicht versteht. Dies kommt hin und wieder vor, ist für die eigentliche Therapie aber unbedeutend.

Somatische Beschwerden können bei dieser Therapie aufhören, wenn der Therapeut immer darauf achtet, daß der Patient während der Rückführung in seinem Körper bleibt. Starke Emotionen sind Oberreste von körperlichen Traumata, denen der Therapeut auf folgende Weise nachspürt: Wenn der Klient starken Zorn oder Angst hat, fragt er: „In welchem Körperteil sitzt dieser Zorn, diese Angst?" „Welches körperliche Gefühl kommt auf?" „Schmerz". „In welchem Körperteil sitzt dieser Schmerz?" „Im Herz". „Was passiert gerade mit Ihrem Herzen, nennen Sie das erste, das Ihnen einfällt".

Eine andere Art, Probleme zu bearbeiten ist folgende: Ich verfolge die Kette von Geschehnissen zurück und arbeite die Erlebnisse durch. Wenn nicht etwas Ungelöstes im Geschehen zurückgeblieben wäre, würde es die Person heute nicht belästigen. Nachdem das Trauma aufgearbeitet wurde, frage ich nach der ungelösten Frage, die am Ende jenes Lebens geblieben ist. Dann sage ich: „Gehen Sie nun näher zur Gegenwart, in ein Geschehnis, als Sie versuchten, diese Frage zu beantworten, zu lösen." Ich arbeite dieses Geschehen durch und frage dann nach der ungelöst gebliebenen Frage am Ende dieses Lebens, gehe wieder weiter zur Gegenwart und finde das nächste Erlebnis, als der Klient versuchte, diese Frage zu lösen usw. bis zum jetzigen Leben. Hier frage ich, welche Frage die Person in die pränatale Phase mitgebracht hat, dann in die Geburt („Nennen Sie mir das erste, was Ihnen einfällt, als Sie versuchten, diese Frage in der Geburt zu beantworten"), bis zum Hier und Jetzt, wo die Frage dann meist gelöst ist.

Häufig wird die Frage gestellt, wie es kommt, daß durch die Bevölkerungsexplosion heute 4 Milliarden Menschen auf der Erde leben, wo denn die ganzen Seelen herkämen. Dazu kann ich aus der Praxis der Reinkarnationstherapie sagen, daß die Seelen in den letzten 3000 Jahren immer schneller inkarnieren als vor diesen 3000 Jahren. Die Zwischenlebensphase ist durchschnittlich immer kürzer geworden, vermutlich deshalb, weil im Wassermannzeitalter intensive Möglichkeiten zur Weiterentwicklung gegeben sind, die die Seelen nutzen wollen. Auch wird wohl keine statische Zahl von Seelen auf der Erdebene zugegen sein, es kommen neue hinzu und alte, die die

Erdebene überwunden haben, befinden sich auf einer höheren Bewußtseinsebene und inkarnieren sich nicht mehr.
In manchen esoterischen Schulen bestehen feste Meinungen über die Anzahl der Erdenleben, über die Länge der Zeiträume in den Zwischenlebenphasen, über die Aufteilung der Leben in weibliches und männliches Geschlecht. In der Praxis hat sich keine feste Regel nachweisen lassen, die Anzahl der Erdenleben geht in die Tausende, die Zwischenlebenphasen sind unterschiedlichster Dauer, und der Wechsel von einem Geschlecht zum anderen unterliegt keiner festen Abfolge.
Hin und wieder wird die Befürchtung geäußert, durch das Ablösen alter Probleme würde der Mensch zum gefühlsmäßigen Neutrum, er würde seine Individualität verlieren. Genau das Gegenteil ist der Fall – die alten Programme machen die Menschen ähnlich, sie haben ähnliche Ängste und Verhaltensmuster. Echte Individualität gelangt erst zu ihrer vollen Entfaltung, wenn die unbewußten Programme aufgehoben sind. Ein weiteres Gebiet, mit dem wir uns beschäftigen müssen, sind lebensgefährliche Krankheiten und ihre psychologische Behandlung. Zunächst einmal müssen wir davon überzeugt sein, daß wir unseren Körper wohl beherrschen können, daß wir Ursache über ihn sind. Der Therapeut muß selbst daran glauben, aber er muß auch seinen Patienten davon überzeugen. Er kann den Körper des Patienten nicht mit seiner Kraft heilen, sondern mit der Kraft des Patienten. Wir gehen zurück und finden die Auslöser dieser Krankheit, z.B. ein Ereignis im Leben des Patienten, das in ihm Hoffnungslosigkeit, Hilflosigkeit ausgelöst hat, und zwar sechs Monate bis zwei Jahre vor Ausbruch der Krankheit. Dann gehen wir zurück und finden die Ursachen in dem ganz bestimmten Körperteil, in dem z.B. der Krebs sitzt, also in pränatale und frühere Leben. Dann lasse ich den Patienten fünf Vorteile aufschreiben, die ihm die Krankheit bringt. Normalerweise streiten Patienten ab, daß die Krankheit irgendwelche Vorteile bringt, aber sie merken bald, daß sie z.B. durch die Krankheit zum ersten Mal ihren Lieben gegenüber Gefühle zeigen konnten oder umgekehrt, sie erlau-

ben sich nun, sich auszuruhen, was sie früher nie getan hätten, oder sie sind kreativer als früher.
Die Krankheit bringt also Nutzen. Der nächste Schritt besteht dann darin, dem Patienten zu helfen, Mittel und Wege zu finden, diese gleichen Bedürfnisse ohne Krankheit zu befriedigen. Gleichzeitig mache ich im Laufe der Therapie Vorstellungsübungen mit dem Patienten: Er stellt sich seinen Körper gesund und heil vor. Es gibt einige Schulen, die dies mit brutalen Vorstellungen tun, z.B. Soldaten bekämpfen den Krebs, oder wilde Hunde fressen den Krebs auf, aber gewalttätige Vorstellungen verursachen nur noch mehr Schmerz. Ich lasse den Patienten seinen gesunden Körper mit einem starken Herzen, das gesundes, heilendes Blut durch den Körper pumpt, vorstellen. Solange sich der Patient aber noch hilflos und machtlos fühlt, kann die Vorstellung nicht wirken. Daher ist es wichtig, Hilflosigkeit und Mutlosigkeit zu überwinden, indem man zurückgeht über pränatale und frühere Leben bis man ihre Ursachen findet.

Die Voraussetzung beim Klienten sind Offenheit und die Bereitschaft, mit allen Konsequenzen an sich zu arbeiten. Auch sollte er seine Probleme schon selbst zu lösen versucht haben, bevor er zu einer Therapie greift. Reine Neugierde ist keine gute Voraussetzung, jedoch verbirgt sich hinter der sogenannten Neugierde oft der Wunsch, mehr über sich herauszufinden, und dies rechtfertigt wiederum durchaus eine Therapie.
Voraussetzung beim Therapeuten ist die Eigentherapie, die ihn davor schützt, durch die Geschehnisse seiner Klienten selbst restimuliert zu werden. Nur ein neutral eingestellter Therapeut kann den Klienten sicher durch dessen Traumata führen und Vermeidungsmechanismen durchschauen. Solange der Therapeut eigene grundsätzliche Problemkreise nicht gelöst hat, zieht er Klienten mit ähnlichen Problemen an und ist nicht unbefangen genug, an diese Probleme heranzugehen. Die RT ist eine gründliche und schonungslose Therapie. Nur wer sich selbst mit seinen früheren Leben konfrontiert und da-

durch alle Ebenen menschlicher Existenz wiedererlebt hat, ist imstande, andere durch ihre eigenen Vermeidungen und Konflikte hindurchzubringen.

Bei der Aufarbeitung früherer Leben wird der Kern der Lebensschwierigkeiten sofort berührt, so stellen sich auch schon recht schnell Veränderungen beim Klienten ein. Es kommt vor, daß nach zwei bis drei Sitzungen grundsätzliche Konflikte oder Lebensfragen schon gelöst werden können.
Andere Problemkreise dauern etwas länger und machen neu erlebte Lebenssituationen erforderlich. Das Leben paßt sich unserem Bewußtseinszustand unmittelbar an und spielt uns genau die Situation zu, die wir brauchen, um weiterzukommen. So kann es vorkommen, daß ein Klient in den Rückführungen „Angst vor engen Räumen" behandelt, und am darauffolgenden Tag wird er im Fahrstuhl eingeschlossen. Hier gibt ihm das Schicksal Gelegenheit, dieses Problem nochmals neu anzugehen und die damit verbundenen Reaktionen bewußt zu durchleben. Je bewußter wir werden, desto größere Aufgaben bekommen wir vom Leben gestellt. Während und nach einer Therapie treten Veränderungen ein – wir bekommen neue Arbeitsstellen, neue Wirkungskreise angeboten, die Beziehung zum Partner kommt auf eine neue Ebene, neue Interessen erwachen. Es können auch Krisen eintreten, wenn diese für den Reifungsprozeß notwendig sind, bis die Umstellungsperiode beendet ist. Wenn wir für eine Veränderung reif geworden sind und dies selbst noch nicht erkannt und die Konsequenzen nicht eingeleitet haben, so wird die Umwelt uns gegenüber feindlich, sie will uns loshaben, da sie spürt, wir gehören nicht mehr in diese Umgebung. Ein Angestellter gerät plötzlich am Arbeitsplatz in Schwierigkeiten, es klappt einfach nicht mehr mit der Arbeit und den Kollegen, die Umgebung begegnet ihm mit Ablehnung. Dies kann die Folge sein von seinem inneren Wunsch, sich zu verändern, sich beispielsweise selbständig zu machen. Da er selbst den Schritt nicht macht, zwingt ihn nun das Schicksal, den alten Bereich zu verlassen

und sich neuen Aufgaben zu widmen. Ein Baby kurz vor der Geburt mag den Körper der Mutter als feindlich empfinden, weil dieser das Baby loshaben will und hinausdrückt. In Wirklichkeit aber ist die Entwicklungsphase im Körper der Mutter nun abgeschlossen, und das Baby muß selbständig werden, ob es will oder nicht. Wenn ein Mensch über einen Entwicklungsstand, eine Tätigkeit oder eine Beziehung hinausgewachsen ist und dies noch nicht gemerkt hat, läßt sich der alte Zustand durch wachsende Unannehmlichkeiten nicht mehr halten und bricht zusammen. Anstatt über Verluste und Krisen zu klagen, sollten wir lieber das Schicksal als unseren Freund ansehen, der die Krise als letzte Möglichkeit sieht, uns weiterzubringen, nachdem wir selbst die rechtzeitige Bemühung um Veränderung versäumt haben. Begleitende Gespräche nach den Rückführungen sind deshalb notwendig, um die eintretenden Veränderungen mit dem Klienten zu besprechen.

Jeder Einwand, der gegen eine Therapie vorgebracht wird, beschreibt das persönliche Problem dieser Person. Äußert jemand den Einwand, er sei zu kritisch und verstandesbetont, so hat dieser Mensch genau diesen Mechanismus des kritischen und verstandesbetonten Denkens aufgebaut, um besser mit seinen Problemen umgehen zu können. Befürchtet jemand, er könnte mit den Geschehnissen in der Therapie nicht fertig werden, da sie ihn überwältigen könnten, so wird er mit Situationen in seinem jetzigen Leben nicht fertig, sie überwältigen ihn. Man überträgt das Problem, das man im Leben hat, auf die Therapie. „Mein Verstand ist zu stark ausgeprägt" heißt übersetzt nicht anderes als „Ich möchte den gefühlsbeladenen, unbewußten Seiten meiner Persönlichkeit noch nicht begegnen, ich fühle mich ihnen nicht gewachsen." Es ist ungerecht, dem Verstand vorzuwerfen, er blockiere uns, der Verstand hat überhaupt kein Interesse daran, uns zu blockieren, er funktioniert nach den ihm eigenen Gesetzmäßigkeiten. Er wird gerne als Vorwand benutzt, sich nicht mit den unbewußten Seiten seiner Persönlichkeit beschäftigen zu müssen.

Im Verlauf der Therapie wird der Mensch immer mehr er

selbst, er findet zurück zu seiner natürlichen Identität, indem er sich von alten Identitäten trennt. Er wird spontan, lebt in der Gegenwart, sieht das Leben realistischer und hat gleichzeitig ein erhöhtes Potential an Kreativität und Phantasie zur Verfügung. Die Diskrepanz zwischen Verstand und intuitivem Gefühl hebt sich auf. Er wird sich wieder seiner vollen Verantwortung und seiner damit verbundenen Freiheit bewußt und kann damit sinnvoll umgehen, ohne sich und anderen zu schaden. Da der Mensch durch Wiedererleben aller erdenklichen Lebensumstände und Bewußtseinsebenen keine Widerstände gegen schwierige Lebenssituationen und eigene negative Charakteranteile mehr hat, ist er frei, sich jeglicher Bewußtseinsebene zuzuwenden und alle seine Fähigkeiten zu entwickeln. Probleme können spielerisch angegangen, Hindernisse als Herausforderung für die eigene Kreativität betrachtet werden. Die Liebe zum Leben tritt wieder ins Bewußtsein, nichts im Leben kann einem wirkliche Angst oder Unbehagen bereiten, Unannehmlichkeiten können als Hilfe und als Hinweis angenommen werden. Da man sich selbst als die Ursache für sein Schicksal ansieht, kann man konstruktiv auf sein Schicksal einwirken und notwendige Änderungen spontan herbeiführen.

ERSCHEINUNGSFORM UND LEBENSKRISE

Die Erscheinungsformen von Krisen sind vielfältig. Bedeutender als die Unterschiede ist aber das Gemeinsame. In allen Fällen versuchen die Betroffenen, das eigene Erleben abzuwehren, den Schmerz ihres Erlebens nicht spüren zu müssen. Ob es sich darum handelt, daß man den Partner nicht liebt, von ihm nicht geliebt wird, oder darum, das Gefühl der Eifersucht nicht annehmen zu wollen. Oder ob es um die aufdämmernde Einsicht geht, das bisherige Leben nicht in der Realität, sondern in der Phantasie gelebt zu haben, oder darum, durch das Streben nach Anerkennung sich selbst und dem Partner nicht gerecht geworden zu sein. Immer geht es um schmerzliches Erleben und darum, diesem Schmerz auszuweichen.

Das Gemeinsame aller Krisen ist das Ausweichen vor dem eigenen schmerzlichen Erleben, die Vielfältigkeit liegt in den Wegen, mit denen Menschen sich selbst ausweichen. Dies kann durch Alkoholismus, Drogen, Tabletten, Arbeitswut und viele andere Strategien geschehen. Das entscheidende Merkmal all dieser Ausweichmanöver ist, daß sie keine Mittel zur Befriedigung von Bedürfnissen sind, sondern Instrumente zu Betäubung von Bedürfnissen. Vieles weist darauf hin, daß Krisen eine Rebellion gegen eine Forderung sind, jemand sein zu müssen, der man nicht ist. Vor allem in der Krise der Lebensmitte scheitert jemand unerwartet und ohne erkennbaren Grund in seinem Beruf oder seiner Partnerbeziehung.

Was sich in der Lebenskrise deutlich zeigt, sind fixe Ideen und Selbstbilder, die über ein früheres Leben geprägt wurden, wie z.B. die fixe Idee, unbedingt beliebt und von allen anerkannt sein zu müssen. Hinter allen Handlungen steckt dann die Motivation, es allen Menschen recht machen zu wollen. Dies geht aber zu Lasten der eigenen Persönlichkeit. Als Ursache schält sich nicht selten heraus, daß dieser Mensch in einem früheren Leben von der Gesellschaft angeklagt, verstoßen oder verachtet wurde. Von anderen Menschen nicht akzeptiert zu werden, heißt also Gefahr, Unannehmlichkeit oder Tod. Dies gilt es auf alle Fälle in späteren Leben zu vermeiden, und es entsteht der sich nie vollständig realisierende Anspruch an sich selbst, es allen recht machen zu wollen. Solange ein Mensch seinem Anspruch folgen kann, fühlt er sich sicher. Wird dieser Anspruch nun vom Schicksal bedroht, d.h. die Quelle, aus der er bisher seine Anerkennung gezogen hat, versiegt, wie das bei einer Kündigung oder einer Trennung der Fall sein kann, so gerät sein Selbstbild ins Wanken, und der Mensch gerät in eine Krise. Die Seele hat hier noch nicht erkannt, daß der Grund für das Anerkennungsbedürfnis im heutigen Leben gar nicht mehr existiert, und sie lebt Verhaltensweisen, die noch in ihr früheres Leben gehören. Dies verhindert aber den jetzigen Lebensprozeß. Es gilt, die früheren Entscheidungen zu finden und aufzulösen, um das Ich zur Entfaltung zu bringen. Andererseits gibt es Neigungen, die aufgrund einer früheren Entscheidung ausgeklammert werden, dazu gehört beispielsweise der gesunde Egoismus. Wenn er in früheren Leben zu stark gelebt wurde, trifft der Mensch hinterher die Entscheidung, seine eigenen Bedürfnisse in Zukunft hintenanzustellen. Dies gelingt jedoch nicht immer, und es gibt Rückfälle in die frühere Verhaltensweise. Der Betreffende ist dann selbst am meisten über sich erschrocken und wiederum besteht die Gefahr einer Krise. Grundsätzlich könnte man sagen, daß die Krise immer ein Anzeichen dafür ist, daß eine Neigung, die zu einem gehört, zu wenig gelebt oder unterdrückt wird, oder daß eine Neigung, die nicht wirklich zu einem gehört, zu stark gelebt wird. Irgendwann läßt sich dies nicht mehr aufrechterhalten, der Schutzmechanismus bricht zusammen, und viele Werte werden in Frage gestellt. Auch das Festhalten an längst überholten Zuständen sowie das Nichterreichen eigener Ziele führt zum Konflikt. So kann ein Mensch in seinem Beruf nicht erkannt haben, daß das bisher Erreichte ausgeschöpft ist, da er nicht mehr an den damit verbundenen Aufgaben wachsen kann und es verpassen, sich eine neue Betätigungsebene zu schaffen. Irgendwann erscheint ihm die Arbeit als sinnlos, es passieren ihm Fehler, er bringt nichts Kreatives mehr ein, und der Aufgabenbereich löst sich irgendwie auf. Auch in einer Liebesbeziehung kann man verpassen, miteinander den nächsten Schritt in der Entwicklung zu gehen und stattdessen am Gewohnten festhalten. Langeweile, Trennungsgedanken, Gleichgültigkeit sind hier nur Anzeichen dafür, daß beide Partner ihre Beziehung nicht aktiv-kreativ genug gestaltet haben und sich auf dem gewohnten Umgang miteinander ausruhen. Unterdrückte, vergessene und nichterreichte Ziele bilden oft die Grundlage für viele Ersatzhandlungen im Leben, die das eigentliche Ziel jedoch nie ganz verdrängen können. Nicht gelebte Begabungen, Talente, Lernziele und Betätigungsfelder schaffen ein Vakuum in der Persönlichkeit, das irgendwann im Leben wieder als Unzufriedenheit, Leere, Sinnlosigkeit und Minderwertigkeit eine Ersatzform annimmt. Jeder Mensch hat die Aufgabe, sein Potential so gut wie möglich zu nützen, tut er es nicht, macht sich dies als Versäumnis bemerkbar, und er wundert sich, warum er in eine Krise gerät. Zeit spielt dabei keine Rolle, ein verdrängtes Ziel im Lebensalter von 20 Jahren kann sich unter Umständen erst im Alter von 50 Jahren wieder in Form einer Krise zeigen. Natürlich läßt sich nicht jedes verdrängte Ziel später einfach nachholen, jedoch genügt es, sich die Zusammenhänge klarzumachen, sich bewußt entweder vom alten Ziel zu lösen oder nach Möglichkeiten zu suchen, im Jetzt diesem Ziel gerecht zu werden. In einer Krise können Sie sich fragen: Was ist in meinem Leben überholt, was stimmt für mich nicht mehr, woran halte ich fest?

Welche meiner Bedürfnisse habe ich übergangen, welchen Neigungen habe ich nicht genügend Beachtung geschenkt, wo habe ich mich und mein Können abgewertet?

Was tue ich in meinem Leben, was ich im Grunde überhaupt nicht will; wo glaube ich, etwas tun zu müssen, obwohl ich es nicht freiwillig tun würde? Welche Möglichkeiten habe ich, mich davon zu lösen und stattdessen die Dinge zu tun, die ich wirklich will?

Was habe ich bisher in meinem Leben versäumt, welche Möglichkeiten bestehen, diesen Dingen jetzt nachzugehen?

Menschen in Krisen sind anderen und manchmal auch sich selbst ein Ärgernis. Bislang konnte man mit annähernder Sicherheit voraussagen, wie sich ein Mensch in einer bestimmten Situation verhalten würde. Auch er selbst konnte das von sich sagen. Aber plötzlich haben diese Voraussagen keinen festen Boden mehr. Vielen erscheint das beängstigend und chaotisch. Ein Mensch, dessen Verhalten und Reagieren voraussagbar ist, hat eine Vorstellung von sich, und die versucht er zu verwirklichen. Ein Mensch, der an sich selbst die Forderung stellt, so und so zu sein, reduziert sein Erleben auf die Elemente, die mit den Forderungen vereinbar sind. Das macht ihn voraussagbar. Auch er selbst kann sich scheinbar auf sich verlassen. Scheinbar, denn während er danach strebt, der zu sein, der er meint sein zu sollen, verdrängt er all die Bedürfnisse, Gefühle, Strebungen und Erlebnisweisen, die mit seiner Vorstellung von sich selbst in Konflikt geraten würden. Er häuft in seinem Inneren mit jedem Tag mehr Zündstoff an, und die Energie, die er aufwenden muß, um die aufgestauten Gefühle unter Kontrolle zu halten, muß ständig vermehrt werden. Er gerät immer mehr in Spaltung, entfernt sich immer weiter von seinem wirklichen Erleben, und der verfügbare Energiebetrag, den er auf die Bewältigung der realen Aufgaben des Lebens richtet, wird immer geringer. Das geht so lange, bis eine Pattsituation erreicht ist, in der alle Energie gebunden ist. Dann kommt der Zusammenbruch.

Extreme Verhältnisse in einer Partnerschaft treten dann ein, wenn sich zwei Menschen wiedertreffen, die sich in früheren Leben verfolgt haben und alte Feinde sind. Es ergibt sich hier eine seltsame Mischung von Anziehung und Abneigung. Die Anziehung beruht auf dem unbewußten Wiedererkennen und die Abneigung auf dem Ahnen der unverarbeiteten Spannungen. Sollte die Anziehung stark genug sein, um eine Partnerschaft daraus entstehen zu lassen, entwickelt sich hier innerhalb kurzer Zeit eine Haßliebe, von heftigsten Emotionen begleitet. Diese Menschen werden sich aufs heftigste bekämpfen und kommen doch voneinander nicht los. Ständig beschul-

digen sie sich mit Vorwürfen, die nicht aus dem Jetzt stammen, sondern Erinnerungen an frühere gegenseitige Boshaftigkeiten sind.
In einem Praxisfall hatte ein geschiedener Mann, etwa Mitte vierzig, sich in der Rückführung als Pfarrer im Mittelalter erlebt. Dort unterhielt er eine illegitime intime Beziehung zu einem Dorfmädchen, welches daraufhin schwanger wurde. Diese Tatsache war dem Pfarrer lästig, und er ließ das Mädchen wegen Unzucht anklagen. Es wurde infolge seiner Anklage auf dem Scheiterhaufen verbrannt, ohne daß jemals herauskam, daß er selbst der Verführer gewesen war.
Im heutigen Leben war dieses Mädchen seine Ehefrau geworden, und die unbewußte Erinnerung brach aus der Frau jedesmal hervor, wenn ihr Mann unzuverlässig war, sich verspätete oder irgendein Versprechen nicht einhielt. Sie konterte diese Unzuverlässigkeiten mit unbändiger Wut und tiefsitzendem Haß und bedachte ihren Mann mit schlimmsten Schimpfworten. Der Mann sah sich dieser Situation etwas hilflos ausgeliefert und versuchte, seine Frau zu beschwichtigen, was ihm aber nicht gelang. Die Frau reagierte unbewußt auf den früheren Verrat, und diese tiefgehenden Konflikte hatten letztendlich auch die Ehe zerstört. Eine Einigung war einfach nicht möglich gewesen.

Es ist bekannt, daß Liebe und Haß sehr nahe beieinander liegen. Manche Partnerschaft heute ist eine alte Feindschaft von früher, und beide Teile versuchen heute, das alte Problem durch ihre Auseinandersetzung in der Partnerschaft zu lösen. Die Hörigkeit eines Partners basiert auch auf eigener Schuld an dem Partner. Infolge des schlechten Gewissens kommt er von diesem Menschen nicht los und ist unbewußt der Meinung, daß er die Abhängigkeit verdient hat und durch Aushalten der schwierigen Situation eine alte Schuld abträgt. Es gibt auch derart ausgeprägte Vermeidungsmechanismen, daß sich manche Menschen nur Partner aussuchen, die ihre eigenen Probleme auf keinen Fall berühren. So kann ein autoritär veranlagter Mann, der keinen Widerspruch vertragen kann, sich ausschließlich Partnerinnen auswählen, die sich ihm unterordnen. Oder ein sehr eifersüchtiger Mann mit geringem Selbstwertgefühl sucht sich eine völlig unscheinbare, unattraktive Partnerin fürs Leben aus, die ihm keinen Anlaß für Eifersucht gibt und ihn so nicht an seinen wunden Punkt erinnert. Diese „Liebe" hat ihr Fundament in der Vermeidung von Problemen und in der Bestätigung dessen, was man gern sein möchte. Man kann nur die Menschen mögen, die einen nicht an die eigenen Schwächen erinnern. Ein Problem kann auf diese Weise manchmal ein ganzes Leben lang umgangen werden, es muß aber in einem späteren Leben konfrontiert werden. Wird der Vermeidungsmechanismus einmal wirkungslos, indem sich der besagte eifersüchtige Mann doch in eine Frau verliebt, die nicht bereit ist, auf seine Eifersucht Rücksicht zu nehmen, entsteht ein Gefühlschaos, denn ohne diesen Schutzmechanismus fühlt sich der Mann unsicher, kann sich seinen Gefühlen nun nicht mehr entziehen und fühlt sich hilflos und ausgeliefert. Diese Begegnung kann die gefühlsintensivste und subjektiv für den Mann die unglücklichste Begegnung seines Lebens werden, wenn es ihm nicht gelingt, die Hintergründe für sein Fühlen und Verhalten zu erforschen und zu erfahren.

Wir suchen im Partner unsere eigene frühere Identität. Waren wir in einem früheren Leben sehr vital und extrovertiert, haben uns aber durch negativen Umgang mit diesen Energien diese Eigenschaften im heutigen Leben verbaut und sind eher zurückhaltend und gehemmt, bewundern wir nun den aktiven, aufgeschlossenen Menschen, weil er auch einen Teil unserer Persönlichkeit lebt, der bei uns selbst zugeschüttet ist. Wir suchen also einen Partner mit den Eigenschaften, die wir früher selbst einmal hatten, um wieder zu uns selbst zu gelangen. Vereinfacht ausgedrückt suchen wir das Ich im Du, um so unsere verlorengegangenen Anteile wieder zurückzugewinnen bzw. negative Anteile auf diese Weise aufzuarbeiten. Eine wirkliche Aufarbeitung ist aber erst dann gegeben, wenn man bei sich selbst die betreffenden Anteile erkennt und zuordnen kann. Die Bedeutung der Partnerschaft verändert sich dann und kann viel eher zu einer sinnvollen Ergänzung werden, wenn man nicht mehr fälschlicherweise eigene Anteile in das Du projiziert, sondern eigenverantwortlich damit umgeht.

Jeder kann sich fragen: „Wie stehe ich zu mir selbst – wie beurteile ich meine Gefühle, Gedanken und Handlungen. Wie schätze ich diese ein?" Dies ist wesentlich für das eigene Leben. Was wir tun, und wovon wir oft das Gefühl haben, es nicht tun zu können, bestimmt weitgehend die Art, wie wir selbst zu uns stehen. Diese Gefühle, die man in bezug auf sich selbst hat, sind außerordentlichen Verzerrungen unterworfen, die in einem früheren Leben wurzeln und viele unnötige Schmerzen verursachen. Der Mann, der sich dumm und schwach fühlt, und das Mädchen, das sich ungeschickt und häßlich fühlt, sind selten so dumm und schwach, ungeschickt und häßlich, wie sie sich fühlen. In den meisten Fällen sind diese Gefühle Fortsetzungen von Gefühlen aus einem früheren Leben. In der Psychiatrie weiß man schon längst, daß das Gefühl, das man von sich selber hat, ein grundlegender und entscheidender Aspekt der Persönlichkeit ist.

Unentwegte Anstrengungen sind unternommen worden, um zu entdecken, welche Einflüsse und Erlebnisse sich auf das Selbstgefühl eines Menschen auswirken. Freuds klinische Studien an Erwachsenen erbrachten seine Theorien über orale und anale libidinöse Fixierungen, die die Menschen vor einer Generation so sehr schockierten und verstörten. Heute weiß man, daß noch andere Faktoren eine Rolle spielen müssen. Meine eigenen Erfahrungen, und auch die Erfahrungen vieler Reinkarnationstherapeuten, sind längst zu dem Schluß gekommen, daß wir viel mehr mit auf diese Welt bringen, als wir zu ahnen scheinen. Wir alle können uns an schmerzhafte Kindheitserinnerungen rückbesinnen. Viele von uns wurden gezwungen, Dinge zu essen, die wir nicht mochten, und als Erwachsene meiden wir sie. Wir bleiben als Erwachsene vielleicht zu lange auf, weil wir in der Kindheit zu früh ins Bett geschickt wurden und es nicht leiden konnten. Das müssen nicht unbedingt Verhaltensweisen sein, die auf frühere Leben zurückzuführen sind.

Aber, wenn unsere Eltern, Geschwister und andere Menschen uns durch ihr Verhalten verletzen, so können unsere Reaktionen darauf auch aus einem früheren Leben stammen. Schelte, Schläge, Verweigerung und Entzug haben uns vielleicht das Gefühl gegeben, unannehmbar, unzureichend und isoliert zu sein. Aber derartige Empfindungen können ebensogut aus einem früheren Leben stammen.

In den Gefühlen wachsen wir wie die Schalen einer Zwiebel. Jeder Tag wird ein Teil von uns, genauso wie jeder Tag der Vergangenheit, jeder Tag aus einem früheren Leben ein Teil von uns ist. Die Kämpfe und Sehnsüchte der Kindheit werden ebenso ein Teil von uns bleiben wie jene Kämpfe und Sehnsüchte, die wir aus der Vergangenheit mitbringen. Es kostet viel Zeit, sich an die Vorstellung zu gewöhnen, daß die alten Gefühle und Kämpfe nicht „aus und vorbei und erledigt" sind, und daß der Kern unserer früheren Leben in uns weiterexistiert und seinen Einfluß ausübt.

Viele Menschen akzeptieren diese Tatsache gefühlsmäßig nie. Wir versuchen, diesen Teil von uns zu unterdrücken oder auszurotten. Er ist uns nicht willkommen, da er das Bild, das wir gegenwärtig von uns haben, nicht bestätigt. Ich weiß aus eigener Erfahrung, daß einige Menschen wegen der Vorstellung sehr ängstlich werden, sie hätten gegenwärtig noch ein Karma von früher abzutragen. Das sind häufig gerade jene Leute, die einen heftigen und schmerzhaften Kampf ausgetragen haben, um das, was ihnen „fremd" war, abzulegen, und die sich in dem Bemühen, sich der Gegenwart zu stellen, eher bestrafen und sich selbst verleugnen.

Niemand kann erwarten, daß er alles über sein gegenwärtiges Leben weiß, wie er, was noch viel verständlicher ist, nicht alles wissen kann, was früher einmal war. Aber er kann lernen, „sich zu erinnern".

Wenn wir uns erbittert gegen uns selbst wenden, sind wir gespalten und hilflos, unfähig zu leben. Innere Verbitterung zerstört unser Leben, und es wäre unsere Aufgabe, dieser inneren Verbitterung, diesem inneren Schmerz auf die Spur zu kommen.
Wir schieben unsere „alten Gefühle" immer mehr in die Tiefe, aber umso dringlicher ist es, daß sie geäußert werden. Gegenseitige Achtung ist das Prinzip für Paare, die ihnen helfen kann, in Eintracht mit sich selbst zu leben. Unsere sämtlichen Gefühle müssen ernsthaft beachtet und berücksichtigt werden. Es ist ein Akt der Selbstmißachtung, wenn wir ein Gefühl, das wir haben, verstecken, verleugnen oder herabwürdigen, und es bringt uns ganz von selbst in Zwietracht mit uns und schafft Konflikte – erneuert Konflikte, besser gesagt – zwischen unserem Erleben aus früheren Leben und uns in der Rolle, die wir jetzt leben. Wenn wir heute eine Partnerschaft eingehen, wenn wir heiraten, dann sollten wir wissen, daß da jeder seine Erfahrungen, seine Identitäten und Erwartungen aus seinen früheren Leben mitbringt. Und das macht die Situation so kompliziert.

In der Ehe äußert nicht nur der gegenwärtige, sondern auch der Mensch von früher seine Bedürfnisse, Wünsche, Haltungen, Verhaltensweisen und Sehnsüchte.
Wir steigen in eine Partnerschaft ein mit der Erwartung, altvertrauten Gefühlen des „Daheimseins" zu begegnen. Aber welches „Daheimsein"? Das der Kindheit? Das aus dem letzten Leben oder das eines viel früheren Lebens? Die Situation ist schwierig, und deshalb gibt es in der Ehe oft wegen unerheblicher Dinge schlimme Konflikte. All diese Konflikte, die verdrängten Gefühle, all das Unausgelebte kann zu somatischen Beschwerden und Schmerzen führen, mit denen sich ein Mensch herumplagen muß. Schmerzen sind nichts anderes als in den Körper verdrängte Gefühle, die dann zu unendlichem Leiden führen können. Aber dieses Leiden muß weder sein, noch bleiben.

Folgende Problemkreise werden in der Rückführung behandelt:

1. *Chronische Krankheiten und Probleme*
   Alles, was sich im Leben wiederholt, will uns etwas mitteilen, will uns auffordern, uns mit etwas auseinanderzusetzen und daraus zu lernen.
   Dieser rote Faden reicht meist bis in frühere Leben zurück. Der Lernprozeß wird durch das Wiedererleben der ursprünglichen Situation beträchtlich verkürzt.

2. *Emotionale Überreaktionen wie z.B. Hoffnungslosigkeit, Verzweiflung, Niedergeschlagenheit, Wut, Aggression*
   Wenn diese Emotionen heute bei nichttraumatischen oder bei relativ geringfügigen Anlässen auftreten, können wir annehmen, daß sie Folge von früheren wirklich traumatischen und tragischen Erlebnissen sind. Indem man diese wiedererlebt und lernt, worauf die heftige Reaktion in Wirklichkeit gerichtet war, wird die Überreaktion relativiert und überflüssig.

3. *Schwierigkeiten mit bestimmten Personen oder Personengruppen wie mit einem Elternteil oder dem Elternhaus, eigenen Kindern, Partnern, bestimmten Menschentypen*
   Genauso wie nicht gelöste Probleme uns immer wiederbegegnen müssen, so begegnen uns auch bestimmte Menschen und Menschntypen, mit denen ein ungelöstes Verhältnis besteht, wieder. In nahen Verwandten, Freunden, Kollegen sowie in Partnern begegnen uns oft Menschen wieder, mit denen wir in früheren Leben aufgrund von gegenseitigem Fehlverhalten Schwierigkeiten hatten. Durch die Wiederbegegnung erhalten wir heute die Gelegenheit, dies in Ordnung zu bringen.

4. *Sinnfragen*
   Fragen nach dem Sinn und der Aufgabenstellung des eigenen Lebens sind nicht so einfach zu beantworten. Grund-

sätzlich ist alles, was ein Problem im Leben eines Menschen darstellt, gleichzeitig Herausforderung und Aufgabe an ihn, dieses zu überwinden und zu lösen. Da wir in früheren Leben aber auch oft an Aufgaben und Verantwortung in Verbindung mit Zielen gescheitert sind, bringt dieser Umstand noch zusätzlich eine Unsicherheit in der heutigen Zielsetzung mit sich. Alte Fehler in den Bestrebungen sollen heute unter allen Umständen vermieden werden und so fällt es schwer, sich überhaupt auf eine Zielsetzung festzulegen. Auch hier hilft die RT, die früheren Fehler in Aufgabenstellungen und Zielgestaltung bewußt zu machen und daraus zu lernen.

Um die Wirkungsweise der RT zu verstehen, sollten wir uns mit der Funktionsweise des Unterbewußtseins befassen. Wann immer eine Lebenssituation für den Menschen zu schmerzlich oder zu bedrohlich wird, schaltet das Bewußtsein teilweise oder ganz ab, und das Unterbewußtsein übernimmt das Steuer. Alles, was während dieser Zeitspanne wahrgenommen wird, wird vorbehaltlos vom Unterbewußtsein aufgezeichnet wie von einem Tonbandgerät. Später, wenn ein ähnlicher Umstand, eine ähnliche Wahrnehmung oder ein ähnliches Gefühl auftaucht, wird das verdrängte Geschehen aktiviert, seine ursprüngliche Kraft wird spürbar, ohne daß die eigentlichen Inhalte des Geschehens sichtbar werden. Nur die Gedanken, die Emotionen, evtl. auch die Schmerzen treten ins Bewußtsein, ohne daß sich der Mensch darüber im klaren ist, daß diese aus einer früheren Situation stammen.
Was ins Unterbewußtsein verdrängt wurde, will aber wieder ins Bewußtsein integriert werden und drängt sich dem Bewußtsein immer wieder als Teilerleben auf, bis dieses Ziel erreicht ist. Dieser Umstand erklärt die Wiederholungsprobleme. Das Unterbewußtsein ist zeitlos, was einmal gespeichert ist, kann jederzeit wieder aktiviert werden, egal vor wie langer Zeit dies geschah. Diese Verwechslung von Ort und Zeit macht unsere Reaktion zuweilen unflexibel und unfrei. Aufgabe der RT

ist es also, was ins Unterbewußtsein verdrängt wurde, wieder bewußt und damit unschädlich zu machen.

Jeder Mensch braucht eine gesunde Mitte. Zu der kann er aber nur finden, wenn er beeinträchtigende Probleme löst. Wenn Probleme in einem Leben nicht gelöst werden, dann nimmt die Seele diese Schwierigkeiten mit in die andere Welt. Die Seele verläßt beim Tod den Körper, nimmt aber alle Erinnerungen, alle Gedanken und Taten mit, alles, was im Unbewußten eingespeichert ist. Nach meinen Erfahrungen und denen anderer Reinkarnationstherapeuten wartet die Seele im Jenseits auf ein neues Leben, in dem sie die Chance bekommt, die Dinge zu klären, die sie sich zu klären vorgenommen hat. Alles, was zur Todesstunde unerledigt ist, belastet die Seele, und sie verspürt den Drang, diese Dinge in einem späteren Leben zu klären, um sich dadurch zu entlasten.
Leben, Lebenserkenntnis und richtiger Lebenswandel sind die eigentlichen Voraussetzungen für das Lernen des richtigen Sterbens und für die Möglichkeiten, über den Tod hinaus noch den Weg des Schicksals zu bestimmen. Genau diese Aufgabe versuchen die Totenbücher der Ägypter, der Tibeter und des Islam zu lösen.

Wir müssen in der Therapie nicht alle Traumata bearbeiten, die der Mensch je erlebt hat, sondern den roten Faden im Leben des Klienten feststellen und hierzu das Schlüsselerlebnis finden, das die Kette von Erlebnissen ausgelöst hat.
Bei dieser Therapie braucht man drei Monate, um das aufzuarbeiten, wozu man in der Psychotherapie Jahre benötigt, wenn man überhaupt zum Ziel gelangt. Und das Ergebnis ist Befreiung, die Probleme verschwinden. Ich erwarte eine hundertprozentige Veränderung des Problems. Ich erwarte nicht, daß der Patient sich anpaßt, damit umgeht, ‚das Problem ist noch da, aber es stört mich nicht', sondern es muß einfach weg sein.

Die Reinkarnationslehre ist schon sehr alt, aber die RT ist neu.

Alles kommt dann, wenn der Mensch dazu bereit ist und nicht vorher. Das Fische-Zeitalter war nicht förderlich für den glücklichen Menschen, es hat uns Kriege gebracht, Hungersnot, Seuchen, Mord; ganz sicher war diese Zeit nicht förderlich für die Reinkarnationstherapie. Aber im Wassermann-Zeitalter ändert sich das. 1935 hat man eine Umfrage gestartet, wer an außersinnliche Wahrnehmung, Reinkarnation und esoterische Gesetze glaubt. 95 Prozent der Menschen glaubten nicht daran, 3 Prozent waren unsicher, 2 Prozent glaubten daran. 1979 wurde dieselbe Umfrage nochmals durchgeführt, und das Ergebnis war diesmal genau umgekehrt. In den Jahren, in denen ich nun mit der Reinkarnationstherapie arbeite, wurde ich noch nie angegriffen, ausgelacht oder bekämpft. Es gab Leute, die vorgaben, nicht daran zu glauben, aber viele Leute sagten: „Ich glaube nicht an Reinkarnation, weil ich nicht wiederkommen will und das Ganze nochmals durchmachen will." In Wirklichkeit meinen sie: „Ich glaube zwar daran, aber ich will mich nicht damit befassen. Die Folgen sind mir zu weitreichend". Die meisten der Leute, die zur Reinkarnationstherapie kommen, sind in dem Stadium, wo sie merken, daß sie selbst es sind, die etwas tun können, um ihre Probleme zu lösen.

THEMEN UND PROBLEMKREISE IN DER RT

Die Themenkreise in der RT stimmen mit denjenigen anderer psychologischen Therapien im großen und ganzen überein:

1. Sich wiederholende Probleme in zwischenmenschlichen Beziehungen mit Schwerpunkt auf Problemen mit dem Elternhaus, mit der Partnerschaft und mit bestimmten Personenkreisen wie z.B. Autoritäten.
2. Ängste und Überreaktionen.
3. Körperliche Beschwerden.
4. Sinnfragen.

Probleme mit dem Elternhaus

Obwohl selbst schon erwachsen, können viele Menschen die Probleme mit ihrem eigenen Elternhaus nicht zufriedenstellend lösen und hinter sich lassen. Ein Mensch kann dem betreffenden Elternteil eine Handlungsweise nicht verzeihen und beschäftigt sich intensiv mit der Frage, inwieweit dieser Elternteil Schuld an seinen heutigen Problemen hat. Ist die Beziehung zu einem Elternteil besonders gespannt in Verbindung mit heftigen negativen Gefühlen, so ist diese heutige Eltern-Kind-Beziehung von einem früheren Leben her belastet, in dem sich diese zwei Menschen schon begegnet sind und sich gravierende Probleme bereitet haben. Oder die heutige Elternfigur stellt das Spiegelbild einer in einem früheren Leben sehr negativ erlebten Person dar oder sie erinnert an eine traumatisch erlebte Situation.

Hierzu ein Beispiel:
Eine junge Frau fühlte sich von Kindheit an durch ihre Mutter sehr benachteiligt. Ihr Bruder bekam alles, und sie bekam nichts. In der Gegenwart fühlt sie sich gehemmt, kann ihre Anlagen und Fähigkeiten nicht voll einsetzen und macht ihre Jugend für ihre heutigen Probleme verantwortlich. In der

Rückführung fand man, daß beide in einem früheren Leben schon einmal als Mutter und Tochter beisammen waren; die Tochter mußte die gelähmte Mutter pflegen und war so in ihrem Privatleben sehr eingeschränkt. Es bestand ein gegenseitiger Haß zwischen den beiden, der sich in dauerndem Streit manifestierte. Eines Tages führte die Tochter die Mutter in einem Gefährt spazieren und stieß sie an einer einsamen Stelle einen steilen Hang hinab, was den Tod der Mutter bedeutete. Niemand hatte den Vorfall bemerkt, und die Tochter ging straffrei aus.

In einem anderen Leben wiederum in derselben Rollenverteilung Mutter – Kind, war die Mutter eine primitive, geistesgestörte Frau, die sich nicht um ihr Kind kümmerte und das Kind im Baby-Alter verhungern ließ. Das Kind empfand die Mutter als Hexe, da sie lange Röcke trug und sehr ungepflegt und verkommen aussah.

Wieder in einem anderen Leben waren die beiden männliche Konkurrenten, die sich um eine Frau stritten. Hierbei hat die Klientin in der männlichen Rolle ihrem Widersacher die Augen ausgestochen und ihn körperlich verstümmelt und somit lebensunfähig gemacht.

Es gab zwar noch mehr Begegnungen zwischen den beiden, aber diese drei waren die wichtigsten, um die heutigen Konflikte dieser Frau zu lösen. Sie verstand nun, warum die Mutter sie benachteiligt hatte. Unbewußt reagierten Mutter und Tochter auf die gemeinsamen Erlebnisse von früher, die Mutter war nicht in der Lage, ihrer Tochter Zuwendung zu geben, da sie sie noch als verhaßten Widersacher, als Mörderin und als vernachlässigtes Kind sah, was ihr wiederum Schuldgefühle bereitete. Die Tochter hatte der Mutter gegenüber auch Schuldgefühle und war deshalb sehr empfindlich auf eine Zurückweisung von seiten der Mutter gewesen. Nach der Aufarbeitung dieser Geschehnisse entwickelte sich ein normales, sachliches Verhältnis zwischen den beiden, da gegenseitiger Haß und Vorwurf sich auflösten.

Es genügt bei einem solch gespannten Verhältnis zwischen zwei Menschen, wenn ein Teil seine Spannung aufarbeitet, um die Beziehung zu normalisieren. Auch wenn der andere Teil gar nichts von den früheren Leben weiß, so reagiert sein Unterbewußtsein doch auf die neue, entspannte Haltung des Gegenübers und entspannt ebenfalls. Im Grunde lebten beide Seiten die vergangenen Situationen mit ihren Spannungen in der Gegenwart aus. Da Spannungen auf das Jetzt aber gar nicht passen, werden viele zwischenmenschliche Beziehungen in ihrer Eigenart unerklärlich; der Verstand ist hier nicht in der Lage, das Problem zu lösen.

Autoritätskonflikte

In der Gegenwart von Autoritätspersonen wie Vorgesetzten, Polizisten, Richtern, Amtspersonen fühlen sich viele Menschen gehemmt und unsicher einerseits, auflehnend und aggressiv andererseits.

Das Unterbewußtsein erinnert sich hier an frühere Zeiten, in denen Menschenrechte nicht gesetzlich verankert waren und einzelne Autoritäten bedeutend mehr Macht über den Einzelnen hatten, als dies heute der Fall ist. In vielen Fällen war ein Mensch Ungerechtigkeiten, Unterdrückung, Qual und Erniedrigung hilflos ausgeliefert. Ganz massiv war Unterdrückung bei der Sklaverei zugegen, die Sklaven wurden geschlagen und mit Nahrungs- und Wasserentzug bestraft und zu Tode gehetzt. Entweder sie starben an Erschöpfung und Unterernährung, oder sie wagten es, sich aufzulehnen und wurden dann zu Tode gefoltert.
Den Sklaven ähnlich war das Leben der Leibeigenen der Lehensherren, welches aus Arbeit und Mühe bestand. Die Leibeigenen standen unter dem Druck und der Willkür ihrer Her-

ren, bekamen kaum Entlohnung, das Familienleben war sehr eingeschränkt und auch dem Willen ihrer Herren unterworfen.

Heutige Unlust, Passivität, Sich-nicht-einordnen-können, Depression oder auch Aggression können von solchen Unterdrückungssituationen herrühren.
Auch die Rechtsprechung und die Moralvorstellung beinhaltete oft Unterdrückung. Man denke nur an das Mittelalter, in dem unzählige Menschen unschuldig hingerichtet wurden, nur weil sie eine Neigung zu Heilkräutern hatten oder eine illegitime intime Beziehung eingegangen waren. Traumatisch ist in solchen Leben nicht nur der qualvolle Tod durch Verbrennen, Aderlaß, Folter oder Verhungern, sondern auch die Verleugnung des eigenen Glaubens, der eigenen Überzeugung sowie die Erniedrigung und Bloßstellung eines Menschen – oft in der Öffentlichkeit – durch die Verletzung der Menschenwürde.
Heutige Unsicherheit, Angst in der Menschenmenge, Nicht-auffallen-wollen, Verunsicherung durch Blicke anderer, führen häufig auf mittelalterliche Geschehnisse zurück, bei denen man vor der Hinrichtung von der Menge wütend oder verächtlich angeschaut und beschimpft wurde.

Äußerst strenge Stammesregeln, die bis zu Stämmen der Steinzeit zurückführen können, enthielten menschenfeindliche Elemente. So wurden eheliche Untreue, Verrat oder Lüge mit dem Tode oder mit Verbannung in eine überlebensfeindliche Gegend bestraft.
Unsicherheit und Angst vor Strafe können hiervon bis heute nachwirken.

Nicht zuletzt sind es die Kriegssituationen mit Vorkommnissen wie Plünderung, Vergewaltigung, Mord, Trennung und Verlust der Angehörigen, die bei den Menschen einen negativen nachhaltigen Eindruck hinterlassen haben. Auch hier sind Autoritäten vertreten, entweder eine anonyme wie das gegnerische Land oder eine konkrete wie einzelne Soldaten oder ihre Anführer.

Jeder Mensch hat in seinem Unbewußten viele Unterdrückungserlebnisse gespeichert und ist deshalb auf bestimmte Elemente in Unterdrückungssituationen besonders empfindlich. So kann heute ein Mensch Angst bekommen, wenn ihn jemand anbrüllt, denn er ist in einem früheren Leben von einer brüllenden Horde von Plünderern umgebracht worden. Ein anderer fühlt sich unsicher in der Gegenwart eines autoritären Vorgesetzten, da er in einem früheren Leben von einem autoritären Aufseher zu Tode gepeitscht wurde. Eine Frau mag sich vor uniformierten Männern fürchten, weil sie früher von einem Soldaten in Uniform vergewaltigt und getötet wurde. All diese Empfindsamkeiten gehen auf eine frühere Situation zurück, in der etwas Schreckliches passiert ist. Erst wenn die alten Unterdrückungssituationen nacherlebt und deshalb neutralisiert wurden, können sich diese Ängste und Überreaktionen auflösen, da sie nun nicht mehr notwendig sind.

Ängste

Konkrete Ängste *vor* einer bestimmten Situation kommen erst *nach* einem Elebnis mit dieser Situation. Hätten wir noch nie negative Erlebnisse in früheren Leben erlebt, wir wüßten nicht, was Angst ist. Selbstverständlich bilden auch traumatische Erfahrungen in diesem Leben wie Kriegserlebnisse, Lebensgefahr oder Schock eine Basis der Angst. Jedoch sind die meisten Ängste der Menschen unbegründet, sie haben in diesem Leben keine traumatische Ursache, die sie erklären könnte. Ängste vor Krieg und Katastrophen haben oft wirklich erlebte Kriege und Katastrophen in früheren Leben als Hintergrund. Es gibt Kinder, die schon Angst vor dem Krieg haben, bevor sie überhaupt umfassende Aufklärung über den Krieg erhalten haben. Da jeder Mensch in früheren Leben schon in Kriegen und Katastrophen auf qualvolle Weise umgekommen ist oder seine Lieben, sein Haus und seine Lebensbasis verloren hat, wertet das Unterbewußtsein Krieg oder Katastrophe natürlich als sehr bedrohend und signalisiert dem Menschen Angst.

Ängste vor Ungeziefer, bestimmten Tierarten wie Spinnen oder Mäusen, können in das Mittelalter zurückführen, als man annahm, daß Mäuse und Ratten die Pest übertragen. Wo Mäuse und Ratten waren, waren Tote und Kranke nicht weit. In Urzeiten gab es Rieseninsekten, die natürliche Feinde des Menschen waren, so haben beispielsweise Riesenspinnen den Menschen zerquetscht, eingesponnen und getötet, oder fliegende Riesenkäfer packten den Menschen, zerbrachen ihm die Glieder und fraßen ihn. Immer wenn eine Angst vor einem konkreten Tier auftritt, kann man annehmen, daß dieser Mensch durch dieses Tier in einem früheren Leben zu Tode gekommen ist.

Häufige Ängste sind die vor Höhe oder Tiefe, vor Wasser, vor Menschenmengen, vor weiten und engen Räumen und vor Einengung. Genau diese Elemente können mit einem Tod in einem früheren Leben verbunden sein, man kann von einem Turm gestürzt sein, Schiffbruch erlitten haben und ertrunken sein, vor einer Menschenmenge angeprangert und hingerichtet worden sein, in einem weiten Raum sich verirrt haben, in einem engen Raum erstickt oder in einem Kerker verhungert sein. Entscheidend ist, daß die Angst heute auf einen früheren Tod hindeutet, den der Reinkarnationstherapeut aufarbeiten muß, da ansonsten die Angst weiterhin bestehen bleibt.

Alle situationsbezogenen Ängste können durch Rückführung in die konkrete Angstsituation und ihre gründliche Bearbeitung gelöst werden. Die Angst ist das Überbleibsel der nicht verarbeiteten Situation. Sobald das Erlebnis eingeordnet und neutralisiert ist, braucht das Unterbewußtsein die Angst nicht mehr auf die Gegenwart zu übertragen, da das ursprüngliche Trauma nun nicht mehr im Unterbewußtsein verankert ist und die Gegenwart nicht mehr verfälscht. Das Unterbewußtsein muß lernen, daß es dem Bewußtsein nicht immer durch sein Warnsystem „Angst" einen Dienst erweist, so wie es sich bei der Instinktentwicklung als nützlich erwiesen hat. Anders liegt der Fall bei einer generellen Lebensangst oder bei der Phobie. Die Phobie deckt immer ein Schuldgefühl oder ein Versagen zu. Man bestraft sich selbst für Vergehen in diesem oder in einem früheren Leben, indem man sich vom Leben zurückzieht und die Umwelt als beängstigend empfindet. In Wirklichkeit hat so ein Mensch Angst, die Umwelt könnte sich an ihm für seine früheren Taten rächen oder etwas Unangenehmes über ihn herausfinden und ihn dafür verachten.

Ausgesprochen ängstliche und schüchterne Menschen werden in der Reinkarnationstherapie vornehmlich auf ihre aggressiven Handlungen zurückgeführt und nicht in angstvolle Situationen, da letzteres nur die heutige Angst verstärken würde. Der frühere Tyrann und Egozentriker bestraft sich im Nachhinein selbst, indem er in das andere Extrem verfällt und hilflos und schüchtern wird, dauernd ein schlechtes Gewissen hat und deshalb nicht auf andere Menschen zugehen kann. Wenn diese Menschen ihre frühere Schuld und Aggression aufarbeiten, indem sie Verantwortung dafür übernehmen, anstatt sie zu verdrängen, können sie auf diesen Selbstbestrafungsmechanismus verzichten.

Ähnlich verhält es sich mit Zwängen – der betreffende Mensch hat einen Schock nicht überwunden oder bestraft sich selbst und hindert sich am Leben aufgrund alter Schuldgefühle. Der Umgang mit sich selbst ist bei Menschen mit Zwangsverhalten immer recht hart und lieblos, sie können sich selbst nicht annehmen wie sie sind und bestrafen sich dafür mit Zwangsverhalten. Diese Menschen richten ihre negativen, zerstörerischen Absichten häufiger gegen sich selbst als gegen andere. Sie gestehen sich ihre wahren Wünsche und Bedürfnisse und auch ihre Fehler nicht ein, lassen keine Freude zu, sondern tun und denken nur das, was ihnen Probleme und Depressionen bereitet; ferner unterlassen sie, das, was in ihrem Leben Probleme erzeugt, abzuschaffen. Das Unterbewußtsein sucht sich dann ein Ventil für diese Verdrängung im Zwang – er ist Symbol für das, was die Person psychisch tut: Sich vom Leben abhalten, sich gedanklich im Kreise drehen, sich selbst unterdrücken.

Bei einem jungen Mann, der seit der Begegnung mit einem bestimmten Mädchen unter dem Zwang litt, Gegenstände, die sich in der Umgebung dieses Mädchens befanden und daraufhin auch seinen Körper ständig waschen zu müssen, konnte man im früheren Leben die eigentliche Ursache finden: In diesem früheren Leben arbeitete er als Diener für eine sehr strenge, launische Herrin, die ihn für einen Fehler seinerseits als Strafe teeren und federn und zur Schau stellen ließ. Diese Behandlung war äußerst schmerzhaft. Der heiße Teer verbrannte die Haut, das Herunterwaschen des Teers war ebenfalls mit Schmerzen und Brennen verbunden. Im Nachhinein brannte und juckte die Haut, und er lief vor Schmerz und Wut wie ein Tier hin und her. Dazu kam noch die Zurschaustellung und die Schande, da die Menschen sich über ihn lustig machten. Sobald dieses Geschehen gefunden war, hörte der Zwang, sich zu waschen, schlagartig auf, obwohl er vor der Rückführung sehr stark ausgeprägt war. Das Mädchen heute erinnerte diesen jungen Mann in ihrem Wesen an die frühere Herrin, und das Unterbewußtsein reagierte, indem es die körperliche Symptomatik abspielen ließ wie eine Schallplatte. Dies ist ein typisches Beispiel für die Verwechslung von Ort und Zeit durch das Unterbewußtsein, nur weil ein ähnlich veranlagter Mensch in der heutigen Umgebung auftaucht, spielt es das gesamte Geschehen in seiner körperlichen Auswirkung wieder.

Überreaktionen sind übersteigerte Verhaltensweisen, bei denen jemand mit unkontrollierter Wut lebt, panische Angst ihn überfällt oder maßlose Traurigkeit ihn übermannt. Übersteigerter

Sexualtrieb ist eine Überreaktion, und vieles mehr. Aus der Sicht der herkömmlichen Psychotherapie bedeuten Überreaktionen Ausweichmanöver, ein unbewußtes Ablenken vom Konfliktkern. In der RT geht man dem Grund für die Überreaktion nach und nimmt an, daß diese Verhaltensweise aus einem früheren Erlebnis kommt. Wurde ein Mensch im früheren Leben durch Lüge und Verrat um ein ihm zustehendes Erbe oder Amt gebracht, kann er heute bei der geringsten Unwahrheit in Rage geraten. Es gibt herkömmliche Therapieformen, die Überreaktionen provozieren, um sie so abklingen zu lassen. Solche Vorhaben führen nicht an den Kern der Sache heran. Man kann einen Menschen immer wieder zu seiner Wut provozieren, ohne daß er an den Ursprung seiner Wut kommt. Wirkungsvoll wird eine Therapie erst, wenn die primäre Ursache solchen Verhaltens aufgedeckt wird und die darunterliegenden Emotionen ebenfalls aufgearbeitet werden. So liegt unter der Wut meistens Versagen, unter dem Versagen liegt Angst, unter der Angst liegt Feigheit und Schwäche. Nur die oberste Emotionsschicht zu bearbeiten, läßt die darunterliegenden Schichten unberührt.

Genau wie die Überreaktionen haben körperliche Beschwerden häufig ihre Ursache in früheren Leben. Ein dumpfer Schmerz in der Herzgegend kann von einem Verschüttetwerden herrühren, der Betreffende war an die Wand gepreßt oder wurde zertrampelt. Eine junge Frau hatte immer wieder Beschwerden mit dem linken Fuß, mal war er verstaucht, dann eingeklemmt, beim Sport verletzt. Als Ursache stellte sich heraus, daß sie in einem früheren Leben auf der Flucht vor Soldaten vor lauter Hast und Eile in ein Loch trat und schwere Steine ihren Fuß eingeklemmt hatten. Sie kam nicht mehr heraus, und die Flucht war vereitelt.

Die Frage nach dem Sinn des Lebens ist natürlich eine grundsätzliche Frage, die der Mensch sich im Laufe seiner Entwicklung stellt. Die Sinnfrage entsteht aber oft in Situationen, in denen der Mensch am Leben gescheitert ist. Nach zuviel

Schmerz und Verlust bleibt oft nur die Frage übrig „Wozu das alles?" oder „Warum gerade ich?" Bei der Frage nach dem Sinn stehen uns auch unsere eigenen früheren Anschauungen im Weg. Im Falle eines jungen Mannes, der sich bei allem, was ihm passierte, fragte, ob denn dies gottgewollt sei, fanden wir in seinem früheren Leben, daß er Priester gewesen war und seine Schützlinge mit starren Regeln belegte, sie in Angst und Panik vor dem strafenden Gott versetzte und auch vor der Folter für „Sünden" nicht Halt machte. Während der Folter redete er auf die Opfer ein, das sei gottgewollt und geschähe im Namen Gottes. Diese eigenmächtige „Sinngebung" ließ heute seine Gedanken in ähnlichen Bahnen kreisen.

Die Entwicklung des Menschen

Eine Seele, die heute auf der Erde inkarniert, hat meist schon Hunderte bis Tausende Erdenleben hinter sich. Innerhalb dieser vielen Leben versucht die Seele, ihre Schwierigkeiten zu überwinden und bestimmte Lernprozesse abzuschließen. Sie gerät dabei in verschiedenen Leben in ganz ähnliche Situationen und begegnet immer wieder der gleichen Problemstellung. Hat ein Mensch im früheren Leben andere unterdrückt, gerät er selbst so lange in Unterdrückungssituationen, bis er erkennt, daß das, was er anderen antut, für ihn selbst genauso gilt. Hat man anderen etwas angetan, so muß man dasselbe erdulden, bis man gelernt hat, im Wert und in der Achtung der eigenen Person und anderen keinen Unterschied zu machen. Es gilt zu erkennen, daß alle Wesen dieselbe Substanz und dasselbe Potential haben, und mit dem Leben anderer und seinem eigenen Leben verantwortungsbewußt umzugehen. Hat man früher Verantwortung abgelehnt, so verfestigt sich der ursprüngliche Wunsch, keine Verantwortung zu übernehmen, indem man in Lebenssituationen hineingeboren wird, in denen man von vornherein keine Verantwortung übertragen bekommt, z.B. in unterdrückte, benachteiligte Gesellschaftsschichten.

Andererseits kann man auch vom Schicksal soviel Verantwortung aufgebürdet bekommen, daß es unmöglich ist, ihr gerecht zu werden und zwangsläufig Fehler machen muß. Beide Ausdrucksformen sind nur Lernprozesse, mit der Verantwortung im rechten Moment richtig umzugehen, d.h. sie im richtigen Augenblick anzunehmen. Drückte sich ein Mensch in früheren Leben vor einer wichtigen Entscheidung, weil er zu feige war, die Konsequenzen zu tragen, kann er in späteren Leben von der Umwelt als unmündig behandelt werden und ihm wird seine Entscheidungsfähigkeit gar abgesprochen, oder er wird vor solch schwierige Entscheidungen gestellt, daß es unmöglich ist, die richtige Wahl zu treffen. Erfahrungsgemäß braucht man eine ganze Reihe von Leben, um einen gemachten Fehler wieder auszugleichen.

Ziel ist es, die Herausforderung auf jeder Entwicklungsebene zu meistern. Die Seele muß sich bei allen Situationen und Schwierigkeiten gelassen und wohl fühlen können, baut sie Widerstände gegen etwas auf, muß sie diese in ihrem Entwicklungsprozeß abbauen, indem sie mit denselben Situationen so lange konfrontiert wird, bis sie auch ihr unliebsame Dinge wertneutral annehmen kann. Ein zu stark ausgeprägtes Ego und Selbstüberschätzung können zu Widerständen gegenüber dem Schicksal führen, da der eigene Wille mit dem Geschehen nicht übereinstimmt. Das altmodische Wort „Demut" gewinnt wieder an Bedeutung, wenn der eigene Wille vom Schicksal gebrochen wird und die Seele lernt, auch Dinge zu akzeptieren, die ihr nicht behagen.

Der Grundfehler der Seele ist der, die Verantwortung für das eigene Tun nicht übernehmen zu wollen. Dies beinhaltet eine Selbsttäuschung und einen Verrat des eigenen Gewissens. Da eine Selbsttäuschung eine freiwillige Beschränkung des Bewußtseins und der Wahrnehmung darstellt, verfestigt sich dieser Wunsch und die Seele wird weniger bewußt und weniger wahrnehmungsfähig. Unter diesem Zustand leidet sie dann und versucht, sich wieder davon zu befreien. Dies ist jedoch nur möglich, wenn die ursprüngliche Selbsttäuschung wieder bewußt gemacht wird. Dies geschieht in einem Zyklus von vielen Leben.

Ist die Seele einmal auf der Erdebene angelangt, inkarniert sie nur auf diesem Planeten, bis sie die Aufgaben, wegen derer sie hierhergekommen ist, bewältigt hat. Die meisten Menschen inkarnieren schon seit Urzeiten auf der Erde. Vor der menschlichen Form existieren auch Erinnerungen an Tier- und Pflanzeninkarnationen bis zurück zum einzelligen Lebewesen. In den Rückführungen tauchen häufig Erfahrungen aus nichtmenschlichen Verkörperungen auf, die auch traumatischen Gehalts sind. Im Tierreich stellen Geschehnisse von Gefressen- oder Verletztwerden oder Verhungern das Trauma dar, im Pflanzenbereich das Vertrocknen durch unwirtliche Wetterverhältnisse, Ausgerissen- oder Beschädigtwerden oder das Zertretenwerden durch Mensch oder Tier.

Vor der Erde hat die Seele Rückerinnerungen an Leben auf anderen Planeten, was sehr unterschiedlich aussehen kann. Auf manchen Planeten war und ist heute noch die Technik der Erdebene weit voraus, und es tauchen Erinnerungen an interstellare Raumfahrt auf, an roboterhafte Körper, an computergesteuerte Gesellschaftsformen mit starker Kontrolle auf das Leben des einzelnen. Auf anderen Planeten wiederum hatte man menschenähnliche Körper, manche bedeutend größer oder kleiner als unsere, jedoch ähnlich geformt. Die Gesellschaftsformen waren je nach Bewußtseinsebene sehr eng genormt mit sehr strikten Regeln und Moralgesetzen oder freiheitlich im Denken und Handeln.

REINKARNATION UND GEIST

Die beiden Begriffe, die dem Leben des Menschen einen innewohnenden Sinn geben - die der Osten hat, aber der Westen auf den Konzilen von Nicea, Trient und Konstantinopel aus seinen Religionen entfernte – sind die Vorstellungen von Karma und Reinkarnation. Dies bedeutet, eine Form anzunehmen, auf bestimmten Schwingungsfrequenzen wie z.B. auf der psychischen Ebene geboren zu werden, um bestimmte Arten von Bindungen und Situationen durchzuspielen, durch Überwindung bestimmtes Anhaften zum Ende zu bringen und die innewohnende seelische Freiheit wieder zu etablieren. Im freien Zustand hat die Seele keine Zielsetzungen oder Wünsche, und sie ist eins mit dem Einen. Von einem zenbuddhistischen Standpunkt aus gibt es kein Eines mehr, sobald wir in dem Einen sind. Wir können das Eine nur wahrnehmen, wenn wir zwei sind. Vielleicht hat die Seele deshalb die Ebene des Einen verlassen, um das Eine von anderer Warte wahrnehmen zu können. Hier entsteht die Dualität. Gehen wir davon aus, daß die Seele alle Erfahrungen, die sie gemacht hat, aus eigenem Antrieb gewollt und gebraucht hat, so bekommt unser tägliches Leben und das menschliche Leiden einen völlig anderen Sinn. Wir erkennen uns als Wesen, die sich in die physische Ebene begeben haben, um bestimmte Erkenntnisprozesse durchzuführen, und jede Erfahrung in unserem täglichen Leben ist Teil dieses Prozesses. Von karmischer Warte ist jedes Leben eine neue Chance, unseren Erfahrungsbereich zu erweitern, unsere Potentiale zu entwickeln, zu erkennen, daß wir einzig und allein selbst die Ursache für unser Erleben setzen. Das Annehmen dieser Verantwortung schenkt Wissen und Freiheit, das Negieren derselben Unwissen und Unfreiheit, sucht man doch ständig nach den Ursachen im Außen statt im Innen. Wir sehen den Sinn des Lebens nicht im philosophischen Materialismus. Wir sind nicht mit unserem Körper identisch, und wenn das Leben vorbei ist, ist alles vorbei. So holen wir uns jetzt das, was wir kriegen können, als gäbe es danach nichts mehr. Von einer bewußteren Erfahrungsgrundlage aus scheint der philosophische Materialismus nicht mehr stichhaltig zu sein. Von einer bewußteren Ebene aus können wir sagen, daß wir die Geburt unseres jetzigen Lebens wegen einer bestimmten Aufgabe angenommen haben und diese versuchen auszuführen. Im Sinne der Reinkarnation stellt sich überhaupt nicht die Frage, ob unser Körper und unsere Psyche mit unseren elterlichen Erbanlagen in Beziehung steht oder ob unsere Persönlichkeit von der Internalisierung von Wertmaßstäben durch Erziehung und Gesellschaft beeinflußt ist. Wir wissen nicht, wie viele Erbanlagen durch den Gencode übermittelt werden. Die Seele hat die Möglichkeit, aus diesen Erbanlagen sich das herauszusuchen, was sie für ihre Entwicklung und die sich selbst gestellte Aufgabe benötigt. Die Erziehung und die Gesellschaft spielen dem Menschen bestimmte Situationen zu; was der Mensch damit macht, ist einzig und allein seine Sache. Niemand kann sich auf äußere Umstände als die Ursache für sein Verhalten beziehen, sondern die äußeren Umstände sind nur Reize, die die inneren Anlagen hervorbringen. Der Mensch weiß vor seiner Geburt ganz genau, auf was er sich da einläßt. Wir sagen uns: Ich lasse mich auf diese Eltern, diese Erfahrung ein. Ich werde in diesem Leben sein, vielleicht nur ein Auge haben oder im Rollstuhl fahren. Ich werde durch einen Autounfall ums Leben kommen. Das ist genau die Erfahrung, die ich brauche, um weiterzukommen. Die Erfahrungen sind nicht in allen Einzelheiten vorprogrammiert, und der Mensch hat eine ganze Palette von Möglichkeiten, mit diesem kommenden Leben umzugehen und darauf einzuwirken. Aber das Ziel und die Lebensthematik liegen vor der Geburt fest. Im Sinne der Reinkarnation ist die gesamte physische Ebene nur eine Entwicklungsschule. Wenn wir lernen, daß alles, was auf dieser Erde existiert, eine notwendige Schulung für die jetzt darauf inkarnierten Wesen ist, hören wir auf, Ungerechtigkeit und Not zu beklagen, sondern können die Erde als spielerische Ebene betrachten, wo alle Problemkreise behandelt werden können, ebenso wie alle Freuden und Annehmlichkeiten erlebt werden können. Hilfe bekommt eine ganz andere Bedeutung – Hilfe heißt nicht, Unannehmlichkeiten vermeiden helfen oder zu bemitleiden, sondern dem anderen helfen, sein Schicksal zu verstehen, anzunehmen und zu verändern. Wir werten nicht mehr, verurteilen nicht mehr. Jeder bekommt und verursacht die Erfahrung, die er gerade braucht.

Aus der Sicht des Tarot ist der Mond das Symbol für Selbstfindung und in der Archetypenlehre nach C.G. Jung ist der Mond dem Ewigweiblichen, nämlich der Seele zugeordnet.
In den einzelnen Mondphasen erweist sich das Nachtgestirn dem Gesetz eines zyklischen „Stirb und Werde" unterworfen. Der einfache Mensch glaubt, im Mondzyklus seinen eigenen unabänderlichen Lebensrhythmus zu erkennen. Schon sehr früh entdeckten die Menschen seinen Einfluß auf Ebbe und Flut. Aber man brachte ihn auch in Beziehung zu Krankheit und Tod und ebenso zu Fruchtbarkeit und Auferstehung. In einem babylonischen Hymnus wurde der Mond gefeiert als Mutterleib, der alles gebiert; die griechische Selene (Mond) war zugleich Göttin des Wachstums und der Entbindung. Der ägyptische Mondgott Thot galt als Herr der Zeit und Rechner der Jahre. Der Mond spielt im magischen und bildhaft religiösen Symboldenken der meisten Völker eine bedeutende Rolle. Entscheidend ist dabei, daß er wegen seiner ständig wechselnden Gestalt lebt, daß er mit verschiedenen Lebensrhythmen auf der Erde in offensichtlicher Verbindung steht, und daß er zu einem wichtigen Anhaltspunkt der Zeitrechnung wurde. Der Mond steht in enger Verbindung mit der Fruchtbarkeit und dem Regen, den er schickt, überhaupt mit allem Feuchten sowie mit allem Werdenden und Vergehenden. Der Mond war und ist immer da, in früheren Inkarnationen und ebenso in künftigen Leben.

Durch die Selbstfindung in früheren Leben lassen wir längst verdrängte und lieblos behandelte Anteile wieder zu – dies entspricht dem Mondprinzip. Erst einmal alle Inhalte unserer

Seele bewußt machen, in die tiefsten Schichten hinabsteigen, abgetrennte Anteile wieder integrieren, ist das Prinzip der RT. Wir brauchen für unsere Entwicklung nichts zu *tun*, zuerst müssen wir herausfinden, wer wir *sind*.

Jedes Lebewesen, jede Sache, der wir begegnen, sind ein Hinweis, eine Lehre, die zu uns gekommen ist. Der Grund, warum wir dies oft nicht erkennen, sind unsere ichbezogenen Neigungen und Wünsche. Besitzergreifende Wünsche machen uns abhängig. Freiheit ist die Begegnung mit uns selbst. Solange diese Begegnung nicht stattfindet, können wir nicht wunschlos glücklich sein und projizieren diesen Wunsch, uns selbst zu begegnen, auf unzählige andere Wünsche.
Wünsche aber sind Gedanken. Wünsche offenbaren sich über Gedanken. Wie man weiß, sind Gedanken mit Energie versehen. Deshalb können Gedanken eine Eigendynamik besitzen und sich weiter fortentwickeln.
Vor jeder Tat war ein Gedanke, nicht immer wird die eigentliche Absicht offensichtlich, vor allem, wenn eine berechnende Absicht hinter der Tat steckt.

Besonders viel Energie haben folgende Arten von Gedanken:

Überzeugungen
Absichten, Entscheidungen
Rechtfertigungen
Berechnungen
Wunschdenken.

Die Einstellung gegenüber einem Menschen oder einer Sache ist eine Wertung desjenigen, der die Einstellung annimmt. Da Wertungen nie vollkommen und objektiv sein können, bilden sie nur einen Teil der objektiven Beschaffenheit dieses Menschen oder der Sache. Gelassenheit im Sein – ohne Wertung – ist wohl der Seele höchster Seinszustand, sie kann alles tolerieren und existieren lassen, weil alles seine Daseinsberechtigung hat. Sobald die Seele anfängt zu werten, nimmt sie bestimmte

Einstellungen an und wird dadurch subjektiv und begrenzt. Die Einstellung, die man annimmt, schafft die Realität. Hat jemand die Einstellung „Man muß hart arbeiten, um ans Ziel zu gelangen“ oder „Man bekommt nichts geschenkt“, so trifft diese Einstellung auf ihn selbst zu und auf Mitmenschen, die er sich aufgrund ähnlicher Ansichten anzieht. Jeder Gedanke ist eine Kreation der Seele, die sich verselbständigt und ihrem Inhalt nach bestimmte Situationen und Gefühle nach sich zieht. Beim Karma-Gesetz kann man dies besonders leicht beobachten: Jemand denkt „Das Volk kann man ruhig unterdrücken“, oder „Die sind es nicht wert, besser behandelt zu werden“ und im gleichen oder in späteren Leben trifft dieser Mensch auf andere Personen, die nun *ihm* gegenüber dieselbe Meinung vertreten und nun denken, *ihn* könne man ruhig unterdrücken, *er* sei nichts wert.

Feste Überzeugungen entstehen aus der Bewegung der Polarität heraus. Ein Mensch hat in einem Leben erkannt, daß er zu wenig auf seine eigenen Bedürfnisse geachtet und sich selbst nicht genug wertgeschätzt hat. Nun mag er nach dem Tod den Vorsatz treffen „Ich muß mehr für mich tun“ und im nächsten Leben mit Inbrunst seine eigenen Bedürfnisse pflegen und leben. Er kann dann Überzeugungen äußern wie „Man darf sich nicht vernachlässigen“, er mag Prinzipien vertreten wie „Nur wer sich selbst liebt, kann andere lieben“ usw. Zu festen Überzeugungen und Prinzipien gelangt der Mensch nur aus der gegenüberliegenden Polarität. Wer früher betrogen hat, nimmt sich für ein weiteres Leben vor, ehrlich zu sein, er ist später dann der Meinung „Man darf niemandem etwas wegnehmen“, „Ich darf niemanden anlügen“. Dies mag zur übertriebenen Überzeugung, ja bis zum Fanatismus gehen.

Da wir unsere alten Gedankengänge und Vorsätze „vergessen“, sie aber trotzdem wie ein Planet mit einer individuellen Geschwindigkeit und Rhythmik ihre Bahn laufen, kann es lange dauern, bis uns die Wirkung des ursprünglichen Gedankens wieder trifft. Ein Mensch, der früher dachte, „Ich habe es nicht nötig, mich um andere zu kümmern, ich brauche niemanden", wundert sich in einem späteren Leben, warum er keine Freunde hat und andere nichts von ihm wissen wollen. Ohne es selbst zu merken, nimmt die Umwelt seine ursprüngliche Einstellung auf und verhält sich entsprechend seiner alten Einstellungen, obwohl er sich heute durchaus Freunde wünscht. Wenn man in der Partnerschaft dachte „Ich lasse keinen mehr an mich heran, ich will von keinem mehr etwas wissen", so wundert sich dieser Mensch, daß er in späteren Leben alleine lebt, keinen Partner findet. In Wirklichkeit gehorcht er selbst und die Umwelt seinem früheren Gedanken, der seine Kraft nicht verloren hat.

Tiefsitzende Überzeugungen entstammen unseren traumatischen Erlebnissen, in denen wir oft nach zuviel Schmerz sagten „Nie wieder will ich ein Risiko eingehen", „Nie wieder werde ich anderen trauen". Eine feste Überzeugung nimmt die Seele nach einem Versagen an. Sie hat es nicht geschafft, gelassen und tolerant und alliebend zu sein und sieht nun als einzige Lösung eine „Patent-Lösung", nämlich die feste Überzeugung, die man nur anzunehmen braucht, um jegliche weitere Schwierigkeiten zu verhindern. Da jede zu pauschale Meinung jedoch nicht mehr objektiv und spontan sein kann, kann diese Pauschalmeinung, dieses Vorurteil, auch nicht wirklich die Situation lösen, sondern wirft nun neue Probleme auf, indem man die Schablone der festen Überzeugung Situationen aufdrücken will, auf die sie nicht paßt. Daraus entstehen Unstimmigkeiten, Verstimmungen und Probleme.
Die „Nie wieder . . ."-Vorsätze halten beide Pole der Dualität gleichermaßen fest. Jedes „Nie wieder . . ." wirkt wie eine Suggestion, die das „nie" und „nicht" ausklammert. Alles, was man „nicht" will, bekommt man, alles, was man „nicht" sehen will, wird sich einem aufdrängen, alles was „nicht" existieren soll, existiert besonders stark in unserem Bewußtsein. Deshalb ist positives Denken oft nicht genug, um wirkliche Probleme mit Negativinhalten aufzulösen. Erst sollte man den Inhalt des ursprünglichen Gedankens aufspüren,

herausfinden, in welcher Situation man diesen Gedanken als feste Überzeugung angenommen hat, bearbeiten, was das wirkliche Versagen war und eine andere direktere Methode der Problemlösung finden. Dazu gehört auch eine Modifikation des ursprünglichen Gedankens, man sollte ihn auf eine neutrale Form abändern. Aus „Lügen ist eine Sünde" kann eine modifizierte Einstellung werden wie etwa „Ich bemühe mich darum, nicht zu lügen, wo eine Lüge notwendig scheint, möchte ich diese scheinbare Notwendigkeit ergründen und auf offenere Art angehen". Aus „Man darf keinem Menschen trauen" kann werden „Man kann sicher nicht jedem Menschen trauen, jedoch bemühe ich mich grundsätzlich um Vertrauen und schließe aber mögliche betrügerische Absichten im anderen nicht aus".
Das „Nie wieder . . ."-Denken wirft uns wie ein Pendel hin und her, eine Weile stehen wir auf der einen Seite der Dualität, eine Weile auf der anderen, manchmal sind beide im Konflikt. Um ein Problem zu lösen, muß man nur die verschiedenen Anteile des Problems erkennen und ergründen, wann und warum man verschiedene Aspekte einer Sache kreiert hat. Hat man im früheren Leben andere Menschen aus egoistischen Gründen verlassen, ist man in anderen Leben als Gegenpol dazu von ihnen abhängig geworden. So entsteht durch die Verschiedenheit der Absichten und Energien nun ein Problem.

Bei der RT halten wir Ausschau in früheren Leben, wo wir jeder dieser verschiedenen Kräfte selbst Raum gegeben und jede einmal gelebt haben, bis sie sich nicht mehr im Widerspruch gegenüberstehen. Wir kommen nicht umhin, Verantwortung für alle Aspekte eines Problems zu übernehmen, kann uns doch nichts wirklich im Wege stehen, wenn wir es nicht selbst geschaffen haben.

Alibidenken und Rechtfertigungen (Ausreden) haben auch die Tendenz zur Verwirklichung in sich. Hat ein Feldherr früher einen Krieg angezettelt mit der Begründung „Das Volk hat nicht genug zu essen", dies aber nicht der eigentliche Grund war, sondern nur um seine eigene Kampfeslust zu befriedigen, so kann er selbst in späteren Leben in genau die Situation geraten, die er als Rechtfertigung „kreiert" und vorgeschoben hat. Er hat diese Realität mit seinen Gedanken vorbereitet. Er kann also selbst später als Bürger hungern müssen, oder wird tatsächlich einmal vor das Problem eines hungernden Volkes gestellt. Schiebt jemand in der Gegenwart als Entschuldigung für ein abgesagtes Treffen „Kopfschmerzen" vor, obwohl er sie nicht hat und nur keine Lust verspürt, die Verabredung einzuhalten, so können sich innerhalb kurzer Zeit tatsächlich Kopfschmerzen einstellen. Drückt sich ein Sohn, der Vaters Geschäft übernehmen soll, vor der Verantwortung der Entscheidung und schiebt diese vor sich her mit der Begründung „er fühle sich noch nicht sicher genug", so kann ihm recht bald das Problem der Unsicherheit, auch bei ganz anderen Themenkreisen, begegnen. Eine bestimmte Rechtfertigung benützen wir oft durch viele Leben hindurch, sie erlaubt uns, denselben Fehler immer wieder zu machen, da wir uns ja ins Recht setzen. „Ich muß schließlich auch leben", könnte ein Dieb denken, der sein Opfer ausraubt und dann zusammenschlägt, „der kann sowieso nichts mit seinem Geld anfangen". Er weiß nicht, daß er hier einen Bumerang aussendet, der zu späterer Zeit, wenn er diese Art Rechtfertigung längst vergessen hat und vielleicht inzwischen ein rechtschaffener Mensch geworden ist, wieder zu ihm zurückkehren wird, vielleicht in Form von Geldzuteilung, mit der er aber nichts anfangen kann, an die er nicht herankommen kann oder die ihm sogar Unglück bringt oder in Form von Geldverlusten (mit diesem Geld kann er dann auch nichts mehr anfangen). „Ich muß schließlich auch leben" kann zu einer Situation führen, in der er nicht sterben kann und sich verdammt fühlt zu leben. „Sie liebt ihren Mann ja doch nicht", kann eine Frau denken, die ein Verhältnis zu einem verheirateten Mann unterhält, „bei mir hat er es wenigstens gut". Dies kann später zu Verhältnissen und Partnerschaften führen, bei denen diese Frau entweder nicht geliebt wird oder aber nur um irgendwelcher materieller Vorteile willen. Oder man traut ihrer Liebe nicht. Die Rechtfertigungen und Berechnungen sind die verzwicktesten Gedankengänge, da sie oberflächlich gesehen rational und richtig erscheinen, in Wirklichkeit aber nur Tarnungen für Fehlverhalten und Unaufrichtigkeit sind. Daher sind sie auch nicht immer leicht aufzuspüren, da der Mensch sie ja für lebenswichtig erachtet und sich fein säuberlich ein Gedankengebäude errichtet hat, in dem alles „stimmt", alles hat seine Begründung und alles ist erklärbar. Der Mensch hält oft hartnäckig an seinen Rechtfertigungen fest, weil er sonst zugeben müßte, daß er seit langer Zeit schon auf dem Holzweg ist und sich dies nur noch nicht eingestanden hat.

Wunschdenken stammt aus traumatischen Geschehnissen und Schuldgeschehen, durch die etwas Negatives weit weggeschoben wird. Man will die eigene Identität nicht mehr gewesen sein und identifiziert sich deshalb mit einer angenehmeren Identität. Jede Betonung der eigenen positiven Einstellungen ist schon eine leichte Form des Wunschdenkens, wenn dadurch die negativen Gegenstücke verdrängt werden sollen. Alle rosa Wolken und zu hoch gesteckten, unerreichbaren Ziele haben ein nicht verarbeitetes Gegenstück, jedes Ziel, das man anstrebt, einen negativen Gegenpol, von dem man weg will. Nach einem Leben als Prostituierte kann eine Seele im nächsten Leben in ein Kloster gehen und „heilig" werden wollen. Das Problem ist in dem Moment gelöst, wo man beide Aspekte der Persönlichkeit und des Wunsches annehmen kann und sich nicht mehr nur mit einer Seite identifizieren will.

Je weiter man in den Rückführungen zeitlich zurückgeht, desto mächtiger und schneller wirkt die Kraft der Gedanken. Ein Gedanke einer Seele, wie „Ich will jetzt was erleben" wird sie unmittelbar in eine Situation bringen, in der sie „etwas erleben" wird, nur die Qualität dessen, was sie erleben will, hat sie nicht definiert. Oft denken Leute „So geht es nicht mehr weiter, ich halte das nicht mehr aus", lassen diesen Gedanken aber so stehen, ohne den ersten Impuls konstruktiv umzusetzen. Was passiert dann? Es passiert ein Unglück, ein Unfall, und sie haben erreicht, was sie wollten: „So geht das nicht mehr weiter . . .". Das Schicksal hat ihnen aufs Wort gehorcht. Wenn sie diesen Zusammenhang nicht erkennen, mögen sie sogar noch unglücklicher darüber werden. „Ich habe einfach zuwenig Zeit, da muß sich was ändern", kann zu einem Beinbruch führen, der uns ins Krankenhaus bringt, wo wir sehr viel Zeit und auch die erwünschte Änderung haben, nur kann man dann mit seiner neu gewonnenen Zeit gar nicht soviel anfangen, da man gehandicapt ist. Allzu permissiv gefaßte Gedanken können uns böse Überraschungen bereiten. Wenn wir einmal verstanden haben, daß das Schicksal nur unseren Gedanken, Meinungen und Entscheidungen folgt (sogar mit Zeitabstand von mehreren Leben), fällt es uns leichter, damit umzugehen. Man muß auch für seine früher gefaßten Gedanken und Absichten Verantwortung übernehmen, auch wenn man sich mittlerweile von ihnen wegbewegt hat. Erst dann kann die Eigendynamik der alten Gedanken aufhören, wenn sie von dem Menschen wieder voll integriert wurden. In der RT möchte der Therapeut zu jeder Handlung die vorausgegangene Haltung, die Erwartung, die Absicht wissen, denn obwohl die Handlungsweise, das Werkzeug sich verändern mag, so bleibt die Absicht oft über mehrere Leben bestehen. Bei Schuldgeschehnissen fragt der Therapeut nach der Rechtfertigung und der Berechnung, um diese alten Gedanken ganz bewußt zu machen, ihnen ihre verborgene Kraft zu nehmen und zu verhindern, daß sie weiterhin wie unbewußte Programme ablaufen, die uns zwingen, wieder und wieder dieselben Fehler zu begehen, um uns selbst zu beweisen, daß es so falsch doch nicht gewesen sein kann. Die Verantwortung fängt nicht bei den Taten, sondern bei den Gedanken an. Hat man dies erkannt, fällt es einem nicht schwer, seine Gedanken konstruktiv zu gestalten, ohne sie ständig kontrollieren zu müssen.

Das Leben des Menschen ist stets von Irrtum begleitet. Von allen anderen Arten unterscheidet sich der Mensch weniger dadurch, daß er Moleküle zerlegt, Radargeräte erfindet und in den Weltraum vorstößt, als durch die Fähigkeit, sich zu irren. Das Tier irrt sich nie, es weiß augenblicklich. Das gigantische Arsenal unserer Wissenschaft ist in der Tat nichts anderes als ein Kunstgriff zu dem Zweck, das Nichtvorhandensein eines Minimums an direktem, einfachen Wissen auszugleichen, indem wir uns mit Tausenden von Armen und Antennen und Mechanismen versehen, mit denen wir die unmittelbare Reaktion ersetzen können. Inmitten einer Riesenmaschine, die wir als mächtig erachten, sind wir selbst vollkommen machtlos. Wenn die Maschine versagt, sind wir Untiere. „Etwas, das nicht einmal so harmonisch ist wie ein Baum oder eine Blume, nicht einmal so ruhig ist wie ein Stein, so stark ist wie ein Tier; etwas, das wahrhaft entartet ist. In der Tat, darin besteht die Unterlegenheit des Menschen. (Sri Aurobindo)

Karma ist die immer wirksame Gesetzmäßigkeit für Ursache und Wirkung im Leben der Menschen. Alles, sowohl außerhalb wie innerhalb dessen, was wir als unser „Ich" auffassen, ist das Ergebnis von dem, was vorausgegangen ist – und wird selbst zur Ursache einer späteren Wirkung. Bei Karma geht es um Ethik. Wir erzielen schlechte Resultate, wenn wir schlecht handeln und gute, wenn wir Gutes tun. Handlungen, Worte und Gedanken sind wie kleine Samen, die die Bedingungen für ihre Blüte schon in sich tragen. Von Leben zu Leben reifen diese Samen zu Pflanzen heran, deren Früchte wir ernten. Schlechte Samen geben schlechte Pflanzen, gesunde Samen gesunde Pflanzen und gesunde Früchte.
Der Grund, warum wir überhaupt Dinge tun, die zu schlechten Ergebnissen führen, ist unsere grundsätzliche Unwissenheit über das Wesen des Geistes. Die Unwissenheit ist wie die Dunkelheit eines bewölkten Nachthimmels. Durch sie gleichen unsere Handlungen dem Versuch, bei völliger Dunkelheit mit Pfeil und Bogen auf ein unsichtbares Ziel zu schießen. Auf

der totalen Unwissenheit, die dasselbe ist, wie vollkommenes Unbewußtsein, entsteht unsere Auffassung von einer Zweiheit, von einem „Ich" und von etwas, das wir als verschieden von diesem „Ich" erleben. Diese Fehlauffassung führt zu den sechs trennenden Geistesgiften: Haß, Begierde, Dummheit, Stolz, Eifersucht und Geiz. Diese führen zu den drei unguten Handlungen des Körpers, den vier unguten der Sprache und den drei unguten des Geistes. Nämlich: Töten, Stehlen, sexueller Mißbrauch, Lügen, Verleumdung, Klatsch, grobe Rede, Neid, böser Wille und verkehrte Anschauung.
Handlungen unter solchen Vorzeichen sind schlecht, weil sie zum Leid führen. Was wir nicht mit unseren Lieben oder mit uns selbst geschehen lassen, sollten wir auch anderen nicht zufügen. Stattdessen sollten wir die Handlungen ausführen, die den Gegensatz zu den schlechten ausmachen: das Leben anderer Wesen retten, in jeder Weise großzügig sein, ein positives Geschlechtsleben haben, die Wahrheit sagen, nur sprechen, wenn es nützlich ist, Eintracht verbreiten, beruhigend reden, zufrieden sein, mit allem Lebenden Mitgefühl haben, in jeder Weise eine positive Lebensweise praktizieren.

Wir müssen mit dem Geist arbeiten. Ist dieser Geist böse, folgen grobe Rede und aggressives Handeln, ist der Geist gut, ist alles, was daraus resultiert gut. Was in uns ist, sowohl jetzt als auch beim Sterben, ist die Ursache jeden Glücks aber auch jeden Leids. So erleben wir verschiedenartige Welten, je nachdem, in welcher Stimmung wir sind. An einem Tag ist alles schön, weil wir froh sind, etwas Gutes von früher wird in uns wach. An einem anderen Tag ist alles dunkel, weil wir schlechter Laune sind; die Frucht von schlechten Handlungen und Gedanken wird dann in uns reif. Wenn unser Geist nach dem Tod unseren Körper verläßt, geschieht dasselbe, nur werden die Unterschiede dann viel größer. Ein Vogel in der Luft wirft kaum Schatten, aber wenn er landet, ist der Schatten deutlich sichtbar. So tritt unser Karma nach dem Tode deutlich zutage. Wegen fehlender Sinneseindrücke von außen fängt der Geist an, mit seinem eigenen Inhalt zu arbeiten. Ist dieser voll guter Eindrücke, erlebt er sie wie an einem guten Tag, an dem alles schön ist, und ein starkes Glücksgefühl ist das Ergebnis, da wir nicht durch die Sinneseindrücke eines Körpers abgelenkt werden. In diesem Zustand verschließt sich nach einiger Zeit der Geist und wir sagen, er befände sich jetzt in einer anderen Erlebniswelt, wo er bleibt, bis das vorhandene Material verbraucht worden ist. Danach tritt das nächststärkere Material aus ihm hervor und wird für das ausschlaggebend, was der Geist erlebt, in welche Welt er dann gelangt.

FALLBEISPIELE

Der Sufimeister Dschalad ed din Rumi (1207–1273) sagte einst: „Willst du dich selbst erkennen, so wisse, daß du aus zwei Dingen geschaffen bist. Das eine ist die äußere Hülle, die man Leib nennt, und die man mit dem äußeren Auge sehen kann. Das andere ist jenes Innere, das man bald Seele, bald Geist und bald Herz nennt, und das von dem inneren Auge erkannt werden kann. Dieses Innere ist dein wahres Wesen, alles andere ist nur sein Gefolge, sein Heer und seine Dienerschaft."
Wenn wir in diesem letzten Abschnitt einige Fallbeispiele aufführen, dann möchten wir damit aufzeigen, wie dieses Innere wirkt. Wer könnte besser darüber berichten, als jene Menschen selbst, die eine Reinkarnationstherapie erlebt haben. So möchte ich diese Fallbeispiele und das ihnen innewohnende Erleben aus der Sicht der Klienten schildern.

Lassen wir zuerst Joe Z. berichten:
„Ich bin bald 60 Jahre alt und habe beruflich zwei Bilderbuchkarrieren hinter mir. Mit der Scheidung der ersten Ehe mit 28 Jahren endete die erste Karriere, und es sah nicht gut für mich aus. Ich hatte einen Haufen Schulden und war ziemlich am Boden. Aber schon während meiner zweiten Ehe erreichte ich das, was ich mir als junger Mann immer erträumt hatte: Ich konnte mich bis ins Topmanagement meiner Firma hocharbeiten. Das, obwohl ich nicht die Schulbildung hatte wie andere sie heute aufweisen. Ich war ein Streber, der sich immer noch bessere, noch tollere Leistungen abverlangte. Ich war ein Erfolgsmensch, und alle hielten mich auch dafür. Was keiner wußte: innerlich litt ich unter Minderwertigkeitsgefühlen, Hemmungen, Unsicherheit und Angst. Alle meine Gefühle von Nähe, Wärme, hatte ich verdrängt, war unnahbar und hatte entsprechende Beziehungsschwierigkeiten. Mit zunehmendem Alter kamen Lebensfragen auf mich zu, die sich immer weniger verdrängen ließen. Bücher waren zeitlebens meine Begleiter

gewesen, vor allem las ich Klassiker wie Goethe, aber auch die großen Meister der Psychologie wie Carl Gustav Jung. Irgendwann begegnete ich Büchern, die auch über Reinkarnation, über frühere Leben, über Karma und so weiter berichteten. Das war Neuland für mich, und ich stand dem zunächst skeptisch gegenüber. Wie sollte ich auch ahnen, daß gerade hier der Weg der Befreiung vor mir lag. Viele Jahre habe ich meine Probleme der Jugend, der Erziehung mit mir herumgeschleppt. Mein Vater starb, als ich drei Monate alt war. So fehlte mir während der ganzen Jugend das männliche Vorbild und die väterliche Führung. Ich schob alle meine Probleme der Tatsache zu, daß ich ohne Vater groß geworden bin. Aber irgendwann ging mir auf, daß diese Erklärungen zu einfach waren.

Als ich mich für die Reinkarnationstherapie entschloß, hatte ich ein ganz klares Ziel vor Augen: Ich wollte endlich ein ganzer Mensch werden, wissen, welche wirklichen Ursachen meine Probleme hatten. Ich suchte die Sinnhaftigkeit dieses Lebens, suchte nach dem Verantwortungsbereich des Schicksals. Meine erste Reise zu Frau Vallieres war geprägt von abwechselnder Erwartung, aber auch von Angst. Meine Skepsis brachte es mit sich, daß ich mich nicht gleich zur Therapie entschloß, sondern erst einmal ein Seminar bei Frau Vallieres besuchte. Ich konnte Vertrauen zu ihr fassen und bereue bis heute nicht, diesen Weg gegangen zu sein.

Sehr schnell gelang es mir dank der Reinkarnationstherapie, eine Beziehung zu meinem Vater herzustellen, aber auch zu meiner zwischenzeitlich verstorbenen Mutter. Daß meine Beziehung zu meiner Mutter viel umfassender und transparanter war, als ich mir das je hätte vorstellen können, das war und ist eines der sehr schönen und tiefen Erlebnisse, obwohl während der Therapie nicht nur Erfreuliches zum Vorschein kam.

Für mich bedeutete Reinkarnationstherapie harte Arbeit. Natürlich habe ich mich bald nach den ersten Sitzungen gefragt, ob das, was ich sah und erlebte, auch wirklich Bestandteil meiner Vergangenheit war, oder ob da meine Phantasie mitspielte. Heute weiß ich, daß es alles so war, wie ich es wiedererlebte. Ängste begleiteten mich während der Therapie, ich erlebte meine großen Fehlverhalten in früheren Leben und mußte, was für mich schlimm war, alle Schmerzen, die ich in früheren Leben einmal erlebt und erlitten hatte, nochmals durchleben. Das brachte Angst mit sich. Auf der anderen Seite war diese Angst für mich natürlich. Mit jeder Therapiestunde kam ich einen Schritt weiter. Vor allem waren die echt in die Tiefe gehenden „auswertenden" Gespräche mit meiner Therapeutin von größter Wichtigkeit. Sie hatten die Folge, daß ich jedesmal danach sehr intensiv und hart an mir arbeitete. Das Leben ist für mich einfacher und leichter geworden. Ich spüre, in mir sind Kräfte freigeworden, die sich immer noch weiter entwickeln. Das Wort Demut hat für mich eine ganz persönliche Bedeutung bekommen. Wo früher Machtgefühle oder Stolz, aber auch innere Leere zu spüren waren, sind heute Dankbarkeit und Demut meine Empfindungen. Das ist wesentlich tiefer, besser, wohltuender und anhaltender als Stolz und Überheblichkeit. Durch die Reinkarnationstherapie haben sich sehr positive Auswirkungen auf mein gesamtes Leben gezeigt. Ich erlebe heute alles viel intensiver und tiefer. Ich bin heute „auf dem Weg", wie man das wohl nennt. Auf dem Weg, immer mehr ein Mensch im Hier und Jetzt zu werden. Ich erlebe mich tiefer, spontaner, lebe auch meine Gefühle und Empfindungen bewußt und bejahend aus. Ich bin unterwegs und habe längst erkannt: Es gibt immer noch viel zu tun. Es ist einfach nur wichtig, auf dem Weg zu sein . . ."

Ganz anders liest sich der Erlebnisbericht von Rita R. Er ist direkter, spontaner, läßt uns das Geschehen miterleben. Rita R. kam zur Therapie, weil sie Probleme mit Autoritätspersonen hatte. Zudem konnte sie ihre hellsichtigen Fähigkeiten nicht einordnen.

„Sintflut. – Gehe in der Zeit zurück (von heute in Jahrhundertschritten) v.Chr. 3000, 3100, 3200, 3300, bekomme ab 3000 v.Chr. eine starke Reaktion, die letzten Zeitdaten

schwach, können eine Nachwirkung sein.
Vor mir erscheint ein Bild: Vorderasien mit dem Schwerpunkt auf den Irak, dann sehe ich Wasser, viel Wasser, das das Land überflutet hat. Nehme das Bild auf.
Bin auf einem sehr hohen Zigurat mit einer breiten Treppe aus glasierten Lehmziegeln. Das Zigurat hat drei Stockwerke (Pyramidenstufen, die untere für das Volk, die mittlere für die staatliche und religiöse Führungsschicht, die obere für den König, die Priester u.a..) An den Wänden der Treppe hellblaue Mosaiken (Edelsteine) in Sternenmustern.
Ich bin Priesterastronom. Es ist Nacht. Betrachte den Himmel, der voller Sterne ist. Sehe einen Stern, der die Bahn der anderen kreuzt, stört. Dieser Stern wird etwas größer, zieht hinter sich einen Lichtschweif her, der am Ende breiter und nicht mehr so hell ist, ca. 40 cm groß (von mir aus) zu sehen. Dieser Stern wird größer und größer, es muß ein Komet sein, aber er ist mir unbekannt, rätselhaft, jetzt ist er ca. 12 cm groß, gelbrot bis braunrot. Sein Schweif ist gold-rot-braun, er rast mit großer Geschwindigkeit. Ich kenne viele Kometen, aber so etwas habe ich noch nie gesehen. Gelbrote und rötliche Kometen sollen Unglück und Verderben bringen. Am nächsten Tag betrachte ich den Himmel, er ist strahlend blau bis tiefblau, suche den Kometen, doch am Himmel ist nichts zu sehen. Bin über die Sichtung des Kometen sehr nachdenklich und laufe unruhig auf dem Zigurat herum. Das Land ist trocken, in der Ferne Berge zu sehen, Bauern bewässern ihre Felder und arbeiten darauf, unten in der Stadt auf dem Markt und am Hafen ist viel Betrieb. Um die Mittagszeit wird die Sonne gelb und immer intensiver gelb und größer (mache irgendetwas falsch oder verhalte mich falsch), müßte eigentlich den Kometen sehen, da er das Wirkungsfeld der Erde erreicht hat, sehe ihn aber nicht, laufe sehr nachdenklich und etwas beunruhigt auf dem Zigurat herum, gehe in meine private Tempelnische, um zu meiner Gottheit zu beten (es gibt zwei Gottheiten). Die Gottheit sagt zu mir: „Unglück wird kommen über die Menschen, Wasser wir kommen, doch schwei-

ge". Die Sonne wird immer größer und gelber, jetzt hat sie von mir aus gesehen etwa einen Durchmesser von einem Meter erreicht. Die Menschen auf den Feldern und unten in der Stadt beobachten dies auch. Sie zeigen auf die Sonne, sagen: „Schaut her, die Sonne ist so gelb und so groß und wird immer größer und gelber, was soll dies bedeuten?" Sie werden unruhig und erregt.
Der König kommt mit seinem Gefolge zum Zigurat. Musiker mit Blasinstrumenten stellen sich zu beiden Seiten auf der Treppe auf und spielen. Der König kommt mit seinem Hofstaat die Treppe hoch. Der König fragt mich, da ich für das Wetter, die Vorhersage von Ereignissen und die Festsetzung der Termine verantwortlich bin, warum ich ihn nicht auf das bevorstehende Ereignis aufmerksam gemacht habe. Er will mich in den Kerker werfen. Frage ihn, wer dann an meine Stelle treten soll, werfe mich vor ihm nieder auf die Knie, bitte ihn demütig um Verzeihung, versuche ihm zu erklären, daß alles so schnell geht.
Während ich noch mit dem König diskutiere, kommt ein heulender Sturm, Sandsturm, rötlich-braun, verdeckt die Sonne, es wird düster, ein sehr starker Wind weht alles weg. Wir ziehen uns ins Innere zurück in die Wandnischen, es geht alles rasend schnell. Der König gibt Anweisungen seinen Beamten, daß keine Schiffe weder aufs Meer noch auf den Flüssen fahren dürfen, die Bauern sollen von den Feldern heimkehren. Gehen in eine größere Tempelnische, im Boden ist eine runde Vertiefung, in der Pech brennt. Wir sitzen im Halbkreis davor, unsere Augen zu einem Götterbild hinten an der Wand gerichtet, das goldene Mosaikplättchen enthält, sonst ist der Raum rußgeschwärzt. Sitze in der Mitte und streue Weihrauch und andere Essenzen in das Feuer, irgend etwas wird von unten als Opfergabe hochgebracht und ins Feuer geworfen, um die Götter umzustimmen, das Unheil abzuwenden (es ist kein Blutsopfer). Dann kommen dunkle Wolken, die alles verdecken, es wird sehr dunkel, es beginnt stark zu regnen, Wolkenbruch, die Sonne ist nicht mehr zu sehen, der Him-

mel ist rotbraun bis schwarz, ich kann nachts keine Sterne mehr sehen, keine Aufzeichnungen mehr machen.
Gehe mit dem König oben aufs Zigurat, um ihm meine Aufzeichnungen zu zeigen. Die Sterne beobachte ich sonst mit bloßem Auge, habe aber einige Geräte, so etwas wie eine aufgestellte Kugel und Kreise, einen Kreis aus Ton, in den ich die Sternenstände einritze. Sehe folgendes Bild: sehr starke Besetzung des Zeichens Fische mit Sonne, Mond, Merkur, Venus, Mars, Jupiter u.a., Uranus im Krebs, in Opposition zu Saturn im Steinbock und diese beiden in Quadratspannung zu Sonne und Mond, Neptun scheint Ende Fische zu stehen und durch dieses Zeichen lief auch der Komet, als ich ihn das letzte Mal sah. Es weht ein so starker, heulender Sturm, daß wir fast vom Zigurat heruntergerissen werden und uns festhaltend wieder ins Innere gehen. Die Gegenstände werden vom Sturm weggetrieben, die Bäume unten biegen sich, von den Häusern werden die Dächer (Grasstroh) abgedeckt, der Himmel ist düster, dunkel, rotbraun bis schwarz, es ist kaum noch etwas zu sehen. Es regnet und regnet ohne Unterlaß, das Wasser beginnt zu steigen und steigt stetig, die Menschen sind unruhig, erregt, versuchen sich zu retten, zuerst auf die Bäume oder in Boote oder auf sonstiges Holz. Das Wasser steigt an und bedeckt eine immer größere Fläche, dann kommen vom Meer sehr hohe Wellen, ca. 6 bis 10mal so hoch wie die Hütten, sie brechen tosend in das Land herein, die Boote und Schiffe kentern, die Menschen gehen schreiend unter, das Wasser grölt, steigt, reißt alles mit sich, einige Beamte kommen zurück zum Zigurat, mit ihnen drängt das Volk hoch, doch die Stadt ist sehr groß und sie haben selbst auf diesem großen Zigurat nicht alle Platz. Die Menschen drängeln die Stufen hoch. Als das Wasser bis zum ersten Abschnitt reicht, reißen die unteren die oberen hinunter, wildes Chaos, jeder will sich retten. Dann sieht man, daß der Himmel rot-braun-glühend wird, glühende Gesteinsbrocken des Kometen (wie Steine) treiben über den Himmel in einem breiten Band von West-Südwest. (Zu dem Kometen kam mir während der Rückführung ständig der Name Typhon). Nach

einer Woche ununterbrochenen Regens erreicht das Wasser auch den mittleren Teil des Zigurats, der König und ich und einige andere ziehen uns in die oberen Räume des mittleren Teils zurück. Durch Löcher, rechteckig, in den Wänden beobachten wir das Land. Das Wasser steigt und steigt, es ist alles sinnlos, bald wird es auch uns erreichen und nun kommt es schon unter der Holztüre herein, stoße die Türe auf, das Wasser reicht mir bereits bis zum Hals, dann steigt es höher, verschlingt auch uns und mit uns das ganze Zigurat und all die Menschen; die Fluten grölen, nichts mehr außer dunklem Wasser zu sehen."

Klaus H.:
Von der Reinkarnationstherapie (RT) hörte ich erstmals im Jahre 1982, war aber sehr skeptisch. Da ich mich seit etwa 17 Jahren mit dem Gebiet der Esoterik befaßt hatte, war mir die Vorstellung, das Bewußtsein durchlebe viele Existenzen, wohlvertraut. Dabei waren mir nicht selten jene merkwürdigen Erscheinungen begegnet, die man getrost als Scharlatanerie abtun darf. Das Mißtrauen war daher beträchtlich. Es verwandelte sich erst 1984 durch den Hinweis einer Freundin auf die seriöse Methode Netherton/Shiffrin in neugieriges Interesse. Nach dem Studium des Buches von Dr. Netherton „Bericht vom Leben vor dem Leben" entschloß ich mich, den Versuch zu wagen. Natürlich war ich der Meinung „Nötig ist es ja nicht", hatte aber die Hoffnung, durch die Therapie einen „Beweis" für Reinkarnation zu erhalten.
Dieser „Zahn" wurde mir allerdings von Frau Vallieres schon beim ersten Telefonat „gezogen". Da diese „Hoffnung" natürlich nicht die einzige – und auch nicht die wichtigste – Grundlage für mein Interesse an der RT war, begab ich mich Ende 1984 bei Frau Vallieres in Behandlung.
Insgesamt lernte ich dabei etwa dreißig frühere Leben kennen, die sämtlich ihre Wirkungen – z.T. sehr subtil – auf das jetzige Leben haben. Aus der Fülle der Eindrücke, Episoden und

Szenen können naturgemäß nur wenige herausgegriffen werden.

Für weite Teile der europäischen Bevölkerung ist das Autoritätsproblem in der heutigen Zeit eines der bestimmenden Faktoren. In meinem Fall wird dies recht deutlich anhand der vermutlich letzten beiden Leben, die sich sehr wahrscheinlich in Deutschland oder Frankreich (Elsaß-Lothringen, vorletztes Leben) und in Frankreich, möglicherweise aber auch in England (letztes Leben) zwischen 1914 und 1934 abgespielt haben. Zunächst erscheint ein 5 bis 6 Jahre altes Mädchen, zart gegliedert, mit langem blondem Haar, auf einem Spielplatz. Es fühlt sich nicht wohl, weil dieser Spielplatz von uniformierten Männern bewacht wird, die ihr Angst machen. Diese Wächter müssen den Spielplatz schnellstens räumen, wenn „ein Angriff" bevorsteht; es ist also Krieg (1. Weltkrieg). Irgendwann bei einem dieser Angriffe entschließe ich mich trotzig, den Anweisungen (in den Keller zu gehen) nicht zu folgen, sondern bleibe draußen in unserer kleinen Straße. Ich fühle mich gut, „Jetzt zeig' ich's ihnen, mir passiert schon nichts!" Dann höllischer Lärm, ein riesiger Panzer biegt um die Ecke, ich bin zu Tode erschreckt, fast paralysiert, stehe wie angewurzelt. Der Panzer kommt direkt auf mich zu, überrollt mich, mein Körper wird zerquetscht.

Das Fazit aus diesem Leben ist leicht zu ziehen, weil das Muster in vielen anderen Leben ebenfalls erscheint. Stets habe ich mich gegen jede Form von Autorität aufgelehnt, ohne zu unterscheiden, wann sie sinnvoll und wann sie nicht angebracht ist. Hier führte die Mißachtung der wohlbegründeten Autorität zum augenblicklichen Tode. Dies wird dem Bewußtsein als Erfahrung einverleibt, wobei der Gegensatz zur sinnleeren Autorität, insbesondere, wenn sie wie bei mir oft aktiv tätig gewesen ist, dem Bewußtsein verdeutlicht wird. Während der RT erschien das wahrscheinlich letzte Leben sofort und fast übergangslos nach dem Todeserlebnis des Mädchens. Dabei muß ergänzend erwähnt werden, daß das Bewußtsein diesen Tod – vermutlich wegen der Plötzlichkeit

– kaum registriert hatte. Analog hierzu erfolgte auch die Wiederverkörperung unmittelbar, wieder in einem weiblichen Körper. Die erste Szene (die zum Tod führt), zeigt mich im Alter von 18 oder 19 Jahren sowie meinen Mann. Wir streiten; er schlägt mich und beschimpft mich als Hure und Schlampe. Ich bin schwanger, aber nicht von ihm. Während der Auseinandersetzung habe ich ihm das wutentbrannt und schadenfroh ins Gesicht geschleudert (und dachte dabei: „Endlich habe ich's ihm gezeigt und ihn an seiner empfindlichsten Stelle getroffen!") Schließlich jagt er mich aus der Wohnung und ich renne davon, nun doch etwas verwundert und erschüttert, denn das habe ich nun wirklich nicht erwartet. Wie betäubt laufe ich durch verkehrsreiche Straßen, völlig in meine Gedanken versunken. Ich komme an einen Platz; gänzlich abwesend steige ich über die Absperrung, den brausenden Verkehr nicht beachtend und werde folgerichtig von einem Auto angefahren. Der Körper stürzt hart auf die Straße, schlägt auf die rechte Kopfseite auf, Blut fließt. Im Krankenhaus verliere ich das Baby, der Blutverlust ist zu groß, der Tod tritt ein.

Wie kam es zu Haß und Verachtung auf meinen Ehemann? Durch die Heirat mit dem wenigstens 10 Jahre Älteren hoffte ich, dem engen Elternhaus zu entfliehen und frei von Zwängen zu sein. Mir war aber von Anfang an klar, daß ich ihn nicht liebte. Mein Mann wußte das schon vor der Eheschließung durch mich selbst, glaubte aber wohl, mich zur Liebe und auch sonst „erziehen" zu können. Da war er bei mir an der falschen Adresse! Als mir bewußt wurde, daß ich vom Regen in die Traufe gekommen war, gab es häufig „Szenen einer Ehe", nicht nur wegen der ständigen Bevormundung, sondern auch wegen seiner oft wochenlangen Abwesenheit (er war Reisender oder ähnliches). Ich holte mir die mir notwendig erscheinenden „Streicheleinheiten" bei anderen Männern, was dann schnell zur Schwangerschaft und schließlich zu dem geschilderten Ereignis führte.

Ein Ergebnis aus diesem Leben war, daß ich mir vornahm, im nächsten Leben ein Mann zu werden, um endlich „frei" sein zu können. Zwar ist die jetzige Inkarnation männlich, doch welch ein Trugschluß: Ich lebe in einer Welt, in der sich die Frauen zunehmend emanzipieren. Also danebengetroffen! Obwohl die beiden Leben in ihrer äußeren Gestalt so verschieden erscheinen, ist ihre Struktur dennoch gleich. Es ist das Gegensatzpaar Autorität (von mir gleichgesetzt mit Zwang) und Selbstbehauptung (ohne Unterscheidungskraft und Fähigkeit, die möglichen Folgen kalkulieren zu können). Die fehlerhaften Verhaltensweisen führten in beiden Leben zum gewaltsamen Tod. Dies drückt sich heute durch Hemmung und Übervorsichtigkeit aus, wenn eine von mir als Zwang und Bevormundung empfundene Situation eintritt. Der „Kampf" findet dann später bewußtseinsmäßig statt, tritt nur selten nach außen in Form von Gewalttätigkeit gegen Dinge und mich selbst (Zornesausbruch).
Die RT war zwar imstande, die Zusammenhänge zu erklären (bis in feinste Bereiche, die hier natürlich nicht alle dargestellt werden können). Sie ist aber nur selten wie z.B. bei schweren Traumen in der Lage, ein Problem ohne Rest zu lösen. Wie hier bei Charaktereigenschaften deckt sie die Ursachen auf; anschließend beginnt der langwierige Prozeß der Arbeit des Menschen an sich selbst, die RT bzw. der Therapeut kann sie nicht tun!
Die beschriebenen Szenen wirken im Verhältnis zur heutigen Lebens- und Denkweise relativ normal. Die während meiner Therapie gefundenen und für die Struktur vieler Leben und auch der jetzigen Existenz verantwortlichen Ursachen konnten in zwei Leben aufgedeckt werden, deren äußere Umstände kaum verstandesmäßig erfaßbar sind. Zunächst sah ich mich als Sklavin. Ich verrichtete mit vielen anderen niedrigste Arbeit in unvorstellbarem Schmutz für eine kleine Oberschicht, die den ganzen Planeten unterjocht hatte. Das Bewußtsein der Sklaven wurde durch Gehirn-Manipulationen und durch ständige Beeinflussung von außen widerstandlos gehalten.

Alle hatten eine Art Helm auf, durch den pausenlos über einen Sender, der wie eine Raumstation (oder ein Fernsehsatellit) am Himmel stand, Befehle gefunkt wurden und der auch in die andere Richtung funktionierte – dadurch konnten die Gedanken der Sklaven gelesen werden. Die Beeinflussung war allerdings nicht vollständig; ich rebellierte, was die Wächter mit Peitschenhieben, die elektrische Schläge versetzten, bestraften. Da ich nicht nachgab und auch versuchte, andere zum Widerstand zu bewegen, wurde ich schließlich bei nunmehr vollem Bewußtsein an eine Maschine gefesselt, die den ganzen Tag um den im Freien befindlichen Arbeitsplatz herumfuhr (eine Art Lore). Das Schlimmste aber war, daß die anderen Sklaven mich vergewaltigen durften und dies auch ständig taten!
Dieses äußerst erniedrigende und absolutem Zwang ausgesetzte Leben fand sein Ende durch langsames Ersticken, als das Fahrzeug umstürzte und auf einen Sandhaufen fiel. Mein Bewußtsein – nun befreit – nahm sich nun in einem sehr starken Impuls vor: „Das passiert mir nie wieder! Keiner darf mich mehr so zwingen!"
Sicherlich über viele Leben hinweg führte dieser Vorsatz zu einem Leben als Magier, der sich die absolute Macht über ein kleines Staatswesen erst durch Intrigen und Mord, dann durch Anwendung von pflanzlichen Drogen und auch durch mentale Beeinflussung aneignete. Alle Menschen und Arbeitserträge dienten allein meinen Machtbedürfnissen, die ich voll auslebte. Daneben standen magische Handlungen, die ebenfalls nur meine Macht verstärken und festigen sollten. Aber auch Magier sind nicht unsterblich. Ein Experiment mit Elektrizität führte zum Einsturz des Raumes, in dem ich mich befand. Große Mauerstücke fielen auf den Oberkörper und töteten mich langsam durch Ersticken, nagelten den Körper gleichsam an die Materie.
Im Leben als Sklavin war der Widerstand offensichtlich als Grundstruktur angelegt, konnte sich aber nicht durchsetzen. Der Magier lebte das Extrem, mußte aber am Ende doch er-

kennen, daß auch seine Macht vergänglich war. Dieser Grundsatz gilt insbesondere bei Mißbrauch von Fähigkeiten und Macht, was das Schicksal in weiteren Inkarnationen durch Begrenzung, Einengung und Verlust ausgleicht. Diese Gegensätze, verschärft durch das stets präsente Wissen um die vorhandenen Möglichkeiten (eine mehr pauschale Erinnerung an die frühere Macht und Kraft), beherrschen mein Leben noch heute. Durch die RT bin ich aber chronische Magenbeschwerden losgeworden - sie waren das direkte Ergebnis des wieder bewußt gemachten und besonders traumatischen Todeserlebnisses als Magier, dessen Bauchraum (also auch der Magen) zerquetscht worden war, Übrigens traten während der Therapie, als dieses Leben behandelt wurde, noch vor Beginn der Todesszene Phantom-Magenschmerzen auf, ein Phänomen, das in der Therapie oft beobachtet werden kann. Erst danach klärte sich der Zusammenhang auf. – Diese jahrelangen Magenbeschwerden im jetzigen Leben waren eine Mahnung an mich, Gewalt in jeder Form zu unterlassen – ohne die RT wäre ich wohl kaum darauf gekommen.

Der Leser mag von meinen Reinkarnations-Erlebnissen und den aus ihnen gezogenen Schlußfolgerungen halten was er will – mir ist bewußt, daß man sie anfechten kann, denn sie sind allein für mich von maßgeblicher Bedeutung und lassen sich nicht empirisch nachweisen. Aus diesem Grunde – dies als abschließender Hinweis – kann nur die eigene Therapie den Nachweis für die Wirksamkeit der RT erbringen.

Elisabeth C: Wie ich zur Reinkarnationstherapie kam

Meine Schwierigkeiten begannen vor ca. 5 Jahren mit der Schwangerschaft meines 1. Kindes, einer Tochter. Ich hatte mich zu diesem Zeitpunkt nicht direkt für eine Schwangerschaft entschieden.
Ich hatte eigentlich immer Kinder haben wollen und von der Vernunft her war die Zeit dafür eigentlich auch da, aber ge-

fühlsmäßig wollte ich es immer wieder hinausschieben. Ich setzte dann die Pille ab und ließ das „Schicksal" für mich entscheiden.
Als ich dann bei einem Urlaub am Meer schwanger wurde, waren meine Gefühle sehr unterschiedlich.
Einerseits wollte ich das Kind (eine Abtreibung wäre für mich ohnehin nie in Frage gekommen), andererseits machte mir die Schwangerschaft Angst.
Ich wurde nervös, schwindelig und hatte ständig das Gefühl zu fallen und keinen Boden mehr unter den Füßen zu haben.
Nach der Entbindung wurde es ganz schlimm; ich hatte Angstzustände und vor allem beim Baden meiner Tochter hatte ich schreckliche Angst, ich könnte sie fallen lassen und sie würde ertrinken. Ich war kaum fähig, allein ohne meinen Mann etwas zu unternehmen, saß oft den ganzen Tag daheim und wartete auf seine Rückkehr. Allein hatte ich stets Angst, mir könnte etwas passieren, und meine Tochter würde hilflos schreien. Auch im Haushalt schaffte ich nur das Nötigste. Ich fühlte mich total erschöpft und konnte auch keine Nacht mehr richtig schlafen. Ich schaffte es auch nicht, mit meinem Mann über Probleme zu reden; irgendwie ging er mir in dieser Zeit wohl auch etwas aus dem Weg, da ich die ganze Zeit nur noch jammerte. Das Leben mit meiner Tochter konnte ich aufgrund meiner Ängste überhaupt nicht genießen; wenn ich sie auf dem Arm hatte, bekam ich Angst, sie fallenzulassen. An sonnigen, heißen Tagen fühlte ich mich immer besonders erschöpft. Die Sonne auf dem Kopf war mir unerträglich, ich hatte dann auch das Gefühl, nicht mehr richtig atmen zu können.
Organisch war ich gesund. Ich bekam mehrere verschiedene Kreislaufmedikamente, die überhaupt nicht halfen. Ich suchte auch 2 Heilpraktiker ohne Erfolg auf. Anschließend bekam ich von einer Nervenärztin über 1 Jahr Beruhigungsmittel, die es mir zwar etwas leichter machten, mich aber auch irgendwie abhängig werden ließen, d.h. nach Absetzen der Tabletten wurde es umso schlimmer.

Aufgrund meiner 2. Schwangerschaft (die Pille vertrug ich nicht mehr – ich bekam Angstzustände), schaffte ich es dann, die Medikamente abzusetzen.
Ich suchte in der Folgezeit immer wieder nach neuen Wegen, da ich spürte, daß mir Medikamente allein nicht helfen konnten.
Ich suchte mir Bücher, las viel über Hypnose (hatte auch einige Therapiestunden – Kindheitserlebnisse), positives Denken und kam dann auch zu Literatur über Reinkarnation. Nachdem ich inzwischen 4 Jahre starke Beschwerden hatte und in dieser Zeit wenig Besserung eintrat, las ich in einer Anzeige über die Möglichkeit einer Reinkarnationstherapie und entschloß mich nach einiger Zeit, diese Therapie zu machen.

Nach dem ersten Teil der Therapie merkte ich bereits eine deutliche Erleichterung. Vor allem in der ersten Zeit danach ging es mir so gut, wie schon 4 Jahre nicht mehr.
Die Beschwerden waren nicht mehr so stark, und es war auch kein Dauerzustand mehr, sondern beschränkte sich meist auf bestimmte Situationen. Z.B. machten sich die Schwindelgefühle wieder bemerkbar beim Schwimmen mit den Kindern, beim Stillstehen, beim Überqueren einer Brücke, beim längeren Zusammensein mit weitgehend fremden Personen, wenn ich stillsitzen mußte, oder überhaupt bei Unternehmungen, die mir eigentlich hätten Spaß machen müssen.
Vor allem aber hatte ich immer wieder das Gefühl, daß ich immer dann, wenn es mir gut ging, einen „Dämpfer" bekam. Wenn ich manchmal nur dachte, daß es mir heute gut geht, ging es mir im nächsten Augenblick bereits wieder schlechter. Ich hatte dann auch des öfteren das Gefühl, daß ein Fluch über mir liegen müsse. Gelegentlich kamen mir auch Bilder von abgehackten Armen in den Sinn, die mir Angst machten (2 x träumte ich auch davon). Vor dem 2. Teil der Therapie hatte ich auch einmal beim Spazierengehen schreckliche Angst, daß mein Sohn ins Wasser fallen könnte und mußte dabei an Kin-

derarme denken, die sich aus dem Wasser reckten und nach Hilfe rufen.
Ich möchte hier nun die Rückführungen beschreiben, die mir im zweiten Teil der Therapie am wichtigsten erschienen.

Rückführung 1

Ich lebe zusammen mit meinem Mann und meiner Schwiegermutter in einem Haus. Ich bin allerdings meist mit meiner Schwiegermutter alleine, da mein Mann oft auf See ist.
Meine Schwiegermutter und ich verstehen uns nicht gut; sie beherrscht alles, schreibt mir vor, was ich tun soll. Sie möchte auch immer, daß ich ein Kind bekomme.
Als ich dann etwas später schwanger werde, denke ich nur, daß ich das Kind nicht haben will; ich wäre dann total an Haus und Schwiegermutter gebunden. Mit meinem Mann kann ich darüber nicht reden, da er auch immer nur das tut, was seine Mutter sagt. Ein richtiges Gespräch zwischen uns kommt eigentlich nie zustande.
Ich gehe dann zu einer alten Frau, von der ich gehört habe, daß sie Abtreibungen vornimmt. Ihr Sohn ist so etwas ähnliches wie ein Zuhälter. Da ich kein Geld zum Bezahlen habe, ist ihre Bedingung, daß ich mich zur Verfügung stelle, wenn jemand ein Mädchen braucht. Da ich das Kind auf keinen Fall haben will, willige ich ein.

Die alte Frau braut mir einen Kräutertrank, und ich muß mich auf eine Liege legen.
Dann nimmt sie so etwas ähnliches wie eine Nadel und stochert mir damit in der Scheide herum.
Zuerst bin ich durch den Trank etwas berauscht, so daß ich nicht viel mitbekomme, doch dann läßt die Betäubung nach, und ich bekomme Schmerzen. Es geht nicht richtig vorwärts; ich habe starke Schmerzen im Rücken und im rechten Bein. Da alles zu langsam geht, langt sie mir mit dem ganzen Arm in die Scheide und drückt mir auf dem Bauch herum. Sie sagt,

daß ich mich nicht so anstellen solle, daß ein Kindskopf bei der Geburt viel größer wäre als ihre Hand. Dann geht es doch weiter. Es blutet stark, und ich liege dann total erschöpft auf der Liege. Ich darf allerdings nicht lange bei ihr bleiben, ich soll wiederkommen, wenn alles verheilt ist.
Ich gehe dann nach Hause und lege mich erschöpft ins Bett. Meine Schwiegermutter merkt, daß etwas nicht stimmt und zieht mir die Bettdecke weg. Ich merke, daß sie sofort weiß, was passiert ist. Sie ist wütend und sagt nur: „Gott wird dich strafen“!
Als ich dann wieder allein bin, bekomme ich aufgrund ihres Ausspruchs doch etwas Gewissensbisse, ob ich richtig gehandelt habe und überlege, wie es nun weitergehen soll. Ich habe schon irgendwie das Gefühl, etwas Verbotenes getan zu haben. Ich lebe dann auch noch einige Zeit bei ihr.
Um die Abtreibung zu „bezahlen“, muß ich mich zweimal wöchentlich für einen vornehmen, etwas älteren Herrn zur Verfügung stellen. Ich habe es mir eigentlich schlimmer vorgestellt. Da es sich um einen Mann aus der sogenannten feinen Gesellschaft handelt, fühle ich mich sogar etwas geschmeichelt. Ich muß dann immer in ein Zimmer kommen, das extra dafür gemietet ist. Da meine Schwiegermutter nichts von diesen heimlichen Treffen weiß und sich immer über mein Weggehen wundert, spioniert sie mir nach.
Als ich eines Tages nach einem solchen Treffen nach Hause komme, macht sie mir Vorwürfe, schreit mich an und schlägt mich. Als ich ihr dann auch noch sage, daß ich dieses Leben, bzw. diese Beziehung nicht aufgeben werde und dieser Mann weitaus besser wäre als sie, wirft sie mich aus dem Haus, so daß ich beinahe die Treppe hinunterfalle. Sie schreit mir noch hinterher: Gott wird dich bestrafen, du sollst in deinem ganzen Leben nicht mehr froh werden. Es wird dich immer verfolgen, und es soll dir so dreckig gehen, daß du es nochmal eines Tages bereust, es nicht geschätzt zu haben, wie gut du es bei uns hattest.‘

Ich will dann zu dem feinen Herrn, aber es ist niemand da. Dann gehe ich zu der alten Frau, die die Abtreibung gemacht hatte, aber sie will nichts mehr mit mir zu tun haben, da sie befürchtet, daß alles herauskommt.
Ich ende dann in der Gosse als Straßenmädchen. Wegen Stehlens wird mir dann einige Zeit später auch noch die Hand oder der Arm abgehackt. Dies war damals so üblich und wurde ohne weitere Verhandlung vollzogen, wenn man auf frischer Tat erwischt wurde. Mir tut die ganze Zeit danach der rechte Arm weh; die Männer wollen in diesem Zustand auch nichts mehr von mir wissen. Als ich den Arm abgehackt bekomme, denke ich, daß dies nun die Strafe dafür sei. Ich denke aber auch, daß die prophezeite Strafe erst nach meinem Leben kommt. Ich denke, daß ich als Strafe dafür im nächsten Leben meine Tochter verloren habe.
Ich weiß nicht, ob durch Hunger oder Schmerzen, jedenfalls verende ich bald darauf allein in der Gosse, ohne daß mir jemand beigestanden hätte.
Meine letzten Gedanken in meinem Elend sind, daß wohl mein größter Fehler die Abtreibung gewesen ist und daß es vielleicht doch mit dem Kind ein ganz schönes Familienleben hätte werden können.

Rückführung 2 (folgendes Leben)

Ich lebe mit meinem Mann und unserer Tochter in einem kleinen einfachen Häuschen zufrieden und glücklich. Eines Tages erhalten wir die Nachricht, daß mein Mann in den Krieg müsse. Er läßt uns allein zurück; ich habe ein ungutes Gefühl und Angst, daß er nicht wieder zurückkommen wird.
Später kommen Soldaten und plündern überall. Mein Mann organisiert es irgendwie, daß ich und unsere Tochter auf einem Schiff weggebracht werden, um anderswo ein neues Leben zu beginnen.

Als ich mit dem Schiff wegfahre, tue ich dies sehr ungern und bin traurig, alles aufzugeben. Es sind auch noch andere Frauen mit ihren Kindern dabei.

Nach bereits längerer Fahrt stehe ich mit meiner Tochter oben auf dem Schiff am Geländer, als wir von Flugzeugen oder auch von anderen Schiffen beschossen werden. Der Schiffsmast brennt,und es fallen brennende Teile herunter. Ich stehe da, habe meine Tochter auf dem Arm und weiß nicht, ob ich fortlaufen oder was ich tun soll. Ich habe schreckliche Angst. Dann plötzlich kommt es zu einer Art Explosion; die Leute schreien und laufen durcheinander. Einige steigen ,glaube ich, in ein Rettungsboot.

Das Schiff mitsamt dem Geländer und das Deck, auf dem ich stehe, brechen plötzlich zusammen, und ich falle mit meiner Tochter ins Wasser.

Irgendwie gelingt es mir aber, meine Tochter und mich auf eine Art kleines Floß oder Brett, das von den kaputten Schiffsteilen herumschwimmt, zu retten. Ich sehe nach einiger Zeit niemanden mehr, auch Land ist nicht in Sicht, nur die Sonne brennt herunter.

Wir sitzen bereits längere Zeit auf diesem Floß, als meine Tochter jammert und weint, daß sie heim möchte. Als wiederholte Erklärungen nichts nützen und sie immer weiterjammert, kann ich es irgendwann nicht mehr mitanhören. Ich bin mit den Nerven fertig und verzweifelt, schüttle sie und schreie sie an, daß sie endlich still sein solle. In dem Moment, als ich sie schüttle, kippt das Floß und wir fallen ins Wasser. Ich greife nach meiner Tochter und es gelingt ihr, sich zunächst an meine Hüften zu klammern, dann rutscht sie an meine Beine. Da ich selbst auch nicht schwimmen kann, bekomme ich Angst und habe das Gefühl, daß sie mich nach unten zieht. Ich fange an zu zappeln, um das Floß wieder zu erreichen. Durch das Zappeln verliere ich meine Tochter, dabei habe ich das Gefühl, daß ich sie wegschubse. Es gelingt mir, das Floß zu erreichen, aber ich kann meine Tochter nicht mehr erreichen. Ich denke noch, daß wir beide auf jeden Fall verloren sind, wenn ich das

Floß nochmals verlasse. Ich sehe, wie sie zappelt und nach Luft schnappt; ich versuche, mit dem Floß zu ihr zu paddeln, aber es gelingt mir nicht. – Dann sehe ich nochmals ihren Arm, der sich hilfesuchend nach oben streckt und dann nichts mehr. Ich finde sie nicht mehr.

Ich bin total verzweifelt, fühle mich einem Nervenzusammenbruch nahe und bin dann ganz leer. Ich spüre nichts mehr.

Ich komme dann wieder zu mir, als die Sonne auf meine unbedeckten Körperteile, Kopf, Arme, Beine und Brust, brennt. Ich habe das Gefühl, als wäre alles verbrannt.

Ich sehe dann auch Land und denke in diesem Augenblick, daß ich es vielleicht doch geschafft hätte, meine Tochter zu retten, wenn ich gewußt hätte, daß das Land so nahe ist.

Ich weiß nicht mehr wie, aber irgendwie schaffe ich es, an den Strand zu kommen. Ich habe aber das Gefühl, daß ich nicht liegenbleiben darf, daß ich Schatten finden muß, da die Sonne brennt und ich ohnehin am Ende meiner Kräfte bin.

Ich muß eine Böschung hinaufklettern und schaffe dies mit meiner letzten Kraft. Mir ist ganz schwindelig von der Hitze, und ich habe schrecklichen Durst. Ich lasse mich dann unter einen Strauch in den Schatten fallen und muß dann wohl eingeschlafen sein.

Durch Eingeborene, ich befinde mich jetzt auf einer Insel, komme ich dann wieder zu mir; sie nehmen mich mit zu ihrem Stamm und geben mir zu essen und zu trinken. Sie sind gut zu mir, aber ich bin doch froh, als sie mich nach einiger Zeit von der Insel wieder wegbringen. Hier muß ich immer wieder an das Unglück denken. Ich stehe nochmals an der Felsenklippe und schaue aufs Meer, wo meine Tochter ertrank.

Die Eingeborenen bringen mich mit Booten dorthin, wo ich weiterfahren kann zu meinem Mann; er wurde inzwischen von dem Unglück informiert und erwartet mich bereits.

Ich bin zwar einerseits froh, ihn zu sehen, andererseits habe ich auch Angst, daß er mir vielleicht Vorwürfe machen könnte. Wir schweigen beide und reden nicht mehr über das Unglück. Aber uns fehlt etwas, wir können einfach nicht mehr glücklich

sein. Wir können auch keine Kinder mehr bekommen und irgendwie denke ich, daß dies die Strafe dafür sei, daß ich meine Tochter nicht retten konnte.
Ich vermeide es, über den Tod unserer Tochter zu reden. Das Leben wird gleichgültig und unsere Beziehung zueinander immer flacher. Ich habe das Gefühl, daß mit dem Tod unserer Tochter auch für mich das Leben aufgehört hat. Wir leben und leben doch nicht.
Hätte ich mit meinem Mann darüber reden können, hätte ich es wahrscheinlich auch besser überwunden oder verarbeitet.

Rückführung 3 (folgendes Leben)

Ich lebe mit meinem Mann und meinen Kindern – ich glaube, es sind fünf – sehr glücklich. Ich habe alles, was ich mir wünsche: einen liebenswerten, persönlichkeitsstarken Mann, der meinen Idealvorstellungen entspricht und sehr liebe, nette Kinder, mit denen ich viel Spaß habe. Wir leben in einem Holzhaus in einer etwas wüsten Gegend. Wir versorgen uns weitgehend selbst; ich kümmere mich um die Kinder und den Garten, mein Mann versorgt das Vieh und die Pferde.
Gelegentlich fahren wir zum Viehversteigern in die Stadt, wo ich dann mit meiner Freundin zum Kaffeeklatsch zusammentreffe, was immer sehr lustig und eine willkommene Abwechslung ist.
Ich bin mit meinem Leben sehr zufrieden und kann mir eigentlich nichts Schöneres vorstellen. Doch eines Tages endet dieses glückliche Leben für mich mit einem Unfall.
Ich gehe nach meiner Gartenarbeit noch ein Stückchen Weg an eine Stelle, von der aus man die Gegend gut überblicken kann.
Ich stehe auf einem Felsbrocken vor einer schmalen Schlucht oder einem Abgrund – ich stand schon häufig hier an dieser Stelle – und bin so voll von Liebe allem gegenüber, habe ein unbeschreibliches Glücksgefühl.
In diesem Augenblick erinnerte mich, glaube ich, dieser Ausblick irgendwie an die Stelle, von der aus ich in meinem letz-

ten Leben nochmals aufs Meer schaute, wo meine Tochter ertrank.

Ich habe plötzlich das Gefühl, daß sich der Felsbrocken löst, ich rutsche ab und kann mich gerade noch am Felsen festhalten. Ich hänge dort, habe keinen Boden mehr unter den Füßen und kann nirgends mehr Halt finden. Dann löst sich der Felsen, ich falle tief hinunter, der große Stein hinterher und zerdrückt mir meinen Schädel. Der Tod ist für mich gar nicht so schlimm, aber ich muß an meine Kinder denken, die ich zurücklasse und was aus ihnen werden soll.

Zum Schluß hatte ich auch das Gefühl, daß dieses Leben wohl zu schön gewesen ist, als daß es hätte weitergehen dürfen.

Ich denke, daß es überhaupt nur dadurch so lange dauern konnte, daß diese große Liebe, die ich empfand, das „negative Programm" einige Zeit außer Kraft gesetzt hat.

Ähnlichkeiten zum jetzigen Leben

In allen drei Leben, die m. E. in der beschriebenen Reihe aufeinander folgten, fing das Leben gut an und endete schlecht.

Der Auslöser ist m. E. in diesem 1. Leben zu suchen, wo ich mit der Abtreibung einen großen Fehler machte, und die Worte meiner Schwiegermutter mich auch in den nächsten und im heutigen Leben weiterverfolgten.

Ich hatte heute oft das Gefühl, daß es mir nicht gutgehen darf, daß es mir eigentlich „besser" geht, wenn ich jammere, bzw. daß, wenn es mir gut ging, es nachher umso schlechter war.

Eigentlich verlief mein ganzes bisheriges Leben nach diesem Schema:

Meine frühe Kindheit war eigentlich recht angenehm bis zu dem Zeitpunkt, als ich im Alter von 8 Jahren meine einjährige Schwester verlor. Ich versorgte sie damals fast den ganzen Tag und fühlte mich wie ihre Mutter. Ich bin auch überzeugt, daß sie in meinem früheren Leben meine Tochter gewesen ist,

die im Meer ertrank. Ich habe auch das Gefühl, daß sie für mich die Aufgabe hatte, mich daran zu erinnern.
Seit dem Tod meiner Schwester war auch mein Leben eigentlich nicht mehr schön. Ihr Tod ging mir sehr nahe und irgendwie fühlte ich mich schuldig, obwohl kein realer Grund dafür vorlag. Ich konnte aber auch nie mit jemandem darüber reden. Das Leben verlief ähnlich trostlos wie nach dem Tod meiner Tochter damals.
Als ich dann später heiratete und arbeitete, ging es mir wieder recht gut bis zu dem Zeitpunkt meiner Schwangerschaft, die ich eigentlich noch nicht so recht wollte. Mit meinem Mann konnte ich damals über meine Gefühle auch nicht reden.
Nach der Entbindung wurde es dann ganz schlimm, da mich die Geburt meiner Tochter wohl ganz stark an die frühere Abtreibung erinnerte.
Die Geburt wurde künstlich vorangetrieben. Ich hatte starke Schmerzen, worauf ich eine Spritze bekam, die jedoch nicht richtig half, bzw. spürte ich die ganzen Schmerzen im rechten Bein. Während der ganzen Entbindung war eine Sonde am Kindskopf befestigt; es sah aus und fühlte sich an wie eine Nadel.
Zum Schluß wurde auch noch kurz die Zange angesetzt. Die Untersuchungen des Arztes waren sehr schmerzhaft; ich hatte das Gefühl, daß er mit dem ganzen Arm in der Scheide war. In dieser Nacht überfiel mich auch plötzlich schreckliche Angst, daß ich mein Kind umbringen könnte.
Das Leben 1 sehe ich im Hinblick auf meine heutige Situation als das Wichtigste an. Nach dieser Rückführung hatte ich das Gefühl, daß dies die „Hauptursache" für meine ganzen Schwierigkeiten ist. Ich hatte damals das Kind nicht haben wollen, und jetzt konnte ich meine Kinder aufgrund meiner Ängste nicht genießen. Der „Fluch" meiner Schwiegermutter verstärkte das alles noch. Dies ist für mich auch die Erklärung, warum es mir immer nur kurz besser ging und dann wieder umso schlechter. Deshalb schlugen wohl auch alle anderen

Mittel, die ich selbst versuchte, und die nur kurz leichte Besserung brachten, fehl.
Neben diesem Grundschema, das hier in jedem Leben vorkommt, sind auch in jedem einzelnen Leben Parallelen zu meinen körperlichen Symptomen und Ängsten zu finden:
Die Angst, daß mein Kind ertrinken könnte oder mein Schwindelgefühl beim Überqueren einer Brücke; ich habe dann ein Gefühl, als würde ich gleich ins Wasser fallen.
Auf dieses Schiffsunglück sind wohl auch meine Träume von Armen und Kinderhänden, die mir Angst machten, zurückzuführen.
Die Situation mit meiner Tochter, bevor das Floß kippte, spielte sich auch heute gelegentlich mit meiner Tochter ab. Wenn sie ständig jammerte und eigentlich nicht richtig wußte, was sie wollte, bzw. dieses Jammern auch durch Erklärungen nicht aufhörte, konnte ich es nicht mehr mitanhören und schüttelte sie, was mir wieder Angst machte. Mir war dann immer klar, daß meine Reaktion nichts brachte, aber ich konnte dann nicht anders.
Ich litt auch immer an einer Sonnenallergie, vor allem wenn ich mich am Meer aufhielt oder wenn ich längere Zeit in der heißen Sonne war. In den letzten Jahren mied ich allerdings die Sonne immer und suchte ständig den Schatten. Ich hatte dann kleine Bläschen an den Beinen, Armen und oberhalb der Brust, genau an den Stellen, die während der Zeit auf dem Floß unbedeckt und völlig der heißen Sonne ausgesetzt waren.
Was das Gefühl betrifft, keinen Boden mehr unter den Füßen zu haben, sehe ich auch Parallelen zum Leben 3, als sich der Felsbrocken löste und ich keinen Halt mehr finden konnte.
Die Situation im Leben 2, nach dem Tod unserer Tochter, erinnert mich auch an mein Leben seit meiner „Krankheit“. Ich lebte und lebte doch nicht.

Neben diesen für mich wichtigen Ähnlichkeiten gibt es noch viele Kleinigkeiten, die mit früheren Leben in Verbindung stehen (auch Positives), auf die ich jedoch nicht weiter eingehen möchte, da dies wohl zu weit führen würde.

Die „prophezeite Strafe“ war im Leben 1, daß ich in der Gosse landete und den Arm abgehackt bekam, im Leben 2, daß ich meine Tochter verlor, im Leben 3 mein Unfall, wodurch ich meine Kinder allein zurücklassen mußte, im jetzigen Leben meine „Krankheit“, wodurch ich meine Kinder nicht genießen konnte.

Was die Symptome betrifft, hatten auch die 2 anderen Rückführungen im 2. Teil der Therapie große Bedeutung für mich. Ich möchte mich in meinen Ausführungen allerdings auf ein Leben beschränken, da mir hier die Parallelen zu meinen körperlichen Symptomen sehr wichtig erscheinen.

Rückführung 4

Ich lebe mit meiner Mutter in bescheidenen Verhältnissen. Von meiner Mutter hatte ich gelernt, Kräuter als Heilmittel anzuwenden und half dadurch vielen kranken Menschen.

Eines Tages kommen Männer und verhaften mich wegen Hexerei. Wir haben bereits vorher von anderen Verhaftungen gehört und auch schon mitangesehen, wie junge Frauen verbrannt wurden.
Sie bringen mich zunächst in eine Zelle, aber bald darauf ist eine Verhandlung. Es sind Richter, Pfarrer und eine Art Henker anwesend. Ich muß mich auf den Boden knien und bei jeder ‚falschen Anwtwort‘ bekomme ich einen Peitschenhieb auf den Rücken. Ich soll zugeben, daß ich andere verhext habe, daß ich irgendwelche übernatürlichen Kräfte besitze, die ich mißbraucht habe. Aber ich bin fest entschlossen, nichts zuzugeben, was ich nicht getan habe. Mir ist schon ganz schwindelig und die Knie tun mir weh. Immer wenn ich mit meinen Kräften am Ende bin und nahe daran, zusammenzubrechen,

schütten sie mir einen Eimer Wasser über den Kopf. Das Ganze wiederholt sich ständig, immer die gleichen Fragen und Vorhaltungen. Nach längerer Zeit wird die Verhandlung vorerst abgebrochen, und sie zerren mich hinaus. Ich kann mich kaum auf den Beinen halten und falle auf meine Knie, die stark schmerzen.
Ich komme dann in einen Folterraum, wo ich auf zwei Balken an Füßen und Händen festgebunden werde. Über und unter mir sind scharfe Klingen, Räder, die von diesem Henker gedreht werden. Wenn ich mich bewege oder wenn ich mich fallen bzw. durchhängen lasse, könnte ich geschnitten werden. Ich halte mich deshalb verkrampft fest und versuche, mich trotz der großen Erschöpfung krampfhaft wachzuhalten. Ich wage auch kaum zu atmen. Ich glaube, einmal konnte ich mich nicht mehr halten und spürte dadurch die scharfen Räder an meinem Rücken.
Kurz bevor ich fast das Bewußtsein verliere – es wird mir schwindelig und ich habe das Gefühl, daß alles gleich aus ist – stellt dieser „Henker" die Räder ab und sagt, daß er mir nun eine Erholungspause gönne. Er gießt mir noch einmal Wasser über den Kopf und vergewaltigt mich dann. Er grinst dabei verächtlich und beißt mich auch in die Brust. Ich habe Schmerzen und das Gefühl, daß er mich fast auseinanderreißt. Ich ekle mich vor ihm und denke, daß er mich doch in Ruhe lassen solle, aber es hätte doch nichts genützt, wenn ich etwas gesagt hätte. Ich hatte bisher noch nichts mit Männern gehabt, und es blutet stark. Er sagt dann noch: „Die Hure hat noch nicht einmal einen Mann rangelassen."

Anschließend komme ich dann wieder zur Verhandlung. Da ich trotz allem weiterhin entschlossen bin, nicht etwas Falsches zuzugeben, sagen sie mir, daß sie das gleiche mit meiner Mutter machen werden, wenn ich nicht zugebe, daß ich eine Hexe bin und Verbotenes getan habe. Daraufhin gebe ich es zu; ich muß mich dann noch durch einen Schwur von der Kirche abwenden. Ich weiß, daß dies nun mein Todesurteil ist,

aber als sie mich in die Zelle zurückbringen, bin ich zunächst erleichtert und kann auch die ganze Nacht gut durchschlafen.
Am nächsten Morgen werde ich von zwei Männern zum Verbrennungsplatz geführt. Ich muß durch die Menschenmenge, die sich dort versammelt hat durch und dann ein Stück über einen freien Platz.
Dann muß ich einige Treppen zu einem kleinen Podest hochsteigen, wo ich an einem Pfahl mit einem Seil über der Brust festgebunden werde. Unter mir wird das Holz aufgestapelt und auf Kommando zündet einer das Feuer an. Ich habe schreckliche Angst, ich bin allein, keiner hilft mir, auch die nicht, denen ich einmal geholfen habe. Ich denke, ich will hier weg, aber ich kann nicht. Ich stehe da und vermeide es, nach unten zum Feuer zu schauen, das immer höher kommt. Es wird mir schwindelig, als ich das brennende Holz unter meinen Füßen sehe; ich versuche krampfhaft, geradeaus zu schauen.
Dann spüre ich das Feuer zunächst an meinen Fesseln; es brennt und schmerzt und bald darauf fühle ich dieses Brennen auch auf meinen Armen und über meiner Brust. Ich sehe noch die Leute unter mir, es wird alles so unklar und dreht sich. Ich habe das Gefühl, keine Beine mehr zu haben. Zum Schluß fühle ich nur noch meinen Kopf, wie er heiß und schwer wird und ich habe ein Gefühl, als würde das ganze Blut in den Kopf schießen. Ich kann dann auch nicht mehr atmen, es ist keine Luft mehr da zum Atmen.
Ich habe noch das Gefühl, laut schreien zu müssen, aber ich kann nicht. Dann tut nichts mehr weh, der Körper ist total verkohlt und verbrennt dann; es ist nichts mehr davon übrig.
Meine letzten Gedanken in diesem Leben sind, daß ich vielleicht nicht so schutzlos gewesen wäre, wenn ich schon einen Mann gehabt hätte, der mich geschützt hätte. Ich denke auch, daß ich eigentlich viel zu gutmütig gewesen bin und mir dies eigentlich nichts gebracht hat.

Parallelen zu meinem jetzigen Leben

Auffällig sind hier für mich vor allem die Ähnlichkeiten mit meinen körperlichen Symptomen, aber auch Ängste, von denen ich hier nur die wichtigsten nennen möchte.
Z.B. habe ich Schmerzen am Rücken, wenn ich in gebückter Haltung etwas tue, genau an der Stelle, wo ich die Peitschenhiebe spürte.
An Tagen, an denen es mir besonders schlecht ging und ich mich erschöpft fühlte, wurde es mir vor allem beim Knien und Bücken und überhaupt beim Schauen nach unten ganz schwindelig. Ich versuchte dann, immer nur geradeaus zu schauen.
Während meiner Berufstätigkeit mußte ich auch des öfteren bei Gericht vorsprechen, was mir anfangs ungeheure Angst machte, die ich aber mit der Zeit überwand.
Die Folterszene erinnert mich auch an vieles. Ich hatte immer total verspannte Muskeln am ganzen Körper und auch gelegentlich Schmerzen an den Handgelenken.
Vor allem in der letzten Zeit bekam ich immer wieder Schmerzen in der Brust, als ob mich jemand gebissen hätte. Diese Schmerzen erinnerten mich manchmal jedoch auch an ein Seil, das fest über die Brust gebunden wurde. Wenn es mir schwindelig war, hatte ich auch oft das Gefühl, daß ich nicht richtig durchatmen konnte, daß mein Bauch beim Einatmen nicht richtig herauskam, auch wenn ich es versuchte.
Eigenartig war auch, daß immer wenn ich einmal richtig gut durchgeschlafen hatte, der nächste Tag umso schlechter war (in der Nacht vor der Verbrennung hatte ich besonders gut geschlafen, der Tag danach war umso schlimmer).
Weitere Ähnlichkeiten mit heutigen Symptomen zeigen sich kurz vor und während der Verbrennung selbst. Zunächst war da immer ein Angstgefühl, wenn ich über einen freien Platz gehen mußte. Am schlimmsten wurde es jedoch, wenn ich dann auch noch stehenbleiben mußte. Ich wußte dann nicht, ob ich weglaufen oder was ich sonst tun sollte. Ich hatte dann auch das Gefühl, daß ich laut schreien müßte, vor allem, wenn

andere Leute in der Nähe waren und ich mich beobachtet fühlte.

Auch meine Sonnenallergie erinnert mich hier wieder an die Stellen, die beim Verbrennen am meisten schmerzten.

Kurz bevor in dieser Situation der Tod eintrat, spürte ich nur noch den Kopf und bekam keine Luft mehr. Dieses Gefühl hatte ich auch heute besonders oft, wenn ich schwindelig wurde und Angst hatte. Ich hatte dann das Gefühl, daß ich nur noch aus Kopf bestehe und keine Beine mehr habe. Ich hatte dann auch Schwierigkeiten, durchzuatmen und mir wurde ganz heiß – ich bekam einen roten Kopf.

Veränderungen, die sich für mich seit Beginn der Therapie ergaben

Für mich war eigentlich das Wichtigste, daß ich meine momentanen Symptome und Ängste etwas verlor. Wie gesagt, spürte ich bereits nach dem 1. Teil eine deutliche Erleichterung. Wenn jetzt diese Ängste doch noch einmal auftreten, dann denke ich daran, woher sie kommen und mache sie mir nochmals bewußt. Dadurch habe ich das Gefühl, daß dies verarbeitet wird und sich diese Ängste mit der Zeit auflösen.

Vor kurzem konnte ich zum erstenmal wieder einmal richtig schwimmen.

Ich werde auch im Umgang mit meiner Familie nicht mehr so schnell ungeduldig, ärgere mich nicht mehr so oft und komme überhaupt mit meinen Kindern besser zurecht. Auch habe ich das Gefühl, daß sie nicht mehr so oft quengeln. Mein Sohn, der bis zum Beginn der Therapie jede Nacht manchmal mehrmals aufwachte, schlief nach dem 1. Teil bereits öfters durch. Bis jetzt schläft er nun jede Nacht durch, was sicherlich auch damit zusammenhängt und ein erfreuliches Nebenprodukt ist.

Das Leben mit den Kindern kann ich inzwischen auch manchmal richtig genießen.

Ich schaffe es inzwischen auch viel besser, mit meinem Mann über negative Dinge zu reden.
Es haben sich nicht nur meine aktuellen Ängste fast aufgelöst, sondern ich bin überhaupt in vielen Dingen, die mich auch schon früher irgendwie hinderten, selbstbewußter geworden.
Ich bin froh, daß ich diesen Weg gefunden habe und würde ihn immer wieder gehen. Ich glaube auch, daß sich im Laufe der Zeit mein Verhalten durch Bewußtwerden noch weiter positiv verändern wird.

Fred H.:
Ich war 38 Jahre, als ich merkte, daß es mit meiner Karriere nicht so weiterging wie es meine Ausbildung und mein Arbeitseinsatz eigentlich erwarten ließen. Die augenblickliche Aufgabenstellung, Abteilungsleiter im Zentralbereich eines großen Maschinenbaukonzerns, war sehr vielfältig und interessant. Aber ich war schon zu lange da, über fünf Jahre. Irgendwie hatte ich mich bisher davor gescheut, Linienverantwortung zu übernehmen. Jetzt, da ich begriff, wie notwendig ein solcher Schritt für das berufliche Weiterkommen war, taten sich keine Möglichkeiten auf, niemand forderte mich an, doch da, wo ich selber Initiative ergriff, wurden mir andere vorgezogen. Ich grübelte, was wohl die Gründe dafür sein mochten. Sicherlich, ich hatte Probleme mit meinen Mitarbeitern, setzte mich nicht genug ein für sie, forderte andererseits zuviel von ihnen. Aber das größte Problem sah ich in der Furcht vor direkten und harten Auseinandersetzungen mit meinen Vorgesetzten. In einigen Fällen, wenn ich angegriffen wurde, wenn Vorgesetzte mir Vorwürfe machten, war ich wie erstarrt, gelähmt, auch dann, wenn ich im Recht war. Ich konnte mir dieses Phänomen nicht erklären. Hatte ich versäumt, in all den harten Jahren der Ausbildung, Volksschule, Lehre, 5 Jahre Abendschule zur Mittleren Reife und Abitur, Studium, Auslandspraktika, Promotion usw., meinen Charakter zu stählen, meine Menschlichkeit zu entwickeln? Das

Eigenartige war, daß ich auch dann erstarrte, wenn meine Frau mir Vorwürfe machte.
Ein Jahr später wechselte ich die Stellung mit Aussicht auf eine Position als Hauptabteilungsleiter. Zwischen meinem neuen Vorgesetzten und mir entwickelte sich nach mehreren Monaten ein sehr gespanntes Verhältnis. Objektiv gesehen war er der Typ des „Machers", mit der Sensibilität eines Nashorns. Ich litt Höllenqualen, insbesondere, da ich mich nicht richtig wehrte und mir vieles gefallen ließ. Mir wurde klar, daß eine Veränderung der ganzen Situation nur erreicht werden konnte, indem ich mich selber veränderte.
Durch glückliche Umstände kam ich zur Reinkarnationstherapie. Bereits in der dritten Sitzung, nach dem Geburtserlebnis und einem Geschehnis als Mönch ca. im 17. Jahrhundert, die mir sehr viel Aufschluß über mein Verhältnis zu meiner Mutter und zu meinem verstorbenen Zwillingsbruder brachten, kam es zu folgendem, das Unterdrückungssymptom und das Autoritätsproblem kennzeichnenden Erlebnis:
Der Beginn der Therapie ist schleppend. Ich sehe nur undeutlich, suche als Prototyp des Unterdrückers immer meinen Vorgesetzten. Glaube, auf einem Schiff zu sein, eine Sklavengaleere, ich sitze an einem großen Ruder und mein Vorgesetzter schwingt die Peitsche. Hier vermengt sich Phantasie und Einbildung. Das Geschehen läßt sich nicht weiterverfolgen. Ich habe das Gefühl, ein Gefangener zu sein, mit Ketten an den Füßen aneinandergeschmiedet, irgendwo in einer Einöde in Nordafrika. Wir gehen immer im Kreis herum, schöpfen Wasser. Ich bin hoffnungslos, zu weit ist die Heimat entfernt, habe das Gefühl, sie nie mehr wiederzusehen. Das Leben zertritt mich im Sande.

Frau Vallieres geht alle Geschehnisse immer wieder mit mir durch. Mit unklaren Angaben oder Eindrücken gibt sie sich nicht zufrieden. Erst wenn nach mehrmaligem Durchgehen die innere Logik stimmt, die Aussagen sich nicht mehr vermengen, sich nicht widersprechen, akzeptiert sie. Diesmal dauert es

lange, bis sich ein klares Geschehen herausdestilliert. Es ist, nach der Größe der Ausschläge am Biofeedbackgerät zu urteilen, ziemlich schwerwiegend, stark mit Emotionen besetzt, wie mir Frau Vallieres zum Abschluß erklärt:
Ich bin Anführer einer kleinen Gruppe von Legionären. Mit einem meiner Leute habe ich stets Ärger. Meine Persönlichkeit ist schwach, ich fühle mich unbedeutend, klein, ich bin grausam und quälerisch. Meine Wut auf diesen einen Untergebenen wird immer größer. Nach einem größeren Streit ersteche ich ihn mit meinem Kurzschwert.
Ich werde vor Gericht gestellt und soll die Tat verantworten. Ich schiebe die Schuld auf den Erstochenen, auf sein Verhalten. Ich sträube mich, meine Tat einzugestehen, bin innerlich völlig verkrampft. Ja, ich weiß, daß ihr Recht habt mit der Anschuldigung, schreie ich in meinem Inneren. Nach außen aber projiziere ich die Schuld auf den Ermordeten, auf die Herausforderung, die stetige Reizung.
Bei der anschließenden Analyse, auf die Frau Vallieres stets großen Wert legt, wird mir meine innere Einstellung deutlich: Das Leben ist nicht viel wert zur damaligen Zeit. Ich glaube, über Leben und Tod selber bestimmen zu können, betrachte solche Typen, die mich geärgert haben, als Feinde, die man demütigen muß, wünsche mir Überlegenheit und Stärke, fühle Sadismus in mir, möchte erleben, wie jemand stirbt. Das Geschehen hat einen sehr starken Bezug zur Gegenwart. Mir wird plötzlich ganz klar bewußt, warum ich innerlich wie erstarrt bin, wenn ich angegriffen werde, mich rechtfertigen muß. Das Geschehnis von Schuld ist in meinem Unterbewußtsein reaktiviert worden. Gleichgültig, ob die Vorwürfe von meinen Chefs oder von meiner Frau kommen.
Ich habe wieder das Gefühl, als ob die Person, die ich damals erstochen habe, mein Bruder Bernd ist. Mir fällt ein, wie oft ich in der Kindheit, in der Jugendzeit, vor ihm gestanden habe, voller Wut, Haß und Verachtung, daß ich ihn am liebsten mit der Faust voll ins Gesicht gehauen hätte, aber es nie konnte.
Mit Erschütterung fällt mir ein, daß ich so das letzte Mal vor

ihm stand, als wir etwa 20 Jahre alt waren. Daß er, als ich nicht zuschlug, sich in den Sessel fallen ließ und mir mit dem rechten Fuß in den Unterleib in die Hoden trat. Du stirbst sowieso in 10 Jahren an Krebs, stieß er hervor. Dieses Geschehen, diese Worte haben mich tagelang beschäftigt. Mir war, als ob ich sie von mir abwehrte. Ich habe sie dann allmählich vergessen. Mir fällt jetzt erst ein, daß Bernd vor 12 Jahren quasi über Nacht plötzlich starke Hodenschmerzen bekam, an Hodenkrebs erkrankte, es aber nicht erkannte und relativ spät zum Arzt ging. Er wurde am nächsten Tag sofort operiert. Es war unser 30. Geburtstag! Ein Jahr später ist er gestorben.

Einige weitere Geschehnisse, die ich während der Therapie erlebe, bewirken in mir eine vollständige Änderung meines Selbstverständnisses, meiner inneren Einstellungen, meiner Gefühle. Und Hand in Hand mit diesen inneren „Einsichten" verändert sich auch meine Umwelt, allerdings zeitversetzt. Die einschneidendste Veränderung ergibt sich im Beruf. Ich erhalte „zufällig" einen Anruf eines Bekannten, der mir eine Stelle als Geschäftsführer anbietet. Ich willige ein und erlebe jetzt alle Vorteile einer verantwortlichen, selbständigen und interessanten beruflichen Tätigkeit.

Wenn ich nun diesen Bericht abschließe, dann können wir zusammenfassend sagen, daß das Gesetz des Karma als Hintergrund für unsere Lebensschwierigkeiten steht. Freude und Schmerz werden durch unsere eigenen früher begangenen Handlungen verursacht. So kann Karma ohne Schwierigkeiten in einem kurzen Satz erklärt werden: Handeln wir gut, wird alles gut werden, handeln wir schlecht, werden wir leiden müssen.

Karma bedeutet Handlung. Hinsichtlich des Modus der Handlungen können körperliche, verbale und mentale Handlungen unterschieden werden. Hinsichtlich ihrer Wirkung sind Handlungen entweder tugendhaft, lasterhaft oder neutral. Im Hinblick auf die Zeit unterscheiden wir zwei Typen von Handlungen: intentionale Handlungen, die sich ereignen, während man sich vornimmt, etwas zu tun, und die intendierten Handlungen, die Ausdruck dieser mentalen Motivationen im physischen und verbalen Bereich sind.

Ich schreibe jetzt zum Beispiel aufgrund einer ganz bestimmten Motivation und dabei sammle ich verbale Handlung oder Karma an. Ob diese Handlungen gut oder schlecht sind, hängt im wesentlichen von meiner Motivation ab. Schreibe ich mit einer guten Motivation, die Ehrlichkeit, Achtung und Liebe für andere beinhaltet, sind meine Handlungen gut. Würde ich mit einer Motivation von Stolz oder gehässiger Kritik, die an anderen gründet, schreiben, sammle ich ungutes Karma an. In jedem Augenblick häufen wir Karma an. Kommunizieren wir mit einer guten Motivation, wird als unmittelbares Resultat eine freundliche Atmosphäre erzeugt; gleichzeitig schafft diese Handlung aber auch einen Eindruck der eigenen Bewußtheit und schafft damit die Voraussetzung für Freude in der Zukunft. Bei schlechter Motivation wird unmittelbar eine feindliche Atmosphäre verursacht, und für mich wäre damit die Saat für künftiges Leid gesät.

Jeder ist sein eigener Meister und alles hängt von ihm selbst ab. Dies bedeutet, daß Freude und Schmerz aus unseren eigenen tugendhaften oder lasterhaften Handlungen erwachsen, also nicht von außen, sondern von innen kommen. Diese Theorie ist im äußeren Lebensvollzug von großem Nutzen, denn sind wir einmal zu der Einsicht gekommen, daß zwischen einer Handlung und ihrer Wirkung ein Zusammenhang besteht, werden wir beständig auf der Hut sein und uns selbst kontrollieren. Ganz gleich, ob wir beobachtet werden oder nicht. Stellen Sie sich zum Beispiel vor, Sie sehen Geld herumliegen, das Ihnen nicht gehört, und niemand wäre in der Nähe. Sie könnten es ohne Schwierigkeiten nehmen. Glauben Sie aber an die Lehre vom Karma, so werden Sie dieser Versuchung widerstehen, denn die ganze Verantwortung für Ihre Zukunft liegt in Ihnen selbst. In modernen Gesellschaften gelingt es einigen Menschen, trotz hochspezialisierter Polizeiapparate immer wieder, terroristische Gewalttaten auszuüben. Obwohl die eine Seite über alle Technik verfügt, um die andere Seite zu beobachten und Täter aufzuspüren, sind diese immer noch raffinierter, Schwierigkeiten zu erzeugen und Schrecken zu verbreiten. Die einzig wirkungsvolle Kontrolle kommt von innen; sie besteht in der Einsicht in die Verantwortung für die eigene Zukunft und dem uneigennützigen Streben für das Wohlergehen der anderen. Praktisch gesehen ist Selbstkontrolle die beste Kontrolle gegen Kriminalität. Denn durch inneren Wandel können Verbrechen gestoppt und Frieden in die Gesellschaft gebracht werden. Selbstprüfung ist äußerst wichtig, und so hat die Selbstverantwortung einen praktischen Nutzen, indem sie uns Selbstprüfung und Selbstkontrolle im Blick auf die eigenen Interessen und die der anderen auferlegt.

Um nicht in einem späteren Leben wieder leiden zu müssen, mehr noch, um schon in diesem Leben Leiden zu verringern, können wir über die RT altes Karma abbauen, und wir können dafür sorgen, daß wir nicht neues Karma schaffen, haben wir erst einmal die Zusammenhänge erkannt.

Friedrich W.:

Als Heilpraktiker praktiziere ich seit längerer Zeit die Therapie mit re-birthing. Eben so eine re-birthing-Therapie wünschte auch eine Bekannte von mir, mit der ich ihre Geburt durcharbeitete, anschließend die Zeit ihres Wachstums im Mutterleib. Als die Therapie fast abgeschlossen war, sackte sie in einen tranceähnlichen Zustand, und ihre Aussagen dabei ließen auf die Existenz, bzw. auf den Beginn einer Reinkarnationsphase schließen.

Da ich mich bis dahin mit Reinkarnation nicht in praktischer Weise befaßt hatte, führte ich sie, sobald es möglich war, in die Wirklichkeit zurück und brach vorsichtigerweise die Therapie ab.

Bei dieser Rückführung wurde mir klar, daß ich mit dieser Frau ein gemeinsames Karma hatte, denn wie sie ihr Leben vor diesem Leben beschrieb, lief in mir ein Film ab, der mir klar machte, daß genau dieser Lebensabschnitt vor dem Leben auch mit meinem Vorleben zu tun hatte. Sonst hätte ich nicht im voraus gewußt, wie ihre Personen- und Ortsbeschreibung aussehen wird.
Mit der Überzeugung, daß kein Therapeut an einem Patienten eine neue Therapie beginnen darf, ohne selbst eben diese Therapie an sich durchgeführt zu haben, kam ich zu meiner eigenen Therapie.

Rückführung

1. Sitzung: Problematik Thema: Gefühl des Ausgenütztwerdens.

(F = Frage, A = Antwort)

F: Was könnten Sie sich vorstellen, warum Sie immer ausgenützt werden? Was könnten Sie in einem Ihrer Vorleben in der Richtung an anderen Menschen gemacht haben?
A: Ich sehe mich auf einem Schiff, auf einer Art Galeere. Ich bin der Besitzer der Galeere, und dort arbeiten die Leute für mich und meine Interessen. Sie rudern. Wenn sie nicht mehr arbeiten können aus Krankheitsgründen, lasse ich sie über Bord werfen.
F: Was fühlen Sie dabei?
A: Nichts Abnormales. Es ist so üblich.
F: Warum machen Sie das?
A: Ich habe eine Frau geheiratet, die einem höheren gesellschaftlichen Stand entstammt. Ich stamme aus geringeren gesellschaftlichen Kreisen, möchte aber meiner Frau und ihrer Verwandtschaft gesellschaftsmäßig imponieren und als ebenbürtig gelten.
F: Wo ist ihre Frau?

A: Sie ist in meiner Villa.

F: Wo ist diese Villa?

A: Sie steht auf einem Berg, bzw. auf einer in das Meer hineinragenden Landzunge, die die Form hat wie der Busen einer Frau, der in der Mitte von Wasser umspült wird, so daß also die Berghänge ziemlich steil ins Meer hinabreichen. Eben um diese Landzunge herum dreht sich meine Galeere.

F: Was ist es für eine Galeere?

A: Es ist eigentlich keine Galeere in dem Sinn, es ist eine Art Linienschiff. Die Leute am Ruder sind auch keine Sträflinge. Sie verrichten die Arbeit eben zum Überleben für Naturalien (Essen, Trinken). Diese Schiffslinie fährt also um diese Landzunge herum von einer Stadt zur anderen. Es gibt keine Straßenverbindung zu diesen Städten, da alle Wege vom Meer her ins Landesinnere führen. Der Schiffsweg um die Landzunge herum von einer Stadt zur anderen hat die Länge von einem Tag, d.h. heute hin und morgen zurück.

F: Wie sieht Ihr Haus aus auf dem Berg?

A: Auf dem Berg steht ein Tempel, und eben dieser Tempel ist meine Villa.

F: Was macht Ihre Frau?

A: Sie ist im Haus, unterhält sich und vertreibt sich ihre Zeit mit anderen Mädchen, Gesellschafterinnen oder Freundinnen.

F: Was fällt Ihnen an Ihrer Frau auf?

A: Es ist meine geschiedene Frau in diesem Leben. Ihre ganze Art und Gebaren ist eindeutig sie.

F: Was sehen Sie noch?

A: Ich stehe vor meiner Villa auf dem Berg und sehe unten auf dem Meer meine Schiffe vorbeifahren.

F: Was sehen Sie noch?

A: Ich bin also nicht immer auf dem Schiff, sondern das oder die Schiffe fahren auch ohne mich. Auf dem Meer sind noch andere Schiffe, Galeeren und Kriegsschiffe. Es müssen römische oder griechische Kriegsschiffe sein. Ich sehe, daß die Schiffe alle an meiner Landzunge vorbeifahren müssen, denn hier ist so eine Art Furt.

F: Was sehen Sie noch, oder was ist das für eine Furt?

A: Gegenüber von meinem Berg sehe ich ganz verschwommen Land. Dieses Land ist aber unbedeutend, vermutlich auch unbewohnt.

F: Sehen Sie sonst noch etwas, oder fällt Ihnen dazu noch etwas ein?

A: Eigentlich nicht, mir fällt nichts mehr ein.

Sitzungsende

Stunden danach beschäftigen mich die Bilder der Rückerinnerung so stark, daß ich das ganze Erlebnis meiner Bekannten erzähle. Zur besseren Beschreibung male ich sogar eine Skizze meines Berges, meines Tempels, bzw. meiner Villa sowie eine Skizze meines Schiffes auf ein Blatt Papier.

2. Sitzung

F: Was wiederholt sich in Ihrem Leben ständig, was Sie aus einem früheren Leben mitgebracht haben?

A: Es ist z.B. bemerkenswert, daß es Lieder oder Melodien gibt, bei denen ich in fast sentimentales Weinen ausbreche.

F: Was sind das für Lieder?

A: Z.B. „Ich hatte einen Kameraden“ (Kriegs-Soldatenlied) „Jenseits des Tales“ (Soldatenlied) „Wir sind die Moorsoldaten“ (Gefangenenlied) „Auf Kreta steht ein Fallschirmjäger Wacht“

F: Was bewegt Sie jetzt am ärgsten? Was könnte in einem früheren Leben geschehen sein?

A: Ich sehe mich als Soldat des 2. Weltkrieges mit einem Freund oder Kameraden in einem Stück Wald stehen, wobei es sich hier nicht um einen normal üblichen Wald handelt. Es sind kleine halbhohe, meist verkrüppelte und schräg stehende Stämme. Es könnte sich auch um alte Olivenbäume handeln. Unsere Gewehre lehnen an einem solch schrägen Stamm. Mein Freund, der auch mein Vorgesetzter zu sein scheint, raucht eine Zigarette, sagt: „Also los, wirf die Zigarette weg, nimm das Gewehr auf, und wir gehen zum Einsatz". Eigentlich hatte ich den Befehl zur Ausführung des Einsatzes bekommen. Mein Freund, bzw. mein Vorgesetzter, hatte mich nur bis zum Einsatz begleitet. Ich hatte aber schreckliche Angst vor diesem Einsatz, so übernahm mein Freund diese Arbeit und fiel dabei. Bei dieser Aktion wurde der Feind aber auch auf mich aufmerksam, so daß ich, um überhaupt lebend aus der Sache herauszukommen, den Einsatz zu Ende bringen mußte, was mir auch gelang.

F: Was war das für ein Einsatz?

A: Wir waren auf einem Berg mit einer Fallschirmjäger-Gruppe gelandet. Von diesem Berg aus sah man ein Militärlager bzw. Kaserne, auf dem ca. 30 Panzer untauglich gemacht werden mußten. Ich sprengte diese 30 Panzer in die Luft. Vermutlich ging mir seitdem das Lied „Ich hatte einen Kameraden" in meinem Gewissen nach. Nach diesem gelungenen Einsatz wurde mir diese „Leistung" als mutig und einsatzfreudig zugeschrieben. Da ich aber keines von diesem war, versuchte ich mich aus meiner Feigheit heraus in die Heimat versetzen zu lassen, was mir auch gelang.

– Ende der Sitzung –.

3. Sitzung

F: Es müßte noch mehr in einem Ihrer früheren Leben geschehen sein, wo Sie andere Menschen ausgenommen haben, sonst würden Sie ja in diesem Leben nicht ständig den Eindruck haben, von Ihren Mitmenschen ausgenützt zu werden.

A: Ich sehe sehr viele Menschen, die für mich arbeiten, hunderte oder gar tausende, graue oder staubige Menschen, die irgendwo in einem Steinbruch oder beim Bergbau tätig sind.

F: Was machen Sie, welche Rolle spielen Sie?

A: Ich glaube, ich bin so eine Art Landvogt oder Bürgermeister.

F: Haben Sie davon materiellen Nutzen? Arbeiten die Leute für Sie?

A: Eigentlich arbeiten Sie auch im Auftrag von irgendjemand. Ich bekomme von dort Geld, aber irgendwie nach Leistung dieser Leute; aber nicht nur Geld, sondern auch Anerkennung, denn ich nütze die Leute ganz rücksichtslos aus. Wer nicht mehr arbeiten kann, kommt einfach weg.

F: Wohin weg?

A: Ich weiß es nicht, einfach weg. Sie arbeiten dann auf jeden Fall nicht mehr mit.

F: Sehen Sie sonst noch etwas? Fällt Ihnen dazu noch etwas ein oder auf?

A: Nein, ich sehe nur immer wieder das Bild vor mir, diese Masse von grauen, staubigen Menschen.

– Sitzungsende –

Wieder arbeiteten diese Bilder in mir nach, so daß ich, vor einer Ampel stehend, noch einmal diese grauen Massen vor mir sah, und ich wußte auf einmal ganz deutlich, daß es sich hier um Häftlinge aus einem Konzentrationslager im 3. Reich handelte.

4. Sitzung

Ich erzählte der Therapeutin, daß ich nun ganz genau wüßte, daß ich in der letzten Rückführung kein Landvogt oder Bürgermeister war, sondern irgendwie Aufseher oder Kommandant in einem Konzentrationslager.

Die Therapeutin versuchte nun nochmals auf dieses Leben

einzugehen, und wieder kamen in mir die Bilder dieses Soldatenlebens im 2. Weltkrieg, wo ich mich in die Heimat versetzen lassen konnte. Hier wurde ich aufgrund meiner „mutigen" Leistungen im Konzentrationslager als Aufseher oder Adjutant zugeordnet. Ich hatte mich irgendwie als etwas Besseres gefühlt, wahrscheinlich war ich zu diesem Zeitpunkt nicht nur einfacher Aufseher oder Soldat. Ich beobachtete, wie „Kollegen" Sträflingen zu entkommen ermöglichten. Ich sehe ganz deutlich noch das Loch im Zaun des Lagers, vor dem noch zwei Stahlbalken kreuzweise bei der Panzersperre einbetoniert waren, so daß dieses Kreuz das Loch im Zaun verdeckte. Die Soldaten, die die Sträflinge entkommen ließen, machten dies aber nur für Bezahlung durch Gold, Zahngold, Schmuck oder Bargeld. Dies meldete ich bei den Vorgesetzten, so daß diese „Kollegen" sofort standrechtlich erschossen wurden. Aufgrund dieser „Vaterlandstreue" wurde ich wieder befördert.

Hier bekam ich einen Vorgesetzten, der alkoholabhängig war, schlampig und unrasiert seinen Dienst versah, und auch während der Dienstzeit seinen Rausch ausschlief. Dieser Vorgesetzte wurde aufgrund meiner Denunziation wegen seiner Vergehen abgeurteilt und auch erschossen. Ich bekam dann aufgrund dessen wieder eine Beförderung und hatte dann den Posten des Kommandanten inne. Während der Kriegswirren wurde ich zum kommissarischen Lagerleiter ernannt und später als Lagerleiter bestätigt.

F: Was sehen Sie noch? Können Sie irgendwie erkennen, woran Sie gestorben sind?

A: Ja. Ich sehe in meiner Dienststelle die Tür aufgehen. Fremde Soldaten kommen herein, verhaften mich, und ich werde am selben Tag mit 3 oder 4 weiteren deutschen Offizieren an die Wand gestellt und erschossen.

– Sitzungsende –

Nachforschungen meinerseits ergaben dann, daß dieser Lagerkommandant tatsächlich existierte und als SS-Fallschirmjäger auf Kreta über Tunesien bzw. Nord-Afrika an ein Konzentrationslager versetzt wurde. Zu diesem Zeitpunkt war aber die Bedeutung des Liedes der „Moorsoldaten“ noch nicht klar, da dieses Lied in dem Konzentrationslager in der Lüneburger Heide entstanden ist. Hier wurde aber nicht in diesen Massen Steinbruch oder Straßenarbeiten ausgeführt. Bei weiteren Nachforschungen über diese Person stellte ich fest, daß beim Einmarschieren der Engländer verschiedene Moor-Konzentrationslager evakuiert wurden, so daß es gut möglich war, daß nun auch dieses Gefangenenlied in anderen Konzentrationslagern gesungen wurde.

5. Sitzung

Mehrere Versuche auf ein Vorleben zu kommen, gelangen bei dieser Sitzung nicht, so daß die Therapeutin versuchte, mich in ein Frauenleben hineinzuführen, was auch sofort gelang.

F: Was sehen Sie? Was sind Sie als Frau?

A: Ich sehe mich als alte Frau in einem Holzhaus in den Bergen. Diese alte Frau ist so eine Art Kräuterfrau. Ich sehe am Gebälk dieses Hauses sehr viele getrocknete Heilkräutersträuße hängen.

F: Wie sieht Ihr Leben als jüngere Frau aus?

A: Ich bin die junge Frau eines Försters, dessen Mutter schon Heilkräuter sammelte, und von der ich das Wissen über Heilkräuter übernahm.

F: Was sehen Sie noch in diesem Leben?

A: Es klopft an die Tür. Waldarbeiter bringen meinen Mann, den Förster, tot nach Hause. Er wurde von einem Wilderer erschossen.

F: Hatten Sie in diesem Leben auch etwas Positives?

A: Ja. Ich liege auf einem Holz- und Strohbett und habe ein Kind. Mein Mann sitzt neben mir und hält mir die Hand.

F: Wieviele Kinder haben Sie?

A: 2, einen Jungen und ein Mädchen. Es ist wunderbar, wie man fühlt, wenn der Ehemann bei der Geburt bei einem ist.

F: Was sehen Sie noch? Was geschieht dann?

A: Die Kinder gehen in die Stadt, studieren. Der Sohn wird Förster, das Mädchen heiratet irgendeinen Beamten. Ich bin allein in dieser Hütte und verbringe meine Zeit mit Kräutersuchen und den Leuten, die zu mir kommen, um ihre Leiden mit Heilkräutern zu heilen.

F: Können Sie sich sonst noch ein vorzeitiges Leben als Frau vorstellen?

A: Ja. Ich bin die Frau eines Grafen. Meine Aufgabe ist es, Feste und Gesellschaften zu arrangieren. Ich sehe das Schloß, auf dem wir leben. Es ist auf einem Berg mit steil aufragendem Felsen, der senkrecht in die Schloßmauer übergeht. Das Schloß hat sehr viele kleine Türmchen. Ich gehe ab und zu runter zu den Leuten ins Dorf, um die Pacht für das Land zu kassieren, was in Form von Naturalien geschieht. Ich sehe ganz deutlich die Landschaft mit Getreidefeldern und aufgestellten Garben. Ich kenne in dem jetzigen Leben kein solches Schloß, das auf einem Felsen steht und die Schloßmauer in der Form des Felsens weiterführt.

Aufarbeitung und Nachforschung dieser Leben.

Über Jahre hinweg wußte ich eigentlich nicht so recht, wo ich Urlaub machen sollte. Kein Land reizte mich, und ich wunderte mich, daß ich ca. 2 Jahre vor der Rückführung überhaupt mal eine spontane Reise nach Tunesien und in die Toscana unternahm.

Erst nach dieser Reinkarnationstherapie reizte es mich, spontan nach Griechenland zu reisen. Natürlich auch wieder mit dem Bewußtsein, daß dieses Reiseziel etwas mit einer früheren Inkarnation zu tun haben muß, da – wie schon vorher er-

wähnt – das Soldatenlied „Auf Kreta steht ein Fallschirmjäger auf der Wacht“ in mir sentimentale Anwandlungen auslöste, Weinen oder Traurigkeit.
Ich flog also mit meiner Begleiterin nach Athen und bereiste von dort verschiedene Küstengebiete, u.a. Pyräus. Dann fuhr ich mit der Fähre von Athen nach Chania (Kreta) und von dort mit einem Linienbus auf der Küstenstraße nach Heraklion. Eigenartigerweise hatte ich anscheinend zu diesen bereisten Gegenden oder Küstenstreifen keinen Bezug, so daß mir klar wurde, daß eben diese Strecke für eine frühere Inkarnation nicht interessant war.
Am nächsten Tag fuhr ich in den Süden von Kreta nach Matala und Kali Limenes. Auch hierzu hatte ich keinen Bezug. An einem anderen Tag fuhr ich dann von Heraklion auf der Küstenstraße nach Agios-Nikolaios. Kurz nach dem Flughafen von Haraklion, in einer starken, unübersichtlichen Straßenbiegung, spürte ich ein seelisches Drücken. Ich sagte dies meiner Begleiterin, die ja, wie schon erwähnt, über meine Erlebnisse in den Vorleben unterrichtet war. Daraufhin sagte sie, sie hätte schon etwas entdeckt, ich solle warten, bis die Straßenkurve vorbei sei. Kurz darauf sah ich vor mir den Berg mit der Landzunge ins Meer ragen, wie ich ihn aus meiner Rückführung in Erinnerung hatte.
Nun wurde mir mein seelisches Drücken erklärbar. Es war ein Gefühl, als würde ich von diesem Berg angezogen. Gleichzeitig bestätigte mir dieses Erlebnis die Wahrhaftigkeit der Reinkarnation. Ich fuhr also auf den Berg, um zu sehen, ob irgendwelche Erinnerungen zurückkämen. Ich sah gegenüber dieser Landzunge eine Insel, leicht im Nebel verschwommen, genau so, wie bei der Rückführung beschrieben. Auch fuhren eigenartigerweise zu diesem Zeitpunkt 2 Segelboote durch diese von mir beschriebene Wasserfurt.
Ich nahm die Landkarte, und so wurde meine Rückführung weiterhin bestätigt, da nämlich die Küstenstraße erst vor ca. 50 Jahren gebaut wurde und vorher eine Verbindung der Städte Heraklion und Agios-Nikolaios nur über den Seeweg

möglich war, denn alle Straßen führten – wie schon in der Rückführung erwähnt – ins Landesinnere. Auch waren die Berge und Hügel geographisch so angeordnet, wie Falten bei einem zusammengeschobenen Tuch, so daß also eine Verbindung über Land nur sehr beschwerlich mit dem Esel oder Maultier über mehrere Tage hinweg möglich war.
Des weiteren stellte ich auf der Landkarte ein großes „L" fest, was bei der Zeichenerklärung den Hinweis auf eine historische Stätte zeigte. Form des Berges, Aussicht zu dem gegenüberliegenden Land und die Strecke der Schiffsroute von Heraklion nach Agios-Nikolaios waren 100%ig identisch mit der Rückführung.
Bei der Rückfahrt nach Heraklion fielen mir in einem Pinien- und Olivenwäldchen Panzer auf. Dies versetzte mich sofort wieder in Erinnerung zu einem anderen Vorleben. Mir war sofot bewußt, daß eben dieser „mein Berg" Landeplatz einer deutschen Fallschirmjägertruppe und gleichzeitig Ausgangspunkt von kriegerischen Aktionen im 2. Weltkrieg war. Auch heute ist auf diesem Berg, was ich dann feststellte, ein griechisches Militärgelände, was stark bewacht und umzäunt ist und vermutlich auch im 2. Weltkrieg ein strategisch wichtiger Punkt für die deutsche Wehrmacht war.
Beim näheren Betrachten des Pinienwäldchens handelte es sich hier um eine gut getarnte griechische Kaserne. Mir wurde wieder die Situation aus meiner 2. Rückführung bewußt, als ich als deutscher Soldat mit meinem Vorgesetzten in einem Pinienwäldchen stand, von wo aus der Einmann-Einsatz stattgefunden hatte. Jetzt war mir klar, warum ich nach Kreta reisen mußte und warum die Soldatenlieder „Es steht ein Fallschirmjäger . . ." und „Ich hatte einen Kameraden" für mich so von Bedeutung waren. Das Nachfühlen der Rückerinnerung vom 2. Weltkrieg, gelungener Einsatz trotz Feigheit (2. Sitzung), Rehabilitierung, Beförderung und schließlich das Zurückversetzen in die Heimat über Nord-Afrika bis zur Tätigkeit als Adjutant in einem Konzentrationslager hatte sich zu einem Kreis geschlossen.

Aufarbeitung und Nachforschung des Lebens als Frau eines Grafen oder Fürsten.

Bei Erkundigungen über Schlösser oder Burgen auf Felsplateaus in relativ ebenen Gegenden konzentrierten sich meine Interessen auf die Loire-Schlösser in Frankreich. So machte ich mich in meinem Sommerurlaub wieder mit meiner Bekannten auf den Weg, „mein Schloß" zu finden. Da ich der Ansicht war, so nah wie möglich am Anfang des Loire-Tales beginnen zu müssen, fuhr ich nach St. Etienne, bekam aber dort an diesem Abend keine Übernachtungsmöglichkeit mehr, so daß ich aufs Geratewohl weiter in das Loire-Tal hineinfuhr und kam irgendwann am späten Abend bei Dunkelheit in eine größere Stadt, LePuis. Hier bekamen wir auch eine Übernachtungsmöglichkeit. Am anderen Morgen besichtigten wir noch etwas die Stadt und ihre Umgebung und fuhren dann weiter. Auf der Rückseite der Stadt, als die Straße etwas am Berg entlang führte, reichte der Blick in ein Seitental, nahe von LePuis. Auch hier bekam ich wieder ein seltsames Gefühl in der Brust und Herzgegend, da ich meinte, diese Gegend zu kennen.
Bei der Weiterfahrt wurde auch der Blick auf einen Schloßberg, der umrahmt von einem Dörfchen war, frei. Es handelte sich hier um das Schloß Polignac, das genau meinen vorherigen Beschreibungen entsprach. Bei einer Schloßbesichtigung bestätigten sich meine Angaben über sämtliche Örtlichkeiten. Bilder und Beschreibungen der Rückführung stimmten mit der Realität überein.

Folgende Rückführungen handeln von einem Ehepaar (zu Therapiebeginn Alter: er 42, sie 39), das zu Therapiebeginn seit 18 Jahren zusammen und bis dahin kinderlos geblieben war. Unmittelbar vorausgegangen waren zwei kurz aufeinanderfolgende Fehlgeburten – nach schon zwei früheren schief gegangenen Schwangerschaften –, deren Erleben den letzten Anstoß gegeben hatte für die gemeinsame Reinkarnationstherapie. Im Laufe der Therapie stellte sich nach kurzer Zeit eine erneute Schwangerschaft ein, die diesmal zu einer lebensfähigen Frühgeburt führte. – Im Mittelpunkt der Rückführungen standen sowohl die Partnerbeziehung als auch die Kinderfrage. Vielleicht ist es noch interessant zu erwähnen, daß die beiden Psychotherapeuten sind, gemeinsam in selbständiger Praxis arbeiten und Partner- sowie Gruppentherapie ihre Arbeitsschwerpunkte sind. Zunächst berichtet „Jacques", wie der Einstieg über ein scheinbar banales Problem zur Erinnerung eines Geschehens führte, das von weitreichender Auswirkung auf das heutige Leben ist. Dann berichtet „Veronique" abrißhaft über die wesentlichen Wurzeln ihrer Schwangerschaftsverläufe:

Jacques

Ein Problem, mit dem ich zwar leben konnte, das mich aber doch immer wieder störte, weil es so unkontrollierbar und unerklärlich auftrat, war meine Angst, zu spät zu kommen. Es war relativ gleichgültig, ob es sich um berufliche oder mehr private Verabredungen handelte. Ich konnte es kaum zulassen, daß die Zeit knapp wurde. Z.B. mußte ich für eine Autofahrt von ca. einer Stunde Fahrzeit wenigstens eine weitere Stunde früher losfahren als nötig. Wenn ich das nicht tat, wurde ich sehr angespannt und unruhig, wobei ich keinen vernünftigen Grund für dieses Gefühl angeben konnte. Ich habe – wenn ich so zurückblicke – bisher nichts erlebt, was für mich das Zuspätkommen so angstbesetzt werden ließ, weder Bestrafung noch sonstige unangenehme Konsequenzen. Nach der Aufforderung, in ein Geschehen vor dem jetzigen Leben zurückzugehen – frühe Kindheit, vorgeburtliche Situation und Geburt waren bereits durchgegangen worden –, wo das Zuspätkommen wichtig war, kam mir sehr schnell folgende Situation in Erinnerung:

Ich bin von zuhause weggeritten, von einer Blockhütte in einer einsamen Waldgegend in Richtung zu einer bewohnteren Gegend, um Proviant und Nachschub zu holen. Meine Frau ist schwanger im letzten Monat und sie hat mich gebeten, sie jetzt nicht allein zu lassen. Es sind seit einiger Zeit Unruhen in der Gegend, Feinde oder Gesindel treiben sich herum, und es ist eine sehr gefährliche und unsichere Zeit. Aber die Vorräte sind zu Ende und müssen wieder aufgefüllt werden. Ich bin unterwegs seit ca. einer halben Stunde, eine wachsende Unruhe befällt mich, ich habe das Gefühl, daß ich umkehren muß. Aber ich verwerfe zunächst diesen Impuls als unsinnig und schiebe ihn beiseite, weil die Besorgungen schließlich erledigt werden müssen. Nach einer weiteren Viertelstunde kann ich jedoch einfach nicht mehr weiter, ein Gefühl der Panik erfaßt mich, ich muß umkehren, ich habe Angst, daß jetzt zu Hause etwas passiert. Ich treibe mein Pferd zu höchster Eile an. Als ich etwa 300 Meter von der Hütte entfernt bin, höre ich die Schreie meiner Frau, es ist entsetzlich – sie sind mit einem Mal zu Ende und ich weiß, daß alles zu spät ist. Ich muß beim Erleben dieses Augenblicks furchtbar weinen, mein Gott, es ist zu spät! Ich sehe noch, wie sich ein paar Reiter aus dem Staub machen. Ich gehe wie gelähmt in die Hütte, deren Türe noch offensteht. Auf dem Boden gleich hinter der Tür liegt meine Frau ausgestreckt mit einer klaffenden Wunde an der rechten Kopfseite. Ich beuge mich über sie, sie lebt nicht mehr, sie haben sie erschlagen. Ihre offenen Augen starren mich unbewegt an. Ich bin total verzweifelt, das Leben erscheint mir jetzt so sinnlos ohne sie. Ich mache mir wahnsinnige Vorwürfe, daß ich sie alleingelassen habe, daß ich zu spät zurückgekommen bin, daß es meine Schuld ist, daß sie jetzt nicht mehr lebt. Mein Blick fällt auf das Gewehr, das an der Wand hängt. Wie in Trance stehe ich auf, nehme es vom Haken, gehe zurück zu meiner Frau, knie mich neben sie, lege das Gewehr an meine rechte Schläfe an. Nach meinen Gefühlen befragt, sage ich: ‚Ich möchte nicht mehr leben, es hat keinen Sinn mehr, ich bin wertlos'. Ich drücke ab, spüre einen berstenden, betäubenden Schmerz in meinem Kopf, mein Körper fällt über den meiner Frau, ich spüre, wie er sich verkrampft und zuckt, und ich spüre das Gefühl ‚Jetzt ist es aus, jetzt ist es zu spät'.

Während ich aus dem Körper hinaustrete, soll ich das Leben noch überblicken: Mir fällt ein, daß ich meine Frau sehr geliebt habe, daß die Beziehung aber recht problematisch gewesen ist. Ich konnte mit ihrer Eigenwilligkeit schlecht umgehen. Nach meinem Wunsch hätten wir diese Hütte in der gefährlichen Gegend längst verlassen sollen, aber ich konnte meine Frau nicht überzeugen. Sie hing zu sehr an der Hütte, die wir in gemeinsamer Arbeit aufgebaut hatten, wir hatten sehr viel dafür investiert. Bevor ich weggeritten war, hatten wir auch deshalb eine Auseinandersetzung, in der ich ihr vorwarf: ‚Wenn wir früher meinen Rat befolgt hätten, wären wir jetzt nicht in einer so schwierigen Lage.' Ich wollte mich deshalb jetzt auch gar nicht auf ihr Angstgefühl einlassen und bin dann, ohne daß wir länger noch darüber geredet hätten, voller Ärger von ihr weggeritten. Hinzu kam noch, daß ich mir ihrer Gefühle mir gegenüber gar nicht so sicher war. Sie hatte einige Zeit eine Beziehung zu einem anderen Mann gehabt und mich im unklaren gelassen, ob sie bei mir bleiben wollte oder mich verlassen wollte. Dies änderte sich, als sie schwanger war. Für mich bedeutete dies eine doppelte Unsicherheit – einmal der Zweifel, ob das Kind wirklich von mir ist oder von dem anderen Mann, zum anderen der Zweifel, ob sie sich jetzt wirklich für mich entschieden hatte oder quasi nur aus Verlegenheit bei mir bleiben wollte, um für sich und das Kind eine Sicherheit zu haben. Es wird deutlich, daß ich es vermieden hatte, hier im Gespräch mit meiner Frau auf Klarheit zu drängen.

Soweit das unmittelbar erlebte Geschehen. Die ganze Entwicklung erscheint als logische Konsequenz dieses mangelnden Mutes zu klaren Verhältnissen. Es brauchte die drastische Katastrophe, um das Manko voll sichtbar werden zu lassen. Dieses Geschehen hat sehr viele Bezüge zu meinem/unserem jetzigen Leben: Es wird jetzt der traumatische Hintergrund zu „Zuspätkommen" verständlich. Bereits die Vorstellung von Verspätung war unbewußt verknüpft mit der Katastrophe mitverschuldeten Partnerverlustes und der darauf folgenden Selbstvernichtung. Sie konnte deshalb nur schwer zugelassen, geschweige denn realisiert werden. Wie zur Bestätigung des Zusammenhangs waren nach dieser Durcharbeitung des traumatischen Geschehens spätere Situationen von Zuspätkommen völlig unproblematisch.

Der an den Partnerverlust gekoppelte Selbstmord signalisiert ein geradezu symbiotisches Bedürfnis nach Nähe. Auf der anderen Seite ist aber auch die destruktive Aussage an den Partner nicht zu übersehen: ‚Schau' her, so weit hast Du es gebracht mit Deiner Eigenwilligkeit, jetzt hast Du mich auch auf dem Gewissen'. Die mangelnde Fähigkeit zur Abgrenzung und rechtzeitigen Selbstbehauptung und Durchsetzung bleibt in dieser selbstvernichtenden Anklage an das Du unerlöst stehen. Mir kommt es so vor, als wäre meine jetzige Beziehung zu Veronique in unglaublicher Folgerichtigkeit in mancher Hinsicht ein Kontrastprogramm: Als wir uns kennengelernt haben, war zwar einerseits innerhalb einer Woche entschieden, daß wir zusammenbleiben wollten. Andererseits war mir eine Heirat – und damit eine definitive Bindung aneinander – zunächst nicht vorstellbar. Versteckt hinter „vernünftigen Gründen" wie z.B. „Existenzgründung als Voraussetzung", war eine mir nicht näher faßbare Scheu, mich wirklich fest zu binden. Das führte zu dem scheinbaren Kompromiß, daß wir erst vier Jahre miteinander verlobt waren, bevor wir heirateten. Unsere Anfangszeit im besonderen war eine Zeit häufiger Auseinandersetzungen. Ich habe eine Partnerin bekommen, die unglaublich konsequent und hartnäckig an ungelösten Konflikten bleibt, und die sich mit Halbheiten nicht zufrieden geben kann. Ich bin dadurch sehr gefordert, meine Fähigkeit, Aggressionen in mir wahrzunehmen und sie auch zu äußern, zu entwickeln.

Die Angst vor zu großer Nähe war wohl der eigentliche Hintergrund für eine eigentümliche „Toleranz“, die wir dann ca. 10 Jahre unserer Ehe in punkto Außenbeziehungen „geübt“ haben. Wir hielten uns für besonders fortschrittlich, indem wir uns gegenseitig zubilligten, jeweils andere Beziehungen zu pflegen. Dies führte zu immer größerer Verwirrung in unserem Verhältnis. Erst eine Partnertherapie öffnete uns die Augen über den ideologischen Hintergrund unserer „Toleranz“. Nach einer letzten Eskalation, wo unsere Beziehung durch jetzt sehr ernst gelebte andere Beziehungen im höchsten Grad auf dem Spiel stand, fanden wir wirklich zueinander. Das war ca. 10 Jahre nach unserer Eheschließung.

Mir kommt diese Entwicklung jetzt im Rückblick einerseits vor wie ein Training in eigener Autonomie, in einem Sich-bewegen-müssen der Unabhängigkeit vom Partner, andererseits aber auch als eine besonders intensive Abklärung der wirklichen Basis unserer Gemeinsamkeit. In beiden Aspekten hatte es ja in dem erinnerten zurückliegenden Leben eklatant gemangelt. Nach der grundsätzlichen Entscheidung füreinander folgte nochmals eine Phase äußerst intensiver Auseinandersetzungen. Wir brauchten lange, bis wir herausfanden, worum es dabei eigentlich ging. Vordergründig ging es – insbesondere nachdem wir gewagt hatten, unsere Existenz auf eigene Beine zu stellen, indem wir eine gemeinsame Praxis eröffneten – um die gerechte Verteilung von Aufgaben und Pflichten. Immer mehr aber wurde deutlich, daß es um das Thema „Verantwortung“ ging. Lange Zeit war es quasi automatisch Veroniques Rolle, die alltäglichen Notwendigkeiten im Auge zu behalten und dafür Sorge zu tragen, daß sie auch erledigt wurden. Dies führte auf meiner Seite oft zu dem Gefühl des Kontrolliert- und Eingeschränktseins, auf Veroniques Seite zu dem Gefühl, daß alles an ihr hängt. Erst ein konsequenter Streik ihrerseits konnte uns hier weiterhelfen. Jetzt wechselt bei uns allmonatlich die Verantwortung für die oben genannten organisatorischen Notwendigkeiten und damit geht es uns recht gut. Für mich ist es allerdings ein äußerst mühsamer Lernprozeß, Verantwortung wirklich wahrzunehmen und sie nicht doch lieber dem Partner zu überlassen. Erst die geschilderte Rückführung macht verständlich, daß es im Grunde um die Rücknahme der im Selbstmord gipfelnden Schuldzuweisung an den Partner für ein Leben geht, in dem ich eben nur unzulänglich die Verantwortung für mich übernommen hatte. Selbstmord als Weg zur Problemlösung scheint mir heute einerseits weitab von meiner bewußten Einstellung zum Leben – von mir bewertet als Furcht vor Schwierigkeiten –, andererseits gibt es durchaus Situationen, in denen ein selbstzerstörerisches Muster – insbesondere bei aggressiven Auseinandersetzungen mit Veronique – noch abläuft, so nach dem Motto: ‚Wenn mir jetzt etwas passiert, dann geschieht es Dir ganz recht.' Ich möchte jedoch aus Raumgründen verzichten, hierfür Beispiele aufzuführen.

Als letzter Punkt, der eine ganz entscheidende Bedeutung für uns hat, möchte ich das Thema „Kinderwunsch" anschneiden, das dann von Veronique weiterbehandelt wird: Nach unserer Heirat konnte ich zunächst nur mit sehr zwiespältigen Gefühlen an ein gemeinsames Kind denken. Irgendwie hatte ich Angst, das Kind könnte für Veronique wichtiger werden als ich selbst. Auf der anderen Seite spürte ich eine gewisse Selbstverständlichkeit in Veroniques Kinderwunsch, was mich davor zurückschrecken ließ, meine Bedenken und Einschränkungen zu artikulieren. Wir hatten ja auch – mehr von mir her bedingt – lange genug mit der Heirat gewartet. Nachdem wir inzwischen auch beruflich beide Fuß gefaßt hatten, gab es keine wirklich triftigen äußeren Gründe, die einem Kind entgegengestanden hätten. So stand denn unsere erste Schwangerschaft von meiner Seite her unter einem sehr ambivalenten Vorzeichen. Das „Schicksal" einer Rötelinfektion gleich zu Beginn der Schwangerschaft war damals für mich genug Legitimation, mich gar nicht erst auf das werdende Kind einzulassen und auf die gesamte Problematik, die damit in Zusammenhang stand. Dieses mangelnde In-Beziehung-Treten zu dem Kind ist hier eine auffallende Parallele zu dem erinnerten Geschehen: Dort war für mich die Beziehung zu dem werdenden Kind offenbar nicht wichtig genug, auf die Idee zu kommen, das Kind im letzten Abschnitt der Schwangerschaft könnte noch eine Lebenschance haben, auch wenn die Mutter schon tot ist. Im jetzigen Leben mündete die Angst vor den mit hoher Wahrscheinlichkeit zu erwartenden gravierenden Mißbildungen des Kindes – zwar durchaus nicht ohne moralische Skrupel – in eine auch von Seiten ärztlicher Autorität legitimierte Schwangerschaftsunterbrechung. Ich habe damals nur unterschwellig empfunden, daß diese Entscheidung gegen ein behindertes Leben im Grunde ein ähnliches Ausweichen vor ernsthaften Lebensproblemen darstellt wie es ein Selbstmord auch sein kann. Bestimmend war für mich damals auch ein Gefühl von Erleichterung darüber, noch einmal der Bedrohung durch ein Kind entronnen zu sein. Auf dem Hintergrund der in der Rückführung erkennbar gewordenen Probleme in der damaligen Partnersituation wird jetzt einiges verständlich: Die Unsicherheit, ‚von wem ist das Kind?', die Unsicherheit ‚bleibt meine Frau mir zuliebe oder nur zur Existenzsicherung von sich selbst und dem Kind bei mir?' und schließlich die dramatische Zuspitzung der Entwicklung in der tödlichen Katastrophe, haben wohl ihre angstbesetzten Spuren in mir hinterlassen und einen an sich vorhandenen Wunsch nach eigenen Kindern ziemlich in Schach gehalten. Eine Bewußtwerdung des Kinderwunsches war erst viel später möglich, genauer gesagt erst ca. 14 Jahre später, als sich nach grundsätzlicher Abklärung unserer Beziehung unsere drei Fehlgeburten wie Schlag auf Schlag abspielten. Das sich wiederholte Einstellen auf ein Kind, gefolgt von der jetzt sehr intensiv erlebten Trauer war zutiefst aufwühlend und brachte die ganze steckengebliebene Problematik wieder in Gang. Der entscheidende Durchbruch zum Ja für ein eigenes Kind kam dann als Folge der Reinkarnationstherapie. Hierbei wurden – wie anhand der bisher geschilderten Rückführung schon erkennbar geworden ist – ganz entscheidende Blockierungen durchlebbar und damit auch anders handhabbar gemacht:

Insbesondere wurde auch eigenes Schuldigwerden gegenüber dem Leben schmerzhaft erkennbar. Ich durchlebte u.a. eine Existenz als Frau, in welcher ich ein Kind abgetrieben habe und daran moralisch und physisch zerbrach. Viel beschämender war für mich noch zu erkennen, daß die heutige Entscheidung zum Schwangerschaftsabbruch anläßlich der Rötelinfektion Ausdruck einer bereits früher praktizierten Geisteshaltung war: In einem weit zurückliegenden Leben war ich ein Arzt, der seine Aufgabe vor allem darin sah, „lebensunwertes“ Leben zu eliminieren. Körperlich oder geistig Behinderte – darunter viele Neugeborene – sowie gebrechliche alte Menschen waren von meinem gesellschaftlich sanktionierten Euthanasieprogramm betroffen. Meine Schuldhaftigkeit liegt vor allem darin, daß ich mich hinter den gesellschaftlichen Erwartungen versteckte und der Stimme des eigenen Gewissens keinen Raum ließ.

Veronique

Ich möchte das Thema Kinderlosigkeit und die sich für uns daran knüpfenden Fragen in chronologischer Folge darstellen, weil daran der prozessuale Charakter unserer Reinkarnationstherapie am besten verdeutlicht werden kann:
Der bereits von Jacques erwähnte Verlauf der Schwangerschaft kurz nach unserer Heirat und die anläßlich der Rötelinfektion vorgenommene Schwangerschaftsunterbrechung waren ein starker Schock für mich. Eine Abtreibung – unter welchen Vorzeichen auch immer – war für mich moralisch nicht zu rechtfertigen. Letztlich habe ich den von Jacques ins Feld geführten „Vernunftsgründen“ nachgegeben. Diese Entscheidung war – nachträglich betrachtet – zugleich die zentrale Weichenstellung für mein weiteres Leben. Mein bis dahin so stimmiges Weltbild war zutiefst erschüttert. Das Ergebnis war aber auch, daß ich Verständnis entwickelte für viele abweichende Einstellungen und Verhaltensweisen von anderen Menschen. Mein Aufgewühltsein stieß mich auch auf viele Sinnfragen und auf

gesellschaftliche Probleme, die für mich vorher entweder unwichtig oder tabu waren. So gesehen ist mein Leben durch die damalige Entscheidung viel reicher geworden, und ich kann auch heute noch sagen, daß ich das Lebensrad nicht mehr zurückdrehen möchte. Die Kehrseite war, daß ich mich selbst sehr in Frage gestellt habe, mich wegen der Abtreibung – so wertete trotz aller Argumente nach wie vor mein Gefühl – sehr schuldig fühlte. Mein Kinderwunsch, vorher so unreflektiert und selbstverständlich, wurde mir sehr fraglich. 10 Jahre lang wurde ich dann auch nicht mehr schwanger, obwohl wir keine Empfängnisverhütung betrieben. Des öfteren empfand ich das Ausbleiben einer erneuten Empfängnis quasi als Strafe für die damalige Entscheidung.

Unsere Beziehung war äußerlich intakt, ja wir kamen im Vergleich zu anderen Beziehungen sogar recht gut miteinander zurecht. Dennoch fehlte etwas Zentrales. Dies konnte uns nur über eine intensive Partnertherapie deutlich werden, vorangetrieben durch die von Jacques schon beschriebenen sich eskalierenden Außenbeziehungen. Auf dem Höhepunkt unserer letzten und entscheidenden Krise hatte ich massive Unterleibsblutungen, die ich zunächst nicht ernst nahm. Erst in einem Stadium akuter Lebensgefahr kam ich ins Krankenhaus. Dort hatte ich so etwas wie ein „Grenzerlebnis". Ich erlebte mich bereits „drüben", sah mich in einer unglaublich schönen Gegend, hörte Sphärenklänge und spürte ehemalige Freunde in meiner Nähe, die mir vermittelten, daß sie sich freuten, mich bei sich zu haben. Doch die Bemühungen, mich zurückzuholen, waren erfolgreich. Das erste, was ich wiedersah, war der tief besorgte Blick von Jacques, der sich über mich beugte. Für mich sprach daraus jene tiefe Verbundenheit, an der ich die letzte Zeit sehr gezweifelt hatte. Ab diesem Moment bewegten wir uns erst richtig aufeinander zu. Wir beschlossen, uns ganz aufeinander einzulassen, und entlarvten den Umweg über andere Beziehungen als Pseudotoleranz. Daß die Unterleibsblutungen eine Fehlgeburt waren, wollten wir im damaligen Stadium unserer Krise bewußt nicht wahrhaben, konnten uns dies aber später eingestehen.

Nach weiteren drei Jahren wurde ich – mittlerweile hatten wir das Kapitel Kinder ad acta gelegt – völlig unerwartet schwanger. Das war für uns wie ein Geschenk des Himmels. Wir haben uns sehr stark auf dieses Kind gefreut. Doch Ende des dritten Monats war bereits wieder alles vorbei. Eine starke Trauer erfaßte uns. Es kam uns so vor, wie wenn der tiefere Sinn darin bestünde, eine Erlebenslücke, die unser damaliger Schwangerschaftsabbruch hinterlassen hatte, jetzt zu schließen. Damals nämlich hatten wir uns – wie Jacques schon berichtet hat – auf das kommende Kind gar nicht erst innerlich eingelassen, geschweige denn uns freuen können. Dementsprechend fehlte dann auch ein echtes Trauern um seinen Verlust. Was wir damals intensiv lebten, war die starke Auseinandersetzung mit unseren Moralvorstellungen, hingegen nicht Freude und nicht Trauer. Beide Gefühle hatten wir dafür jetzt intensiv erlebt und gelebt. Vieles, was damals zwischen mir und Jacques unbewältigt geblieben war, wurde jetzt wieder hochgespült. Unter anderem offenbarte mir ein Traum, daß ich 14 Jahre lang einen unbewußten Mordvorwurf gegenüber Jacques gehegt hatte. Ich fühlte ein 13jähriges Kind, das aber nicht zu sehen war, ich wußte, es ist unser Kind, das aber nicht lebt, nicht lebt, weil Jacques es umgebracht hat – ich verspürte eine Riesenwut auf Jacques und erwachte mit Schreien. Im unmittelbar anschließenden Gespräch konnte ich meinen Vorwurf klar aussprechen. Wir verstanden jetzt, was uns seit damals wirklich getrennt hatte. Gleichzeitig ließ sich der Vorwurf, nachdem er erst einmal klar ausgesprochen war, jetzt auch relativieren, indem auch meine Schuldgefühle sich klärten: Ich erkannte als mein damaliges Versagen, daß ich die Entscheidung weitgehend an Jacques delegiert hatte. Unser gemeinsames entscheidendes Versagen allerdings hatte, wie wir jetzt erkannten, darin bestanden, daß wir über unsere damalige unterschiedliche Einstellung zu einem Kind, die wir beide durchaus wahrgenommen hatten, lieber nicht miteinander ge-

sprochen hatten und damit sicher die Situation mitkonstelliert hatten, in der es zwar zu einer Schwangerschaft kam, in der aber andererseits das Kind von vornherein keine Chance hatte. – Diese jetzige Klärung hat zu einer weiteren Entspannung unserer Beziehung beigetragen.
Wir waren aber böse überrascht, als sich nach einem halben Jahr fast der gleiche Ablauf wiederholte: Wieder war ich schwanger, diesmal zwar mit mehr Skepsis, aber doch voll Freude und Hoffnung, die noch größer wurden, als die ersten drei Monate vorbei waren, und dann kurz darauf erneute Fehlgeburt, wiederum war von dem Kind nichts mehr zu sehen. Ich stürzte in eine massive Selbstwertkrise. Richtig aus ihr heraus kam ich erst wieder, als wir beide bei Ingrid unsere Reinkarnationstherapie machten. (Für mich war es ein zweiter Teil Reinkarnationstherapie, ich hatte drei Jahre vorher schon andernorts einen Teil Rückführungen gemacht, die – insbesondere da Jacques bei den Rückführungen mit dabei war – mir und uns beiden sehr viel gebracht hatten; allerdings war damals das Kinderthema nicht aktuell, weshalb diese erste Rückführungsphase hier nicht weiter Erwähnung findet.) In dieser jetzigen Reinkarnationstherapie war für mich entlastend, daß es auch auf Seiten von Jacques unverarbeitete Relikte aus früheren Existenzen gab, die ihn hinderten, Vater zu werden. Vor allem aber wurden für mich selbst einige Zusammenhänge deutlich: Schon in der ersten Rückführungsphase hatte ich mich an ein Leben im 18. Jahrhundert erinnert, in welchem ich als Kind von Zigeunern adoptiert worden war und als Mädchen mich in einen fahrenden Schausteller, einen Puppenspieler, verliebte, mit dem ich dann durch die Lande zog. Als ich jedoch schwanger wurde – ich hatte es mehr oder weniger darauf angelegt –, kam es zum Bruch. Auf mich selbst zurückgeworfen, beging ich aus Verzweiflung einen Selbstmordversuch. Ich wurde jedoch von einem Weinbauern gerettet, der mich zu sich aufnahm. Bald danach gebar ich zwei Mädchen, beide behindert. Durch tragische Verkettungen von Umständen kamen beide Kinder bei verschiedenen Unglücks-

fällen ums Leben. Meine Beziehung zu dem Weinbauern – schon von Anfang an seitens der Nachbarschaft mit Mißtrauen quittiert – und die Todesfälle der Kinder wurden zunehmend Gegenstand von Gerüchten über mich. Schließlich wurde ich verhaftet und eingesperrt. In der jetzigen Therapie wurde die letzte Lebensphase vertieft durchgearbeitet: Grausame Foltermethoden sollten mich dazu zwingen, mich am Tod meiner Kinder als schuldig zu bekennen und noch an einigem anderem, was mir willkürlich unterstellt wurde. Man zwang mich unter anderem unter Anwendung brutaler Gewalt, allerlei ekliges Getier zu schlucken. Am schlimmsten war für mich, beim und nach dem Schlucken in mir die Bewegung der noch lebenden, glitschigen Tiere zu verspüren. Ich versuchte mit aller Macht, sie wieder loszuwerden und aus mir rauszuwürgen. Als ich schließlich in der Illusion, dann in Ruhe gelassen zu werden, „gestand", war mein Schicksal erst recht besiegelt – ich wurde verbrannt. Dieses Geschehen machte mir deutlich, daß das Thema Schwangerschaft bei mir durch die Trennung vom Partner, durch den Selbstmordversuch, durch die Geburt von mißbildeten Kindern, durch den Tod der Kinder – von mir zwar objektiv nicht verschuldet, durch Unachtsamkeit aber dennoch auch mit einem Selbstvorwurf verbunden – unbewußt das Vorzeichen einer Katastrophe hat. Noch mehr aber habe ich als Konsequenz der Foltermethoden eine bis ins Körperliche hineingehende Abwehr mitgenommen: Abwehr gegenüber jeglicher Bewegung von Fremdleben in meinem Körper. Dazu paßt, daß sämtliche Schwangerschaften noch vor einem Zeitpunkt zu Ende waren, bevor die ersten Kindsbewegungen spürbar werden konnten. Diesen Zusammenhang zu erkennen und zu spüren, hat mir damals viel Erleichterung gebracht. Ich konnte mich darin akzeptieren, daß aufgrund dieser Vorgeschichte mein Körper eine so starke Abwehr gegen werdendes Leben entwickelt hatte.

Damit schien für uns das Thema Kinder ein erneutes Mal endgültig abgeschlossen: Wir hatten zwar nie auf ein Kind „hingearbeitet", wollten aber offen sein, wenn sich bei uns ein Kind

„anmeldet". Jetzt war mir verständlich und auch akzeptabel, warum bei mir diese Offenheit nicht wirklich bestand. So kathartisch für mich die Rückführung der Kerkerszenen war, konnte ich mir dennoch nach dem jetzt noch erlebten Ekelgefühl nicht vorstellen, daß sich meine Blockade je ganz lösen würde.
Es kam jedoch anders: Wenige Monate später war es wieder so weit – und dies, nachdem wir uns erstmals sehr konkret Gedanken gemacht hatten, ein Kind zu adoptieren. Wir dachten an ein bestimmtes Kind aus unserem Freundeskreis, als dort die Diskussion um eine Abtreibung ging. Dieses deutliche Ja zu einem Kind gab wohl den letzten Ausschlag dafür, daß ich wieder schwanger wurde. Das Erleben der Schwangerschaft war sehr belastet von Ängsten, daß es wieder schiefgehen könnte. Nachdem allerdings die ersten vier Monate gut gegangen waren und uns der Frauenarzt sehr viel Mut machte, weil alles in bester Ordnung war, schöpften wir immer mehr Hoffnung. Leider war es mir dann doch nicht vergönnt, das Kind bis zum normalen Ende der Schwangerschaft auszutragen: Ein bagatellhaftes Vom-Sessel-Rutschen zu Beginn des fünften Monats hatte wohl einen sogenannten Hohen Blasensprung ausgelöst, der auch vom Fachmann nicht erkannt worden war. Jedenfalls stellten sich 14 Tage später ganz unvermittelt Wehen ein, die weder mit Wehenhemmern noch durch eine Cerclage aufzuhalten waren. Eine Fruchtwasserinfektion – zu spät erkannt – hatte mich in höchste Lebensgefahr gebracht, und das Kind auch, das mit aller Macht herausdrängte und mit fünfeinhalb Schwangerschaftsmonaten unter dramatischen Umständen geboren wurde. Die Chancen für unseren Sohn wurden seitens der Ärzte gleich Null eingeschätzt, er war in einer fast aussichtslosen Startposition: Der extrem frühe Zeitpunkt der Geburt – bevor nach offizieller Definition die Lebensfähigkeit beginnt, die hochgradige Infektion, die ja auch er hatte, eine ebenfalls hochgradige Atemnot, weil die Lunge noch nicht reif war, Schwierigkeiten in den ersten Stunden nach der Geburt, die künstliche Beatmung überhaupt in Gang zu

bringen – damit stand, falls er überhaupt am Leben bliebe, zu erwarten, daß das Gehirn nur mangelnd mit Sauerstoff versorgt worden war. Er mußte im Brutkasten fast drei Monate künstlich beatmet werden und auch sonst noch viele lebensbedrohliche Komplikationen durchstehen. Aber wie durch ein Wunder überstand er alle Hürden und wir konnten ihn nach fast vier Monaten kurz vor Weihnachten 1984 – so ungefähr zum regulären Geburtstermin – nach Hause holen. Zu unserer großen Freude entwickelte er sich in jeder Beziehung prächtig und ist ein goldiger, lebhafter kleiner Kerl, vor dem inzwischen nichts mehr sicher ist.

Die Geburtsumstände waren ein Trauma, das ich nur mit therapeutischer Hilfe verarbeiten konnte. Die Frage nach dem „Warum?“ war unabweislich. Ich erinnerte mich in Rückführungen, welche dieser Frage gewidmet waren, vor allem an zwei Begebenheiten:
Das erste, was mir einfiel, war das Erleben einer „Geburt“ zum regulären Termin, in deren Verlauf ich starb. Es war um den Zeitpunkt der zu erwartenden Geburt, wo es mir immer schlechter ging, ich das Bewußtsein verlor und mich mein Mann ins Krankenhaus brachte, wo sofort gesagt wurde, es sei zu spät. Das Kind war wohl schon seit ein paar Tagen in mir abgestorben – ich hatte dies unterschwellig wohl gespürt, aber zu ignorieren versucht. Inzwischen war schon eine Vergiftung eingetreten, die es fraglich erscheinen ließ, mich am Leben erhalten zu können. Das Kind mußte geholt werden, was in der damaligen Zeit durch künstliches Ausweiten der Scheide gemacht wurde. Da das Kind ja nicht mithelfen konnte, war es ein äußerst mühsames Unterfangen. Soweit ich zwischendurch immer wieder bei Bewußtsein war, versuchte ich durch überstarkes Pressen, die Sache zu beschleunigen. Ziemlich gleichzeitig muß in meinem Kopf infolge der Anstrengung eine Ader geplatzt sein, während bei der Scheidenweitung diese zerriß und ich daran verblutete. – Dieses Geschehen führte in mir wohl zu der Verknüpfung, daß die Geburt eines

ausgetragenen Kindes für mich lebensgefährlich sei, ich darf es also nicht dazu kommen lassen. Eine Frühgeburt schien mir unbewußt wohl aus dieser Gefährdung herauszuhelfen. Es stand für mich wohl an, all diese Dinge aufzuarbeiten, so daß es trotz allem zu der Gefährdung kam.

Die Frage, die nach dieser Rückführung offen blieb, war wieder die Frage nach dem ‚Warum?'. ‚Warum hatte ich sterben müssen, warum war das Kind in mir gestorben?'. Ich erinnerte mich an ein noch weiter zurückliegendes Geschehen, das mir in seiner schuldhaften Bedeutung noch heute sehr zu schaffen macht: Ich lebte damals in äußeren Verhältnissen und in einer Beziehung, wo es scheinbar an nichts fehlte. Ich war in keiner Not; es gab nichts, was ich wirklich als Entlastung für mich anführen könnte. Das Leben war vielleicht etwas langweilig, weil ich keine Existenzsorgen und auch keine echte Aufgabe hatte. In dieser Situation bekam ich ein Kind. Es war meine Erfüllung. Es war ein sehr schönes und ein ausgesprochen zärtliches Kind, das mir sehr stark vermittelte, wie gut ihm meine Zuwendung tat. Daraus entwickelte sich in mir ein Gefühl, das immer stärker wurde: Es tat mir gut zu spüren, daß dieses kleine Wesen ganz und gar von mir abhängig war. Ich steigerte mich geradezu in einen Machtrausch hinein. Immer wieder reizte es mich, das Kind diese Abhängigkeit spüren zu lassen, indem ich ihm z.B. das Fläschchen vorenthielt, bis es richtig schrie etc. Eines Tages packte mich die Vorstellung, ich wäre Herr über Leben und Tod dieses Kindes. Ich hatte ihm das Leben gegeben, in meiner Hand liegt es auch, ihm das Leben wieder zu nehmen, wogegen es gar nichts machen kann in seiner Abhängigkeit und Wehrlosigkeit. Ich besorgte mir eine Flüssigkeit, deren Dämpfe absolut giftig wirkten. In einer Zeit, wo ich sicher sein konnte, daß ich ungestört sein würde, habe ich dann das Kind beim Bad über die giftigen Dämpfe gehalten. Bevor es starb, bekam ich von ihm noch einen Blick, der durch Mark und Bein ging. Es muß im letzten Moment begriffen haben, was vor sich ging. Sein Blick war eine einzige Anklage: ‚Was habe ich Dir getan? Warum tust Du das?'

Als mich das Gewissen packte, versuchte ich schnell Wiederbelebungsmaßnahmen, aber es war zu spät. Die Tat blieb zwar unentdeckt, es wurde lediglich ein unerklärlicher Tod registriert. Ich wurde aber meines Lebens nicht mehr froh. Von starken Skrupeln gepackt, erschien mir mein Leben sinnlos, ja, ich hatte es vor mir selbst verwirkt. Schließlich – als ich erneut schwanger war und noch die Angst hinzukam, es könnte sich alles wiederholen – tötete ich mich auf dieselbe Weise wie das Kind.
Ich habe viele Rückerinnerungen, die unangenehm für mich sind. Aber diese ist nach wie vor für mich die am wenigsten verdauliche. Das Bewußtsein, das absolute Angewiesensein eines hilflosen Wesens, sein Vertrauen auf diese Weise mißbraucht zu haben, erschüttert mich zutiefst. Daß in einem späteren Leben ein Kind, das bei mir war, es vorzog, noch in mir zu sterben, und daß ich bei seiner „Geburt" starb, scheint mir aus einem untergründigen massiven Schuldgefühl heraus verständlich. Die jetzige Frühgeburt mit ihren dramatischen Begleitumständen hätte beinahe eine Wiederholung sein können, aber ich verspürte in mir einen unbedingten Überlebenswillen. Das war wahrscheinlich auch gut für unser Kind, indem ich ihm während des Geburtsvorganges etwas von diesem Lebenswillen mitgegeben habe. Ein eigenartiges Problem hat sich für mich seit der gerade geschilderten Rückführung und deren Bearbeitung aufgelöst: Ich hatte zunächst große Ängste, unseren Sohn zu baden. Ich überließ das Baden einige Monate, nachdem unser Sohn bei uns zu Hause war, Jacques oder meiner Mutter. Ich hatte die Zwangsvorstellung, wenn ich ihn bade, könnte irgendetwas passieren. Das hatte mich ziemlich gequält. Heute genieße ich es geradezu, mit ihm im Bad zu plantschen und mit ihm die Freude am Wasser zu teilen.

Mit der Therapie von Jacques und Veronique möchte ich mich zum tieferen Verständnis etwas mehr auseinandersetzen:

Bei Jacques war folgende Anfangssituation gegeben: Er hatte das Gefühl, zurückgesetzt zu werden, sich nicht genügend durchsetzen zu können, er fühlte sich wie ein fünftes Rad am Wagen. Er hatte das Gefühl, es genügt nicht, was er anzubieten hatte. Ständig lebte in ihm die Furcht, zu spät zu kommen und wenn er dann zu spät kam, empfand er sich als Störenfried, weil er einfach in eine Situation hineinplatzte. Schon in der Kindheit kam er sich als Verräter vor, als er seine Schulkameraden verpetzt hatte.

Während der pränatalen Phase tauchten bei Jacques folgende Leitsätze auf: (Mutter) „Ich mag nicht schwanger sein, in dieser Zeit, wo alles so unsicher ist. Es ist Krieg. Mein Mann mag doch keine Kinder. Ob er je zurückkommt? Wir haben noch so wenig vom Leben gehabt. Ich bin mir der Beziehung gar nicht so sicher. Ob er wohl nur aus Pflichtbewußtsein bei mir bleibt? Es hat lange gedauert, bis er sich für mich entschieden hat. Ich bin wohl gar nichts richtig wert. (Mutter fällt hin) „Oh Gott, jetzt ist wohl alles aus!"

Hier sind schon die Entsprechungen zu den Leben, die Jacques früher durchlaufen hat, erkennbar:Die Mutter ist sich der Beziehung zum Mann nicht sicher. Genauso war sich Jacques im Leben in der Hütte der Beziehung zu seiner Frau nicht sicher. „Mein Mann mag doch keine Kinder", hatte die Mutter empfunden. Auch Jacques war sich nicht sicher, ob er Kinder wollte. „Wir haben doch so wenig vom Leben gehabt." Die Beziehung in den früheren Leben, sowohl in der Hütte, als auch im Zigeunerleben von Veronique (Jacques ist der Puppenspieler, der sich durch die Schwangerschaft von ihr übers Ohr gehauen fühlt), war dieses gemeinsame Leben zu früh zu Ende gewesen, sie hatten doch noch nicht „gelebt". „Es hat lange gedauert, bis sie sich für mich entschieden hat", hatte Jacques gesagt. Auch er selbst konnte sich erst spät zur Heirat und noch viel später für ein Kind entscheiden. Dann die Minderwertigkeitsgefühle: „Bin zu gar nichts richtig wert", rühren von zu großer Anpassung an die Umwelt und von mangelnden Selbstwertgefühlen her. Schon im Mutterleib macht er an die Mutter das Versprechen: „Ich mach keine Schwierigkeiten, bin ganz ruhig". Nachdem wir die pränatale Phase durchgearbeitet hatten, fanden wir in einem Vorleben als erstes folgendes Geschehen: „Bin eingesperrt, kahler Raum, dicke Wände, es ist kalt, mich friert, es ist sinnlos zu schreien, keine Chance, es kann doch nicht wahr sein, sie haben mich erwischt, sie lassen mich da verrecken, ich werd immer schwächer und steifer, meine Knie sind steif, wenn bloß schon alles vorbei wär." Ich frage ihn: „Wie bist du dorthin gekommen?"

„Sie schleifen mich durch die Straßen, Hände sind hinter dem Rücken gefesselt, Kette um Brust, an Pferd gebunden, ich falle um, sie schleifen mich, Steine reißen meine Hüfte auf. Bin ein blöder Hund, hätte nicht so viel riskieren sollen. Bin wütend auf mich selbst, warum habe ich mich erwischen lassen? Sollte etwas auskundschaften, bin in Falle getappt. Führe Vorhut eines Trupps an, wir sollen die Stadt erobern, ich soll die schwache Stelle rausfinden. Ich bin übermütig, stelle mir vor, daß es leicht sein wird, hab so etwas schon oft gemacht. „Kinderspiel". Wir haben uns angeschlichen an die Stadtmauer, mir kommt das nicht ganz geheuer vor. Es ist verdächtig ruhig. Ich schiebe meine Skepsis weg, was soll schon sein. „Halt, ergebt euch, ihr habt keine Chance!" Es strömen viele Feinde aus den Gebüschen, versuche die anderen zu warnen, feindliche Wachen kommen hinter mir her und packen mich und einen Kameraden, die übrigen können noch rechtzeitig entkommen. Bin beschämt, das darf doch nicht wahr sein, daß mir das passieren mußte, ich bin verloren, sie stoßen mich vor sich her: „Haben wir dich erwischt, du Hund!" Führen mich zu einem öffentlichen Platz und fesseln mich an einen Pfahl, schlagen mir ins Gesicht, spucken mich an. Ich bin feige, will, daß sie aufhören und schreie: „Laßt mich in Ruhe, laßt mich leben, ich will euch alles sagen!" Ich komme mir erbärmlich vor. Anführer sagt: „Wir lassen dich laufen, wenn du uns sagst, wo die anderen sind." Ich erzähle alles, was ich weiß, wie viele es sind, wie bewaffnet sie sind, was sie vorhaben. Der Anführer sagt: „Das hast du dir so gedacht, du meinst, das sollen wir dir glauben? Sperrt ihn ein!" Ich fühle mich ohnmächtig, jetzt hab ich alle verraten für nichts und wieder nichts, komme mir so mies vor, verachte mich, wenn ich bloß krepieren würde! Sie stoßen mich wieder weiter mit Hohngelächter und Verachtung, spucken mich an, „Feigling!", sie stoßen mich die Treppen hinunter in den Kerker, fühl mich hundeelend, das ist also das Ende, hab alles verpfuscht. Sie werden die anderen erwischen, es tut mir leid, verzeiht mir! (weint heftig); ich wollte es nicht, ich hab so Angst gehabt, sie werden dran glauben müssen durch meine Schuld. Sie lassen mich verhungern, es ist schade, ich kann nichts mehr gutmachen, es darf mir nie mehr passieren, darf mich nicht mehr so weit vortrauen.

Und das sind die Parallelen zum heutigen Leben: Der kleine Verrat an den Kameraden im Schulalter belastet Jacques noch heute. Er wollte nie auffallen, wollte sich immer im Hintergrund halten, sich verstecken. Ständig lebte in ihm die Angst, bei anderen kein Gehör zu finden, etwas zu sagen, was andere belastet. Durch Schuldgefühle hatte er keinen Mut mehr, die eigene Meinung zu vertreten. Er traute sich einfach kein Glück zu, er fühlte sich einfach nichts wert. Im Leben in der Hütte fällte er folgende Entscheidung: „Ich muß vermeiden, daß die Beziehung zu eng wird, um mir diese Schmerzen und Unsicherheiten zu ersparen. Ich muß vermeiden, in Ärger wegzugehen, das hat für mich schreckliche Folgen. Ohne eine Partnerin kann ich nicht leben." Diese Entscheidung bedeutete eine Fixierung auf die Partnerin und gleichzeitig brachte es Distanz mit sich, aus Furcht vor Konsequenzen. Sein Selbstmord besiegelte die ungelöste Partnerproblematik, die mangelnde Klarheit, die Dinge zu besprechen. Er fordert in späteren Leben schmerzlich die direkte Auseinandersetzung mit diesen Problemen.

Nun zu Veronique.
Wir finden eine etwas andere Ausgangssituation. Sie weiß, was sie will, hat viel erreicht, aber fühlt sich oft übergangen. Sie

bekommt nicht die Achtung und Anerkennung für ihre Arbeit, die ihr – wie sie meint – zusteht. Das Verhältnis zu Kindern ist ambivalent, sie hat Schuldgefühle wegen ihrer Kinderlosigkeit, macht sich Gedanken, warum denn „kein Kind zu uns kommen will". Sie fragt sich, was sie falsch gemacht hat. Wie die Rückführungen in die Leben mit den Zigeunern und in das Leben in der Hütte zeigen, hatte sie dem Mann jeweils das Gefühl gegeben, andere Männer seien für sie wichtig, obwohl ihr im Grunde nur an dem eigenen Mann, oder besser Freund, etwas lag. Diese Verständigungsschwierigkeit wirkte sich auf beiden Seiten als Unsicherheit und gegenseitige Schuldzuweisungen aus. Die Erkenntnis aus dem letzten Lebensabschnitt mit den Zigeunern (Folterung durch Einsperren, Zwingen zum Verzehr von Schnecken) in Verbindung gebracht zum unbewußten Gefühl des Ekels, Leben in sich heranwachsen und bewegen zu spüren, war ein ausschlaggebendes Element in der Lösung dieser Ablehnung.
Dem dominanten Anteil – dem Gefühl der Nicht-Anerkennung – nachgegangen, fanden wir folgendes Geschehnis:

Ich hör' Steine hinunterrollen, es muß etwas passiert sein, aber es berührt mich nicht so richtig. Ein Bauwerk entsteht, riesige Steine werden ineinandergefügt. Hin und wieder passieren Unfälle, Menschen werden mit hinuntergerissen. Ich bin wie Priester, Herrscher, es ist wichtig, daß der Bau fertig wird, es dient meinem Ansehen, wenn der Bau fertig ist. Die Idee des Baues stammt von Herrschern vor mir, nimand hat es geschafft, ihn fertigzustellen, es ist zu schwierig. Tausend Leute arbeiten an dem Bau, es sterben täglich zwanzig. Durch das Rollen der Steine höre ich, daß wieder etwas passiert ist. Ich gebe die Gesetze, Götterverehrung ist wichtig, alles geht nach bestimmtem Schema. Die Menschen leben sehr ärmlich, in einfachen Hütten, in Fels gehauen. Als Bestrafung werden die Leute auch auf den Bau geschickt. Ich berufe mich auf die Götter, die die Fertigstellung des Baus wollen, aber in Wirklichkeit ist es zu meinem Ansehen. Immer wieder kommen

Beschwerden des Bauleiters, ich wimmle ihn ab, es ist der Götter Wunsch, daß der Bau fertig wird. Eines Tages kommt der Bauleiter und bedroht mich mit Vehemenz, den Bau einzustellen, sonst wird er mich töten. Er hat eine Klinge bei sich. Ich bin schutzlos, will aber nicht aufgeben, möcht ihn hinhalten. „Muß erst überlegen", sage, wenn er mich umbringt, wird man ihn auch umbringen. Er sagt, das sei ihm egal, wie er sterbe, durch Bestrafung oder auf dem Bau. Er beschimpft mich als unmenschlich, ich rechtfertige mich: „Es ist für die Götter". Er ist außer sich, schreit mich an, es ist ihm nicht mehr wichtig, was ich anordne, er sticht mit der Klinge auf mich ein und sagt: „Dein Ehrgeiz war dir wichtiger als die Menschen". Ich spüre einen kurzen Schmerz, dann sacke ich zusammen. Nach dem Tod denke ich: Es hat sich nicht gelohnt, hab eigentlich nichts erreicht durch Härte, Bedürfnis nach Gerechtigkeit, später muß ich erfahren, wie es in untergeordneten Rollen ist.

Parallelen: Etwas fertigarbeiten war mir wichtiger als das Zwischenmenschliche, ärgerlich, wenn ich mich mißachtet fühlte oder die Dinge nicht klappen, die mir wichtig sind. (Sie bekommt heute nicht die Achtung für die Dinge, die sie geleistet hat, weil sie früher zuviel von anderen gefordert und andere ungerecht behandelt hat).
Heute setze ich mich oft immer noch zuviel durch (Gegensatz zu ihrem Mann, der sich zuwenig durchsetzt). Kann schlecht zugeben, wenn ich mich geirrt habe. Damals hatte ich auch schon gemerkt, daß die Fertigstellung des Baus nicht durchführbar war, wollte aber mein Gesicht nicht verlieren. Habe auch Dinge bei den Menschen als Vergehen erklärt, die keine waren, nur um mehr Arbeiter zu bekommen. Heute kann ich auch schlecht zugeben, daß etwas nicht o.k. ist. Konnte die „Wahrheit" auch heute so zurechtlegen, wie ich sie brauchte.

Wie bei allen intensiven (karmischen) Partnerbeziehungen, haben die beiden Partner ähnliche Schuld und ähnliche Versäumnisse:
Veronique hatte Menschen unterdrückt mit ihrer Macht als Priester, Jacques als Arzt, der über Leben und Tod von Menschen entschied. Zuviel Durchsetzung und Dominanz führt zu zuwenig Durchsetzung oder zu einer Wiederholung der Durchsetzung, bzw. zu einer Ambivalenz zwischen beiden. Beide Partner hatten in früheren Leben die Verantwortung verweigert – für ihre Beziehung zueinander und die daraus entstandenen Kinder, was sich in diesem Leben als zunächst versagter Kinderwunsch und eine ambivalente Partnerbeziehung äußerte. Indem jeder für seine Vergangenheit Verantwortung übernahm, konnten gegenseitige Schuldzuweisungen und Trotzreaktionen und gegenseitiges Mißtrauen aufhören und eine echte, ehrliche Beziehung aufgebaut werden, auf deren Basis es keine unlösbaren Situationen mehr geben kann.

Dieses Beispiel ist sehr anschaulich im Hinblick auf gegenseitige Verstrickung. Es gibt keine intensive Partnerbeziehung ohne karmische Schuld – die heutige Beziehung ist eine Chance, das Versäumte oder das Versagen von früher aufzuarbeiten und in Offenheit und Akzeptanz und Toleranz umzuwandeln. Das Positive an der Beziehung, was durch die unangenehmen Erlebnisse überdeckt wurde, wird durch das neue Miteinanderleben und An-sich-Arbeiten wieder befreit und kann sich voll entfalten. Verantwortung für sich und die Konsequenz des Handelns, ohne Berechnung und ohne Erwartung an den Partner, er sei für den eigenen Zustand verantwortlich, ermöglichen die freie, offene Beziehung zueinander.

Selbstanalyse des Problems

Ein Problem ist die Nichtakzeptanz einer Realität.
Es enthält ein Nichtkonfrontieren, einen Anspruch und feste

Erwartung, eine fixe Idee sowie eine Befürchtung und ein Unvermögen.
In der RT analysiert man alle chronischen Probleme auf diese Weise:

1. Welches ist die schlimmste Befürchtung bei diesem Problem? Was ist das Schlimmste, was eintreten könnte?
   (Beispiel: Partnerproblem, Unstimmigkeit in der Diskussion, Mangel an Verständnis oder Nichtverstandenwerden. Die schlimmste Vorstellung könnte hier lauten: Kein Mensch will meine Meinung hören, ich werde nicht für voll genommen, niemand interessiert sich für mich, ich habe nichts zu sagen).

   Die schlimmste Vorstellung ist immer das, was man in einem früheren Leben schon erlebt hat, sonst wäre die Befürchtung nicht als Gedanke vorhanden.

2. Was ist Ihr Unvermögen bei diesem Problem? Was können Sie nicht?
   Am obigen Beispiel verglichen, könnte das Unvermögen lauten: den eigenen Standpunkt nicht überzeugend vertreten zu können, Selbstzweifel, sich nicht deutlich ausdrücken zu können, Mangel an Einfühlungsvermögen für die Ausdrucksweise des Partners, Sturheit, Nicht-eingehen-Können.

3. Jedes Problem enthält eine fixe Idee, die nicht mit der Realität übereinstimmt:
   Man muß sich immer verstehen, es sollte immer Übereinstimmung herrschen, es sollte keinen Streit geben, er soll erraten, was ich fühle, er soll verstehen, wie es mir zumute ist und Rücksicht darauf nehmen, wenn man sich liebt, bedarf es keiner Worte.

4. Neben der fixen Idee besteht oft ein Anspruch an einen Menschen oder an das Leben:

Es soll sich nichts verändern, es soll alles so gehen wie früher, hofiert werden wollen, als etwas Besonderes gelten wollen, von unangenehmen Erfahrungen verschont werden wollen, es soll einem immer gutgehen und alles gelingen, ich will meine Ruhe haben, man soll mich in Ruhe lassen, ich will nur so leben, wie es mir zumute ist.

5. Jedes Problem enthält einen Scheinvorteil und einen echten Vorteil. Der echte Vorteil ist der, daß man durch das Problem aufmerksam darauf wird, daß man eine Schwierigkeit hat und an sich arbeiten muß.
Scheinvorteile sind z.B. Vermeidungen: Beim Problem „Schüchternheit" vermeidet die betreffende Person Aggression, Schüchternheit ist immer noch besser als Aggression – lautet die Berechnung. Wenn ich schüchtern bin, kann niemand mich belangen, ich werde in Ruhe gelassen, keiner mutet mir zuviel zu, ich kann mich verstecken, mich entziehen. Hinter jedem Problem steckt eine Berechnung, sonst hätte man das Problem schon direkt lösen können. Z.B. ein junger Mann sagte, er will beim Spiel so gerne gewinnen, aber immer verliert er. In diesen Fällen gehört beides, der Wille und die Realität, zum selbstverursachten Anteil. In so einem Fall bespricht man die Vorteile des Verlierens (da die Person offensichtlich nicht wirklich gewinnen will, sonst würde sie es ja tun) und die Nachteile des Gewinnens (da die Person dies vermeidet). Man findet Berechnungen wie „Wenn ich gewinne, erwartet jeder, daß ich das nächste Mal auch gewinne, das ist mir zu anstrengend", „Dann komme ich unter Streß, ich will keine Erwartungen auf mich gerichtet haben", „Wenn ich verliere, stellt keiner Erwartungen an mich".

Ein anderes Beispiel:
Eine Frau wünscht sich unbedingt Kinder, aber bekommt keine. Auch hier gehören beide Anteile, der, der die Kinder will sowie der, der sie nicht will und sich über den Kör-

per ausdrückt, zum Verantwortungsbereich des Menschen. Man nimmt also Verbindung auf mit dem Teil, der die Kinder nicht will, da das der verstecktere Teil ist. Es erscheinen Dinge, wie „Ich bin ganz froh, keine Verantwortung tragen zu müssen", „Ich befürchte, daß ich keine gute Mutter bin", „Vielleicht kann das Kind mit mir nichts anfangen", „Vielleicht verliere ich meinen Partner durch das Kind", „Ich muß zuviele Annehmlichkeiten aufgeben".

Das Problem ist Kraft – Gegenkraft. Wir sehen meist nur die eine Seite des Problems und negieren die andere, die sich aber in der Realität ausdrückt. Wenn jemand reich sein will und es nicht wird, dann will er es auf der anderen Seite doch nicht. Er schiebt aber nur die eine Seite vor, weil sie ihm angenehm ist, er redet gerne über diese Seite und nicht über die andere. Daher ist alles, was jemand wiederholt als Grund angibt, nicht der wirkliche Grund. Über Realitäten unterhält man sich nicht, oder nicht oft, sie sind so wie sie sind. Hat man aber falsche Gründe angenommen und schiebt sie vor, so wird dies ein wiederholender Prozeß sein, immer wieder muß man die gleiche Erklärung vorgeben, um sich selbst davon zu überzeugen. In der Therapie gilt deshalb für den Therapeuten: Wenn ein Klient eine Begründung oder Erklärung für ein Problem oder ein Verhalten hat und diese immer wieder angibt, so ist das nicht der wirkliche Grund. Wenn er den wirklichen Grund wüßte, hätte sich das Problem ja schon längst gelöst. Es sind also Illusionen, Halbwahrheiten. Erst wenn man den wirklichen Grund für ein Problem herausfindet, kann man auch eine echte Lösung finden.

Anmerkung

Als Selbsthilfe kann man sich bei all den Dingen, die man zwar möchte, aber nicht bekommt, fragen:
Welcher Teil in mir möchte es nicht und aus welchem Grund?

Warum gestatte ich mir das nicht, habe ich unethische Motive? Würde mein Charakter darunter leiden, würde ich vielleicht hochmütig werden?
Würde ich dann mit Problemen konfrontiert, denen ich mich nicht gewachsen fühle und welche?

Sich mit diesen Punkten auseinanderzusetzen, innere Widerstände bewußt zu machen und die wirklichen Motivationen abzuklären, kann in so manches Problem Aufhellung bringen.

Liebe Leserin, lieber Leser,

ich freue mich, dass Sie sich für dieses Buch entschieden haben und ich hoffe, Sie haben es mit Gewinn gelesen. Gerne möchte ich auch über die Lektüre hinaus mit Ihnen in Verbindung bleiben und halte für Sie eine Liste von Therapeuten bereit, die die Regressionstechnik und die Reinkarnationstherapie nach Ingrid Vallieres praktizieren und sich dem überregional tätigen „Therapeuten-Netzwerk“ angeschlossen haben.
Dieses Adressverzeichnis sowie Informationen über Seminare erhalten Sie – selbstverständlich kostenlos und unverbindlich – unter der untenstehenden Adresse.

Mit den besten Grüßen

Ihre Ingrid Vallieres

Schreiben Sie an:

CMI-Institut Ingrid Vallieres
Postfach 131226
70069 Stuttgart

www.CMIPastlife.de

Ingrid Vallieres/Karlheinz Dotter

Astrologie und Reinkarnation

152 Seiten

2. Auflage, ISBN 978-3-89594-991-3

Dieses Buch stellt eine Synthese aus astrologischem Wissen und den Erkenntnissen der Reinkarnationstherapie dar. Es will zeigen, wie die Problembereiche des Heute mit den Inhalten und Problematiken früherer Existenzen verbunden sind, wie diese Verbindungen astrologisch sichtbar werden und welche Aufforderungen zur Erkenntnis im Heute daraus folgen.

INGRID VALLIERES ging mit 17 Jahren nach Indien, um sich dort intensiv mit Yoga und Religion zu befassen. 1972 folgte ein einjähriger Aufenthalt in Japan, der das Studium des Zen-Buddhismus zum Ziel hatte. Sechs Jahre lang hielt sie sich in den USA auf, wo sie zur Reinkarnationstherapeutin ausgebildet wurde.

KARLHEINZ DOTTER: Ausbildung in Elektronik, Studium der Kommunikationswissenschaft. Seit 1981 intensive Beschäftigung mit Astrologie. Entwicklung von URANO, einem der ersten professionellen Computerprogramme für astrologische Berechnungen. Karlheinz Dotter lebt als Astrologe und Astrologie-Lehrer in Wien.

VERLAG STEPHANIE NAGLSCHMID
Senefelderstr. 10, D-70178 Stuttgart
Tel. 0711/626878, Fax 0711/612323
e-mail naglschmid.vsn@t-online.de
Internet www.naglschmid.de